边疆城市化进程中失地农民的城市融入
——以昆明市三个社区为例

张 慧 著

中国社会科学出版社

图书在版编目(CIP)数据

边疆城市化进程中失地农民的城市融入：以昆明市三个社区为例／张慧著 .—北京：中国社会科学出版社，2015.4
　ISBN 978 – 7 – 5161 – 6272 – 9

　Ⅰ.①边… Ⅱ.①张… Ⅲ.①农民 – 城市化 – 研究 – 中国
Ⅳ.①D422.64

中国版本图书馆 CIP 数据核字(2015)第 112260 号

出 版 人	赵剑英
责任编辑	任　明
特约编辑	芮　信
责任校对	刘　娟
责任印制	何　艳

出　　版	中国社会科学出版社
社　　址	北京鼓楼西大街甲 158 号
邮　　编	100720
网　　址	http：//www.csspw.cn
发 行 部	010 – 84083685
门 市 部	010 – 84029450
经　　销	新华书店及其他书店

印刷装订	北京市兴怀印刷厂
版　　次	2015 年 4 月第 1 版
印　　次	2015 年 4 月第 1 次印刷

开　　本	710×1000　1/16
印　　张	17.25
插　　页	2
字　　数	292 千字
定　　价	60.00 元

凡购买中国社会科学出版社图书，如有质量问题请与本社营销中心联系调换
电话：010 – 84083683
版权所有　侵权必究

序　一

　　工业革命后，世界上任何国家在经济发展的道路上，在走向现代化国家的进程中，都必然伴随着快速的城市化过程。在这个过程中，城市中的人口除了原住民群体本身的人口增长，更多地应当来源于农村人口向城市的转移。后者不但是城市化的主力军，同时也应当是城市化更为健康的方式。

　　但是，在这个转移的过程中，农村人口进入城市，不但引起城市原人口结构特别是社会结构的动荡和变化，同时，该移民群体亦面临在新的社会环境下的调整与适应的难题。这些问题如果得不到很好解决，必然会产生大量的城市社会问题。社会学的先驱，诸如滕尼斯、齐美尔，在这方面都进行了高瞻远瞩的研究；后来的美国芝加哥学派，其最初的经典研究，核心问题就是在一个由大量新的乡村移民加入组成的城市社会中，由于人口增长、社会流动以及社会冲突而带来如何进行社会整合的问题。他们以当时的芝加哥作为"实验室"，力图得到解决当时美国社会面临的主要问题的途径。

　　我们国家30多年来的改革开放、经济快速发展，同样也伴随着快速的城市化。改革开放前的1976年，我国的城市化率仅为17.6%；而到2011年底，城市化水平已经达到51.3%。35年的时间，平均每年的增长率接近1%，初步实现了城市化。在此过程中，巨量的农村移民进入城市，尤其是那些祖祖辈辈靠种地为生的农民成为城市居民之后，不得不进行经济、文化、社会和心理等方面对城市生活的调适。能够顺利地调适成功的人群，将会成为这个城市发展的正能量，反之，就有可能成为负能量，有碍于这个城市经济和社会的发展。因此，学者有必要对这一问题进行研究。虽然近年来这方面的研究成果在不断增多，但是，仍然存在一些研究的薄弱点或者空白。

张慧呈现给读者的著作《边疆城市化进程中失地农民的城市融入——以昆明市三个社区为例》就是对我国失地农民城市融入问题的研究，有别于同类研究大多关注东部发达城市的失地农民，作者将注意力转向边疆地区不发达的城市。因为她认为，一方面，中部和西部尤其是边疆城市的研究很少。而另一方面，在实践中，东部地区由于经济社会发展水平较高，各类经济产业和社会事业比较发达和完善，且其城市化起步较早，对于失地农民的安置和后续发展已经有较为成熟的模式和经验。而边疆地区则正好相反，其经济产业和各类社会事业较落后，缺乏发达地区解决失地农民相关问题所具备的雄厚物质经济基础和社会福利条件，因此在短时期内妥善解决失地农民相关问题存在一定的困难，这些就往往可能成为失地农民群体性事件的爆发点，成为影响社会和谐的隐患。所以，更值得学者大力关注。

张慧采用的理论视角和分析工具是布迪厄的惯习和场域理论，通过分析行动者所处场域的变迁以及所采取的行动策略，来阐述失地农民的城市融入状态。失地农民为了适应变迁，就要相应地调整自身的惯习，以对变迁作出回应，其目的是在新的结构体制中获得相应的资本并将其转化为利益，从而能更好地推进融入过程。同时，失地农民在融入过程中是有策略选择的，这种策略有理性选择的内涵，也有非理性选择的意义。

通过研究，张慧指出：第一，昆明市的失地农民在经济、文化、社会心理三个维度的融入中，呈现出差异性、递进性的发展特征。第二，对融入状况进行更进一步的思考可以发现：首先，城市化就是场域的变迁过程，这种变迁虽然不能从根本上消除城乡二元差别，但也让农民基本摆脱了二元体制下的农村，给他们带来了利益和好处，因此多数人是有失地和融入城市意愿的；其次，"城市融入"实质就是场域变迁中失地农民惯习的调适，这种调适表现在行动者采取不同的"行动策略"，并以此获得更多的利益资本，从而更好地融入城市生活中；最后，这种"行动策略"是源于长期惯习及现实需求而做出的选择。多数时候，失地农民表现出自身"理性小农"的思维，而有些时候又体现出传统观念。

在以上发现的基础上，笔者认为应该从宏观上政府政策、中观上社会组织及各种团体的介入，以及微观上失地农民自身能力、素质、文化的提升三个层面来进一步帮助和支持失地农民，使他们更好地融入城市生活中。并提出社区融入将是失地农民融入城市及治理的一个出发点和关键；

"农二代"将会是失地农民融入城市的主力军；未来生活会随着政策、环境以及个人因素的影响出现三类人群不同的发展态势。这些来自实证研究的结论和观点有着坚实的立论基础，既具有学术上的创新意义，也符合我国城市化过程中社会整合的实际，具有重要的社会实践意义。

全书思路清晰、主题明确、层次结构严谨清楚、调查资料丰富，笔者提出了一些启发性的问题和创新的观点，对于学术发展和我国解决失地农民融入城市的政策制定都很有价值。

本书的基础是张慧的博士论文。作为她的导师，我了解张慧读博期间的努力和勤奋。张慧为人朴实厚道，学习上努力进取，工作中认真负责，且专业知识较扎实，涉猎学术领域较广，对于不少问题能够深入思考，多层次和多视角地进行探讨、考察。在撰写论文的过程中，我们多次交换意见，张慧不但阅读了大量的国内外文献，而且无数次辛勤地往返于学校和调查点之间，对论文进行了多次的修改和完善。最后，这篇论文在论文答辩会上，获得答辩委员的一致好评，顺利通过答辩。

现在，她的博士论文即将出版，我首先以导师的身份向她表示衷心祝贺，希望张慧在今后的学术生涯中取得更大的发展和成功。

夏建中
2014 年 11 月 30 日于中国人民大学

序 二

光阴似箭，日月如梭。曾记得10年前，一个清秀、端庄、腼腆的白族女孩考取我的硕士研究生，她就是张慧。进校后她不仅勤奋学习、刻苦钻研专业基础理论，而且能团结同学，尊敬师长；同时，她又是一个作风踏实、思维严谨、勇于实践的学生。她曾经多次参与我主持的多项国际、国家、省部级课题，在实践中不断学习、提升了能力和积累了经验，三年后以优异的成绩毕业并到云南农业大学经济管理学院任教。在从事两年多的教学科研工作后，她又考到中国人民大学攻读社会学博士；博士毕业后在教学中她坚持不断实践、不断总结、不断地找差距、不断进取；同时，利用教学之余，她还坚持深入云南民族社区做社会调查，了解各个民族在城市化进程中的融入状况。在实际工作中，她总认为还有许多知识要学习，于是在2014年，她又申请到中国社会科学院社会学所攻读社会学博士后。现在她将要出版她的第一本专著，作为她的硕士生导师，学生能著书立说了，我甚感欣慰。

该书是张慧在其博士论文基础上进行扩展、深化而成的，具有以下特点。

该书题为"边疆城市化进程中失地农民的城市融入"，全书以研究现实社会问题为目标，核心在于理论的建构与分析，故具有理论和实践价值的双重属性。该书的理论价值在于：应用布迪厄的实践理论研究失地农民的城市融入问题，有助于拓展失地农民研究的思路和视野，有助于了解失地农民实际生活中的各种社会关系和社会现象；现实价值在于通过深入了解和分析失地农民的城市融入现状，了解他们的需求，为有效解决失地农民城市融入过程中存在的问题提供思路。并在此基础上，对我国当前失地农民的现实状况进行反思，在实践中不断创新理念，探索解决问题的路径，以推动失地农民更好地融入城市生活。

该书共分为七个部分，首先是绪论，介绍了研究问题的缘起、研究的价值及文献回顾，包括对国内外失地农民研究现状和融入理论进行梳理；第一章是研究框架与研究方法，阐述了论文采用的理论分析视角、研究框架和研究方法，并简要说明了调查对象的基本状况；第二章从经济融入方面阐述失地农民在各种经济利益中的权益争取及行动策略的选择；第三章从文化融入方面探讨了失地农民在文化教育、生活方式以及价值观念等方面的行动取向，分析了失地农民惯习的调适；第四章从社会融入方面分析失地农民的社会支持网络、失地农民社区参与及社会资本的缺失和培育；第五章从失地农民心理融入的轨迹，包括身份认同、归属感、思想意识的转变、生活满意度及对未来的规划和期待；第六章对全文进行了总结，提出相关的意见和建议，最后对融入的前景进行分析和展望。

张慧在完成著作的调查、研究与撰写过程中，不仅收集了大量文献资料和实证资料，认真整理、细心筛选，仔细研读并加以理解；而且通过对实证个案与理论文献的认真剖析，最后得出相应的结论。

同时，该书以日益凸显的失地农民城市融入问题为研究论题，在前人研究的基础上，针对他们研究中的不足，选取边疆省会城市昆明市的三个社区为调查点，以布迪厄的场域与惯习理论作为理论分析工具，阐述了失地农民在经济、文化、社会、心理四个融入维度的状况。认为"城市融入"其实质是场域变迁过程中失地农民惯习的调适，这种惯习的调适表现为行动者采取的不同的"惯习行动策略"，这种"惯习行动策略"是源于长期惯习的习得及现实需求而生成的。并通过对访谈案例的分析发现：城市化对失地农民最大的好处，是使失地农民基本摆脱了城乡二元差别，逐渐实现城乡一体化。

总之，该书不仅选题新颖、视角独特、内容丰富；而且应用了多学科的参与，包含社会学、经济学、人类学等方面的知识，展示了作者具有较扎实的基础知识和具备一定的专业理论功底；不仅对社会学的研究方法运用严谨规范、分析深入细致、观点鲜明；而且结构较合理、层次清楚、文笔流畅；还能遵守学术规范，凡引文均注明了出处。当然，失地农民问题，城市化过程中农民的生存与发展问题，城乡一体化问题是社会学研究的热点、难点、焦点问题，不可能通过一次调查、一本书就能够完成。它必须经过几代人的探索，必须不断地学习，在实践中不断丰富和提升。

作为导师、长辈、同行，我非常高兴自己的学生在孜孜不倦地要求学习和科研过程中取得的成绩。也希望所有的学生继续脚踏实地、认真读书、诚实做人做事，关注社会问题，关注失地农民，为社会学研究添砖加瓦！我期待着一位又一位同学的大作问世！

是为序。

杨国才

2014 年 12 月 26 日于昆明荷叶山寓所

本书摘要

"失地农民的城市融入"主要指农民在城市化进程中，失去土地，成为城市居民之后，经济、文化、社会和心理等方面对城市生活的适应和调节过程。本研究立足于昆明市城市化的现实背景，选取三个社区为研究对象，以访谈调查和深入观察相结合的研究方法，运用布迪厄的场域与惯习理论框架，分析失地农民在经济、文化、社会心理等方面的融入策略，进而探讨其融入现状。

本研究引入了布迪厄的惯习和场域理论，通过分析行动者所处场域的变迁以及所采取的行动策略，来阐述失地农民的城市融入状态。失地农民为了适应变迁，就要相应地调整自身的惯习，以对变迁作出回应，其目的是在新的结构体制中获得相应的资本并将其转化为利益，从而能更好地推进融入过程。同时，失地农民在融入过程中是有策略选择的，这种策略有理性选择的内涵，也有非理性选择的意义。

在经济融入方面，失地农民和不同利益群体之间有经济利益的博弈。在此过程中，他们并非都是"被动接受"，而是理性选择相应的行动策略，为自身争取更多的经济资本。有时他们也会选择避开风险，或者采取一些看似不理性的过激行动。不论怎样，这些选择都是其深思熟虑采取的行动，其最终目的是获取最大化收益，积累更多的经济资本。

文化资本对失地农民的文化融入有着重要的影响。失地农民积极争取着制度化的文化资本，为了下一代不惜一切代价争取文化资源；同时失地农民自身也在不断调整着自身的能力型文化资本。由于受到农民本身传统文化的影响，在文化素质、生活方式、思想观念上依然会有不适应或者不符合"市民化"发展的方面。但是，场域的变迁也推动着惯习不断地"调适"，在城市化的"新环境"面前，失地农民并非"一无是处"，他们总是以自己积极的策略行动来应对各种"调整"，不断地朝着市民化的方向努力。

失地农民在社会融入的过程中，出现了种种不适应的状况，如社会支持网络狭窄封闭、社区参与积极性不高、社会归属感不强等，从表面上看是城市生活的消极表现，但实际上是失地农民经过利益反复权衡后的主动回归。其中，社会资本的培育和建立是构建其社会关系支持网络以及发挥其社区参与积极性的重要影响因素，因此本论文提出要通过多种渠道和方式培育失地农民的社会资本。

在心理融入方面，表现为空间环境的变迁带来了村民社会归属感不强；生活方式、价值观以及城市享有的权益不同，使得昆明市三个社区的多数失地农民不认同自己是城市人而更愿意"回归"到农民的群体当中，找到自身身份的认同；当前不利于失地农民发展的心理体现为依赖性心理强、抵御风险的能力差、社会不平衡的社会心理；在社会生活的满意度和适应性方面，他们有被"边缘化"的倾向，且幸福感与危机感共存。

论文主要的发现和研究结论是：第一，昆明市三个社区的失地农民在经济、文化、社会心理三个维度的融入中，呈现出差异性、递进性的发展特征；第二，本论文以布迪厄的场域与惯习理论为理论分析工具，对融入状况进行更进一步的思考：首先，城市化就是场域的变迁过程，这种变迁虽然不能从根本上消除城乡二元差别，但也让农民基本摆脱了二元体制下的农村，给他们带来了利益和好处，因此多数人是有失地和融入城市意愿的；其次，本论文认为"城市融入"实质就是场域变迁中失地农民惯习的调适，这种调适表现在行动者采取不同的"行动策略"，并以此获得更多的利益资本，从而更好地融入城市生活中；最后，这种"行动策略"是源于长期惯习及现实需求而做出的选择。多数时候，失地农民表现出自身"理性小农"的思维，而有些时候又体现出传统观念。

对此，本论文认为应该从宏观政府政策、中观社会组织及各种团体的介入，以及微观失地农民自身能力、素质、文化的提升来进一步帮助和支持失地农民，使他们更好地融入城市生活中。并提出社区融入将是失地农民融入城市及政策治理的一个出发点和关键；"农二代"将会是失地农民融入城市的主力军；未来生活会随着政策、环境以及个人因素的影响出现三类（上、中、下）人群不同的发展态势。

关键词：失地农民；城市融入；惯习；场域；资本；行动策略

Introduction

"The Integration of landless peasants" mainly refers to the farmers in the process of urbanization, after losing land, becoming urban residents with adaptation to city life and adjustment process in the aspects of economy, culture, community, psychology. In this study, based on the real background of the urbanization in Kunming, three communities are selected as the research subjects, using a combination of research methods including interview surveys and in-depth observation are adopted, and field and habitus in Bourdieu's theoretical framework are used to analyze the integration strategy of landless peasants in economic, cultural, community and psychological aspects, and then to probe the current situation of their current situation.

In this thesis, Bourdieu's habitus and field theory is introduced, through learning action strategies as well as field characters and conversion of actors, to analyze urban integration state of the landless peasants. Landless peasants have to adapt to the new environment, making it necessary to adjust their own state as a response by habitus strategy, and aim to obtain corresponding capital and convert it into interest in the new infrastructure system so that they can better advance the integration process. At the same time, landless peasants in the integration process have the strategic choice habitus, which has not only the connotation of rational choice, but also the significance of the non-rational choice.

In the aspect of economic integration, there is a game for economic interest between landless peasants and the other interest groups. During this process, they are not necessarily passive recipients, but do employ the appropriate action strategies as rational choice to fight for their own more economic capital. Sometimes they choose to avoid the risk or take some drastic actions that seem irrational. These choices are thoughtful action. Their ultimate goal is to gain maximal income and to accumulate economic capital.

Cultural capital has an important effect on cultural integration of the landless peasants. Landless peasants actively seek institutionalized cultural capital and fight at all costs for the next generation to get cultural resources; meanwhile, landless peasants have been constantly adjusting their own ability in cultural capital. Due to the impact of farmers' own traditional culture, cultural qualities, lifestyle and concepts, they still can not meet the citizen development to some extent. But the mutative field also drive habit to be constantly "adaptation", making landless peasants not a "useless" in front of the "new environment" urbanization. They always take their own positive policies and actions to deal with a variety of "adjustment", moving the footsteps to be citizen through effort.

Landless peasants experiencing the integration of social integration process show a variety of inadaptability such as a narrow and closed social support network, low community participation, a weak sense of social belonging. On the surface the negative performance of urban life, but in fact is an active return to weigh the interests of landless peasants through the post. In fact, Nurture and build social capital is to build social relationships and support networks play an important factor in their communities, therefore, this book put forward construct social capital through various channels and methods for landless peasants.

These are results from "return policy" selected by landless farmers, enables the integration in the social psychology of the landless peasants presenting a "reverse development trend". The superficially negative performance to city life is, in fact, an active regression of the landless peasants.

In the aspect of psychology integration, brought the villagers a sense of belonging is not strong for the transition of the space environment; different lifestyles, values and interests of the city to enjoy, making the most of the three communities of landless peasants who do not identity their urban environment and are more willing to "return" to the farmers' groups in which find their own identity; The current is not conducive to the development of landless peasants reflected strong psychological dependence, poor ability to resist risks, social imbalances psychology; In social life satisfaction and adaptability, they will have the tendencies of being "marginalized", and happiness coexist with a sense of crisis.

For this study, the main findings and conclusions are obtained: firstly, landless peasants of three communities in Kungming have differential and progressive development characters in the economic, cultural, social and psychological dimensions; secondly, the theory of Bourdieu's field and habitus analysis tools are employed to further investigate integration into the situation. First of all, the process of urbanization promotes the field changes, one important factor for which being the elimination divergence due to resource inequality between the urban-rural groups. This change gives landless peasants good and benefits, making the majority of them very willing to be landless; secondly, the book argues that the city integration has an essence of "the field adaptation" of landless peasants, expressing that the participants take different habitus action strategies for obtaining more interest capital so that they could better integrate into the city life. In addition, this "habit action strategy" comes from a long-term habit generated and real demand to make choices, at most times, landless peasants show their own "rational smallholder" thinking and sometimes their traditional concepts.

In this regard, this book argues that government policy should be from the macro policy, mico social organizations and various groups involved, as well as help landless peasants to promote their own ability, quality, and cultural enhancement to further help and support farmers, enabling them to better integrate into the urban life.

And proposed community will be a starting point and mainstream; the "landless peasants Ⅱ" will be the mainstream peasants integration into the cities; future life will be as the impact of policy, environmental and personal factors appear three levels (upper, middle and lower) populations in different development trend.

Key words: Landless peasants; Urban integration; Habitus; Field; Capital; Operational tactics

目　录

绪论 ……………………………………………………………（1）
　一　问题的缘起与研究目的 …………………………………（1）
　　（一）问题的提出 …………………………………………（1）
　　（二）研究目的及意义 ……………………………………（4）
　二　相关概念界定 ……………………………………………（5）
　　（一）城市化 ………………………………………………（5）
　　（二）失地农民 ……………………………………………（6）
　　（三）城市融入 ……………………………………………（8）
　三　文献综述 …………………………………………………（11）
　　（一）国外关于失地农民的研究及理论 …………………（11）
　　（二）国内关于失地农民的研究及发展 …………………（20）
　　（三）国内研究的视角 ……………………………………（21）

第一章　分析框架与研究方法 ………………………………（32）
　一　布迪厄的实践理论 ………………………………………（32）
　　（一）惯习与场域 …………………………………………（32）
　　（二）资本理论 ……………………………………………（36）
　　（三）行动策略研究 ………………………………………（40）
　二　研究框架与方法 …………………………………………（42）
　　（一）研究框架 ……………………………………………（42）
　　（二）研究方法 ……………………………………………（43）
　三　个案社区的选择及介绍 …………………………………（46）
　　（一）"城中村"中失地农民的 S 社区 ……………………（48）
　　（二）昆明市最早失地农民的 W 社区 ……………………（49）

（三）昆明市第一批回迁农民的 Z 社区 ………………… (50)

第二章 失地农民经济融入中的行为 ……………………… (53)
  一　征地拆迁中失地农民的群体利益 ……………………… (54)
    （一）逆来顺受的"草根"阶层 ……………………… (54)
    （二）机遇中的适应与选择 ………………………… (58)
    （三）群体间利益的冲突行动 ……………………… (64)
  二　经济生活场域变迁中的行为选择 …………………… (79)
    （一）传统生产方式的转向 ………………………… (80)
    （二）日常经济行为中的节俭原则 ………………… (84)
    （三）二元分割下的社会保障 ……………………… (89)
  三　经济场域变迁中的就业行动 ………………………… (92)
    （一）积极就业的行动取向 ………………………… (93)
    （二）待业的策略选择 ……………………………… (96)
    （三）不同年龄层次的就业观 ……………………… (99)
    （四）就业行动中的性别选择 ……………………… (104)

第三章 失地农民文化融入中的惯习调适 ………………… (113)
  一　制度型文化资本的城市融入 ………………………… (114)
    （一）文化教育的转变 ……………………………… (115)
    （二）教育资源的关注 ……………………………… (118)
    （三）职业技能教育的参与 ………………………… (120)
  二　能力型文化资本的城市融入 ………………………… (122)
    （一）惯习在居住空间变迁中的调适 ……………… (123)
    （二）行为方式在变迁中的转变 …………………… (129)
    （三）文化价值观在变迁中的适应 ………………… (138)

第四章 失地农民社会融入中的建构 ……………………… (151)
  一　社会支持网络的功能 ………………………………… (151)
    （一）初级关系网络的回归 ………………………… (152)
    （二）业缘关系网络的排斥 ………………………… (160)
    （三）关系网络的扩展与构建 ……………………… (168)

二　失地农民社区参与中的选择 …………………………………（169）
　　（一）社区参与的矛盾性 ……………………………………（169）
　　（二）社区参与的功利心 ……………………………………（172）
　　（三）社区参与中的性别角色 ………………………………（175）
　三　失地农民社会资本的缺失与培育 …………………………（180）
　　（一）社区传统的社会资本 …………………………………（180）
　　（二）社区社会资本的转变 …………………………………（183）
　　（三）社会资本的构建 ………………………………………（184）

第五章　失地农民心理融入的轨迹 ……………………………（188）
　一　失地农民的身份认同 ………………………………………（188）
　　（一）失地农民的心理归属 …………………………………（188）
　　（二）失地农民的心理认同 …………………………………（190）
　二　失地农民思想意识的转变 …………………………………（193）
　　（一）心理的依赖性 …………………………………………（193）
　　（二）心理的不平衡性 ………………………………………（195）
　三　社会生活的满意度 …………………………………………（197）
　　（一）生活的幸福感 …………………………………………（197）
　　（二）生活的危机感 …………………………………………（204）

第六章　城市化进程中失地农民城市融入的策略 ……………（208）
　一　研究发现及基本结论 ………………………………………（208）
　　（一）失地农民与城市融入 …………………………………（208）
　　（二）失地农民城市融入的实践理论 ………………………（213）
　二　失地农民城市融入的措施 …………………………………（214）
　　（一）失地农民城市融入的建构 ……………………………（215）
　　（二）制度的创新与安排 ……………………………………（215）
　　（三）失地农民综合素质的提升 ……………………………（216）
　　（四）失地农民关系网络的扩展 ……………………………（217）
　三　失地农民城市融入的前景 …………………………………（219）
　　（一）社区融入基层视角的行动 ……………………………（219）
　　（二）"农二代"是城市融入的主流 …………………………（222）

（三）失地农民的社会分层 …………………………………（224）

结语 ……………………………………………………………（227）
附录1 调查问卷1：村民调查 ……………………………（229）
附录2 调查问卷2：基层干部访谈 ………………………（238）
附录3 调查问卷3：群众访谈提纲 ………………………（239）
参考文献 ………………………………………………………（240）
后记 ……………………………………………………………（251）

Contents

Introduction ·· (1)
  1 The origin of the problem and research purposes ····················· (1)
    1.1 Issues raised ·· (1)
    1.2 Purpose and significance ··· (4)
  2 Related concepts ·· (5)
    2.1 Urbanization ·· (5)
    2.2 Landless peasants ·· (6)
    2.3 Urban integration ··· (8)
  3 Literature review ··· (11)
    3.1 Foreign research and theory on landless peasants ················ (11)
    3.2 Domestic research and development on landless peasants ··· (20)
    3.3 Perspective of domestic research ··· (21)

Chapter 1 Analytical framework and research methods ············· (32)
  1 Practical theory of Bourdieu ·· (32)
    1.1 Habitus and field ·· (32)
    1.2 Capital theory ··· (36)
    1.3 Action strategy ·· (40)
  2 Research framework and methods ·· (42)
    2.1 Research framework ·· (42)
    2.2 Research methods ·· (43)
  3 Selection and presentation of case communities ······················· (46)
    3.1 "a downtowm village" of landless peasants in S
        community ·· (48)

3.2　The earliest landless peasants of Kunming in W community …………………………………………………… (49)
　　3.3　The first relocated community of Kunming in Z community …………………………………………………… (50)

Chapter 2　The behavior of landless peasants in economic integration …………………………………………… (53)

1　Group interests in land acquisition and resettlement of landless peasants ……………………………………………………… (54)
　　1.1　Submissive "grassroots" class …………………………… (54)
　　1.2　Opportunities in adaptation and selection ……………… (58)
　　1.3　Intergroup conflict of interest action …………………… (64)
2　The selection behavior in changing economic life field ………… (79)
　　2.1　Change the traditional mode of production …………… (80)
　　2.2　The behavior of thrift principles in everyday economic ……… (84)
　　2.3　Social security under the binary segmentation ………… (89)
3　The employment actions in changing economic field …………… (92)
　　3.1　Action-oriented active employment ……………………… (93)
　　3.2　unemployed Strategies …………………………………… (96)
　　3.3　Employment outlook of different ages …………………… (99)
　　3.4　Employment in actions of women's choise ……………… (104)

Charpter 3　Habit adjustments of landless peasants in culture integration …………………………………………… (113)

1　Type of system cultural capital in city integration …………… (114)
　　1.1　Changes in culture and education ……………………… (115)
　　1.2　Focus oneducational resources ………………………… (118)
　　1.3　Participation in vocational skills education …………… (120)
2　The ability of cultural capital in city integration …………… (122)
　　2.1　Habitus changes in the adaptation of living space …… (123)
　　2.2　The behavior Changes in transition …………………… (129)
　　2.3　Adaptation in cultural values changes ………………… (138)

Charpter 4   Construction the social integration of landless peasants (151)

1　The functions of social support network (151)
   1.1　Regression primary relationship networks (152)
   1.2　The exclusion of edge networks (160)
   1.3　Network expansion and build relationships (168)
2　The selections of landless peasants in community participation (169)
   2.1　The contradictory of community participation (169)
   2.2　Utilitarian heart of community participation (172)
   2.3　The gender roles in community participation (175)
3　Lack and cultivate social capital of landless peasants (180)
   3.1　Social capital in traditional community (180)
   3.2　Changes of social capital in community (183)
   3.3　Build social capital (184)

Charpter 5   The trajectory of psychological about landless peasants (188)

1　Identity of landless peasants (188)
   1.1　Thepsychological ownership of landless peasants (188)
   1.2　The psychological identity landless peasants (190)
2　Changing ideology of landless peasants (193)
   2.1　Psychological dependence (193)
   2.2　Psychological imbalance (195)
3　The satisfaction of social life (197)
   3.1　Happinessoflife (197)
   3.2　Crisis of life (204)

Charpter 6   Urbanization process integration strategy for the city of landless peasants (208)

1　Basic research findings and conclusions (208)
   1.1　Landless peasants and urban integration (208)

  1.2 Theory of practice about landless peasants ················· (213)
 2 Measures of city integration about landless peasants ············ (214)
  2.1 Construction of landless peasants into the urban
     integration ································· (215)
  2.2 Innovation and arrangements of system ··············· (215)
  2.3 Enhance the overall quality of landless peasants ········ (216)
  2.4 Extended networks of landless peasants ··············· (217)
 3 Prospects for social integration in urban landless peasants ········ (219)
  3.1 The perspective of action about the grassroots
     community ································· (219)
  3.2 the "landless peasants II" will be the mainstream of city
     integration ································· (222)
  3.3 Social stratification of landless peasants ··············· (224)

Conclusion ··· (227)
References ··· (240)
Postscript ··· (251)

绪　论

长久以来，土地一直是人类生活的根基，是塑造万物的基础。人类的生产、生活无时无刻不与它息息相关。而农民本身对于土地具有一种天然的联系，祖祖辈辈在这块生命的寄存中耕耘着，挥洒着艰辛的汗水，收获着丰硕的果实，他们喜悦、悲愁交织的情感无不延伸于土地当中，土地给予了他们一种希望和力量，这种力量已经融入血液中，变为一种依恋，久久不能释怀，不能割舍。而当巨大城市膨胀并将工业之手伸向土地时，这里便失去了宁静，这里的人也失去了寄托，成为失去土地的人。他们的生活又将如何继续呢？

一　问题的缘起与研究目的

法国社会学家孟德拉斯在20世纪60年代曾经忧心忡忡地指出，20亿农民站在工业文明入口处，这就是20世纪下半叶当今世界向社会科学提出的主要问题。[①] 半个多世纪以来，孟德拉斯的这一预言不断被发达国家的现代化进程证实。

（一）问题的提出

如今，世界最大的农业国家——中国——走上了城市化的道路，根据国家统计局发布的数据，截至2011年底，我国内地已有半数以上人口为城镇人口，城市化水平已达到51.27%。这说明城市化成为经济增长和社会发展的新动力，也标志着中国已进入了一个全新的发展阶段。按照世界上每万人城镇人口平均需要不少于1平方千米土地的基本要求，以及我国

---

① ［法］孟德拉斯：《农民的终结》，李培林译，社会科学文献出版社2002年版，第3页。

城市化水平每提高1%，需要占用耕地约12.7万公顷[①]的实际来计算的话，每征用1亩地将会造成1.4人失去土地，那么城市化水平每提高1%，就有约226.7万人成为失地农民。按此测算，从2009年到2011年三年间，我国共产生失地农民约1267万人（按国家统计局网站数据实际测算）。同时，按照今后我国城市化水平每年递增1%的速度来计算，[②] 今后每年还将新增失地农民220万人左右。

城市化在推动了地区经济发展和公众物质生活质量提升的同时，也带来了棘手的新问题，即城市如何消化每年海量涌入的新进城人口？这些"新人"又如何适应新的城市环境？学者李培林认为，对于中国这样一个几千年来以农业为主，农民占绝大多数的传统大国，城市化不是简单的数字意义上城镇人口比例的提高，人们的生产、生活、就业以及观念都会随之发生深刻变化。[③] 即农民转变成为城市人并不只是我们表面上看到的简单的"身份转变"问题，而是一个需要从经济、文化、心理等多个方面融入城市社会的问题。因此作为城市，更应该解决好这部分新进城"人群"所面临的实际的社会融入问题。

当前，我国要快速推进城市化进程，失地农民的城市融入问题将是一个重要的内容。妥善处理好失地农民的城市融入问题，使之尽快适应城市新环境，这不仅是城市化发展的必然要求和客观趋势，也是促进农业、农村、农民发展，提升整个社会整体文明素质，以及推进社会全面现代化和社会转型的客观需求。一句话，失地农民能否真正融入城市新环境直接关系着城市化的成败，影响转型期我国社会的稳定与和谐。对城市化进程中的失地农民而言，城市融入主要体现在以下几个方面。

第一，经济方面的融入。这里主要涉及农民在失地后的就业、收入以及社会保障等，与经济有关的方面，也是与失地农民的基本生存权密切相关的几个方面。当前，只有基本生存条件有所保障，也就是失地农民在经济方面基本融入城市后，他们才会考虑并主动开始其他方面的融入。上述

---

① 劳动部农民工和被征地农民社会保障综合调研组：《被征地农民社会保障综合调研报告》，劳动和社会保障部农村社会保险司编印资料，2006年，第10页。

② 张毅：《城镇化，中国经济的火车头——访北京大学中国经济研究中心主任林毅夫》，2003年1月，人民网（http://cpc.people.com.cn/n/2013/0109/c83083-20136967.html）。

③ 李培林：《城市化与我国新成长阶段——我国城市化发展战略研究》，《江苏社会科学》2012年第5期。

几个方面中,就业是大多数失地农民失地后面临的最大挑战,这主要是因为失地农民本身受教育程度较低,同时长期从事农业生产,缺乏城市就业岗位所需的相关技能,与城市产业工人和已经熟悉城市工作环境并拥有熟练技术的农民工相比,他们没有足够的竞争力。而要解决这个最大的困难,首先要靠他们自身的努力,其次还需要政府的支持和引导。

第二,文化方面的融入。主要是指失地农民生活方式和思维观念的转变。原来的农村田园般"自给自足"的小农生活已经被城市化的大工业所打破,代之以现代化、快节奏、高强度的生活和工作方式。同时,他们的传统观念、伦理道德、教育水平也随之改变。失地农民长期受农村传统文化和道德观念的影响,他们淳朴、热情、善良的性格为他们与城市人的沟通和交流创造了条件。但他们封闭自守、自由散漫的农村人文化基调又与现代城市积极、进取、高效的文化方式格格不入。因此,总体来看,他们对现代城市的文化还难以适应,需要融入。

第三,社会方面的融入。这里主要是指失地农民在社会关系支持网络、社区参与等方面表现出的内心对城市生活的认可。社会关系网络是个体人和群体人得以生存和发展的强大支持,长期以来,农村人习惯了以血缘、地缘为纽带的"礼俗社会"关系网络,自然而然地形成了自己封闭的社交小圈子。而当他们居住的空间被城市工业化打破之后,他们的关系网络也发生着改变;同样,也包括他们的社会参与,是否更积极主动?还是消极被动参与到社会各项事务中?而社区生活的规划重新建构了他们活动的空间和场域,在这样的环境中又如何适应呢?这是一个值得关注的问题。

第四,心理方面的融入。主要是在社会生产、生活方面表现出来的满意度,包括社会心理归属感、身份认同,在融入城市生活过程中体现出该群体的生活幸福感和社会危机感。失地农民的心理会随着环境的变迁而有所改变,希望与失落、怀疑与信任、依赖与无助等各种情感也会交织在其中。

但是,如何将经济层面、文化层面和社会、心理层面转化为评估失地农民城市融入的可操作性分析框架,显然还需要找到一个恰当的研究视角。本文认为,行动者的行动策略与行动逻辑在某种程度上能够映射出其对外界环境的适应程度,换言之,失地农民日常生活世界中的微观行动逻辑能够真实反映出其城市融入的基本形态。鉴于此,本研究以失地农民在经济、文化和社会心理等场域的微观行动策略和逻辑为基本线索，通过对昆明市的三个不同类型的失地社区的系统分析，揭示出城市化进程中昆明市失地农民的融入状况及其内在机理，以展现失地后民众的日常生活现实。

（二）研究目的及意义

近年来，失地农民问题一直是学界关注的热点，相关的研究涉及经济、政治、管理、社会等多个学科领域。本书立足于昆明市城市化快速推进的现实背景，对失地农民的城市融入进行研究。失地农民城市融入的好坏，直接关系着失地农民这个群体的生存、发展，关系着城市的健康可持续发展。本书以解决失地农民城市融入的现实问题为目标，将理论的分析和建构运用于实际的研究，具有一定的理论价值和实践意义。

第一，理论价值。本书的理论价值在于：首先，用布迪厄的实践理论研究失地农民的城市融入问题，将拓展失地农民研究的思路和视野。布迪厄的实践理论能帮助理解失地农民实际生活中的各种社会关系和社会现象。本书将失地农民的生活变迁置于一个个变化的"场域"中，通过考察他们在经济、文化和社会心理三个方面的融入情况，分析他们在融入过程中如何参与场域与资本的竞争，生成何种惯习、采取何种行动策略等问题。同时，剖析失地农民在失去土地、居住环境发生改变后他们内在的习惯和生活习气、价值观是否也发生了相应的变化？通过本书的研究，希望能达到扩展和延伸理论运用范围、丰富相关研究的目的。

第二，现实意义。当前我国城市化进程进一步加快，失地农民问题日益凸显，并已经由发达地区局部性的社会问题扩展成为全国性的问题。能否解决好相关问题，已成为影响当前城市化发展和社会和谐稳定的一个重要因素。而随着城市化的推进，失地农民融入城市将是社会发展的必然趋势。十八大报告指出"要有序推进农业转移人口市民化"，说明失地农民城市融入问题已经引起中央高层的重视，妥善解决这一问题已经成为从中央到各级地方政府的一个急迫的工作重点。因此，研究失地农民城市融入问题极具实际价值和战略意义。

另外，本书以西部边疆城市昆明市的失地农民为研究对象，主要基于以下原因：目前有关失地农民问题的研究大多数都是针对北京、上海、广州、南京、苏州等发达城市开展的，而针对中部和西部，尤其是边疆城市的研究则极少。事实上，东部发达地区由于经济社会发展水平较高，各类经济产业和社会事业比较发达和完善，且其城市化起步较早，对于失地农民的安置和后续发展已经有较为成熟的模式和经验。边疆地区则正好相反，其经济产业和各类社会事业较落后，缺乏发达地区解决失地农民相关问题所具备的雄厚物质经济基础和社会福利条件，因此在短时期内妥善解决失地农民相关问题存在一定的困难，这些就往往可能成为失地农民群体性事件的爆发点，成为影响社会和谐的隐患。因此本书立足西部边疆城市昆明市的失地农民城市融入问题，并试图从研究的主体出发，采用"主体建构"视角[1]，"忘掉所谓'客观'，把自己的研究放在人际互动和互构中来进行、表述及评价"。[2] 通过与失地农民进行深度访谈，熟悉他们生活的场景，透析他们内心真实的想法，体会他们的感受。希望通过本研究能接触到边疆城市失地农民在融入城市过程中面对的实际困难和切实需求，为引导失地农民尽快、更好地融入城市提供一些有益的制度和策略方面的建议。

二　相关概念界定

（一）城市化

城市化，也叫"都市化"，是一个国家或地区人口、产业、资本、市场的集中化过程。当前，发达国家城市化水平已经很高，达到70%—80%甚至以上，城乡差别也已经消除。而在发展中国家，"二战"后城市化发展迅猛，"亚洲四小龙"的崛起，拉美国家从传统农业向工业社会迅猛过渡，城市化取得了令人瞩目的成就。我国改革开放30多年以来城市化加速发展，并在2011年突破了50%，但城市化带来的一系列问题并没有在短时间之内得以解决。综合我国城市发展，不同的学科有不同的观点，目前的研究综合起来有三种观点：一是"人口城市化"观点，这种观点把城市化定义为农村人口转化为城市人口或农业人口转化为非农业人

---

[1] 即整个研究活动应该以实践者的感受和体验为主，而不是以研究者的设计为主。
[2] 潘绥铭：《主体建构：性社会学研究视角的革命及本土发展空间》，《社会科学研究》2007年第3期。

口的过程；二是"空间城市化"观点，即从经济学视角，认为城市是一座坐落在有限空间地区内的各种"经济市场"——住房、劳动力、土地、运输等相互交织在一起的网状系统（K. J. Buton，1976）；三是"乡村城市化"的观点。即农业人口转化为非农业人口并向城镇性质的居民点聚集，乡村社区转变为城市社区并且城市要素逐渐增长的过程（景普秋、张复明）。从城市化发展的路径上看，可以分为两种类型（林新伟，2007）：一种是自然城市化，该路径尊重市场规律和选择，不依靠计划和管制以及领导的喜好来制定城市发展的方向，而是自然选择城市发展道路；另一种是被动城市化，主要是根据政府制定的规划来征用农民的土地并进行城市建设的发展路径。从社会学视角来看，城市化主要是指城市规模扩大，城市数量增长，城市人口增加，城市生活方式、文化素质、组织体制和价值观念取代农村并向现代化转变的过程，是城市基础设施和公共服务设施水平不断提高的过程。秦启文（2002）认为城市化又叫都市化，是指农村人口不断变为城市人口和城市社区不断扩大或使农村社区转变为城市社区的社会变迁过程。与此相伴的是城市文化及城市生活方式的发展与扩散。邹农俭（2002）认为城市化的内涵包括：乡村人口转化为城市人口，城市数量增加和城市规模扩大，以及人的思想观念、生活方式的转变。

从本论文的视角来看，本文主要是从人口城市化的角度来进行界定，即农村人口转变为城市人，并不断融入"城市人"生活的过程。

（二）失地农民

对"失地农民"这一名词的界定，官方的表述是"指农民的土地被依法征收后，农业户口的家庭人均耕种面积少于0.3亩的统称为失地农民"。这一表述的特点是"两个明确，两个不明确"。两个明确是：(1) 明确规定失地农民在征地前必须是农业户口；(2) 征地后每户人均耕地面积少于0.3亩。两个不明确是：(1) 未明确点明依法征收土地的背景，也就是无论是因国家大型工程还是城市建设，或者因为其他原因而被依法征收土地的情况都适用此界定；(2) 征地后，失地农民的户籍可能保留农业户籍，也有可能转为城镇户籍。很显然，这一表述是官方认定失地农民的一个依据。

在学界，直接采用这一表述对失地农民进行界定的并不多，从已有的相关研究文献来看，研究者们往往根据所研究对象的实际情况对"失地农民"这一概念作不同的表述，如认为失地农民是失去土地，失去农民身份，但又不能融入城市，不能享受城镇人口同样权益的特殊群体；认为失地农民是土地被征后仍保留农业户口或已转为城镇居民的人员；或者认为失地农民是在城市化进程中，自愿或非自愿失地的农民。但无论表述如何不同，这些界定都围绕一个共同点，即农民失去土地或失去土地的经营权。

本书关注的是失地农民的城市融入，其失地的原因是城市化，在失地的同时身份也变成了政策上的城市人。因此本文对失地农民的界定是：因城市化失去土地后获得城镇户口，但又没有完全融入城市，不能享有和城镇居民相同权益的个人或群体。根据研究的主题，这一界定更突出城市化的现实背景，强调失地农民在失地后面对的是完全不同的新环境，因此需要融入。

这里特别强调研究对象和城市里的农民工是有所不同的，农民工既包括已经失去土地，也包括没有失去土地的人员，并且具有"乡—城"移动的特点。而这里研究的失地农民主要是指失去土地后没有或基本没有发生空间的移动，依然停留在原居住地的个体和群体。他们和城市里的流动农民相比，存在以下区别。

第一，失地农民失地后有可能变成流动的农民，但也有可能不流动。流动农民不一定失去土地。第二，本论文中涉及的失地农民失地后会有成为城市市民的资格，并适当享有城市的各种福利和社会保障，相对来说对地域的归属感很强，基本上是"离土不离乡"的情况。而流动农民大多不可能享有市民的资格，他们的流动性很大，有的"离土又离乡"，有的"离乡不离土"，但对暂居地的归属感不强。第三，本书中研究的失地农民对城市的融入主要是由事件驱动，其次是意愿驱动。而流动农民则有的以事件驱动为主，有的以意愿驱动为主。这里所说的"事件"，对前者而言是指城市化，对后者则可能是贫困或者其他原因。

另外，本书研究的对象是昆明市在城市化进程中产生的失地农民，为了研究的便利，这里选择的基本上都是有固定居所、失去土地后没有发生空间移动或者只在原居所周围很小的区域内短暂流动（指那些等候回迁，暂时在周围租房居住的失地农民）的群体。事实上，昆明市的本地人对自己家乡的归属意愿非常强烈，他们戏称自己是"家乡宝"，一般不愿意离开这个城市去外地工作或者生活，甚至有的学生读大学也要守着本地的学校。这和长期闭塞的区域环境产生的封闭观念不无关系，加上气候宜人，就形成了昆明人这种"老死不离乡"的守家传统。这正好为本研究中调查走访的顺利开展提供了便利。

（三）城市融入

融入（social inclusion）理论是20世纪初美国芝加哥学派提出的，最早可追溯到社会融合概念。20世纪初，帕克研究了美国的移民，将融合定义为"个体或群体互相渗透（interpenetration）、相互融合（fusion）的过程"[①]。帕克认为，各类移民族群最终要整合于一个共同的文化生活之中，应该通过分享历史和经验，彼此之间获得对方的情感、记忆、态度。同时将融合过程和内容系统地区分为四种主要的内涵：经济竞争、政治冲突、社会调节、文化融合。斯高特认为社会融合应分为情感融合和行为融合。欧盟在2003年对社会融入作出定义，认为社会融入是一个过程，它要能确保具有风险和受社会排斥的弱势群体能够获得发展所必要的机会和资源，从而使他们能够全面参与经济、社会和文化生活，享受正常的社会福利。[②] 欧盟所提的社会融入概念是基于保护各方面都处于弱势的少数民族族群的目的，因此强调要确保弱势群体更多地参与到关于他们的生活基本权利的决策中。

失地农民的城市融入是指失地农民个体或者群体融入和适应城市生活的过程，这个过程是不断调整、变化的，并在自身意愿和外力（如政府的宏观调控、社会组织的帮助等）的共同作用下而最终实现的。与帕克的移民融入相比，失地农民城市融入并不只是偏重于文化生活，而是一个由外而内，由浅入深，由简单到复杂的过程。城市农民变成了居民，这看似简单的现象，实际上也包含着多方面的由经济生活的外在表现到心理内在适应的过程。相对来说，失地农民融入的最终结果也与帕克的移民融入有所不同，移民融入强调融入的双方是相互的，可以有冲突也可以共处、共融，而失地农民融入的最终结果就是完全接受城市人的模式，虽然在部

[①] Robert Ezra Park, "Human Migration and the Marginal Man", *American Journal of sociology*, Vol. 33, No. 6, June 1928.

[②] 欧洲联盟委员会：《社会融入联合报告》，布鲁塞尔国际研究报告，2004年，第5页。

分人群中会抵触和排斥，但不会引发矛盾的激化而演变为冲突，从长远来看，被同化的成分要多一些；另外，失地农民群体享受和占有资源的机会也要比欧盟提出的资源平等性的社会融合所能享有的机会多，因为这部分群体已经拥有城市户籍，要纳入真正的社会保障和福利，是不遥远的事情，而且政府已经出台了相关的政策，来充分保障这部分群体的权益。与国内其他学者对失地农民融入的界定也有所不同，本研究中有关不同群体间的互融要少一些，客体融入主流的成分要多一些，即城市边缘的村落在发展中最终是要终结的，并且最终的目标也是一致的：构筑良性和谐的社会。综合前人对社会融入概念的定义并结合城市化这一研究背景，本书对失地农民"城市融入"概念的界定是：主要指农民在城市化进程中，失去土地，成为城市居民之后，经济、文化和社会心理等方面对城市生活的适应和调节过程。失地农民在失去土地后，转变为城市市民身份，是否因此得到与城市人同样的权利和待遇，而他们的外部环境和主观意愿上是否真正接纳自己是城市的"主流群体"，都有待于进一步探讨。

从融入的研究维度上看，许多学者提出了自己的研究假说。第一，人口再社会化说[1]，该理论在研究流动人口的基础上，认为融合应该从经济、社会、心理和文化四个方面来进行，而这四个方面的融合过程就是再社会化的过程；第二，新二元关系说[2]，该理论提出者马西恒认为，新移民在城市社区中生活一段时间后，融入的状态从原来的隔离、排斥和对立关系转变为理性、包容和合作的关系，并将这种关系定义为"新二元关系"。这种关系的转变要经历一个叫做"敦睦他者"的阶段，即这个阶段是介于隔离与认同之间的环节，也是破解两者之间关系的一个关键阶段；第三，融合递进说[3]，张文宏、雷开春认为融入主要包括经济融入、文化融入、心理融入、身份融入，并且这几方面关系是依次递进的。但也有学者认为这样的关系是递减的，但是哪个先哪个后？学界没有一个统一的说

---

[1] 田凯：《关于农民工的城市适应性的调查分析与思考》，《社会科学研究》1995年第5期。

[2] 马西恒：《敦睦他者：中国城市新移民社会融合形态的探索性研究——对上海市Y社区的个案考察》，《学海》2001年第2期。

[3] 张文宏、雷开春：《城市新移民社会融合的结构、现状与影响因素分析》，《社会学研究》2008年第5期。

法。学者朱力[①]对几个融入维度的递进关系作了论述：经济适应是立足城市的基础；社会融合和心理融合是向着城市生活更深度和广度的发展，最终的心理适应才能算真正融入城市社会；杨菊华[②]在总结前人成果的基础上，认为融入的几个维度之间的关系是动态的、渐进式的、多维度的、互动的。现有文献中，多数学者把融入过程划分为四个维度进行研究，即经济融入、文化融入、社会融入和心理融入，但其中的社会融入维度相对来说较为抽象，并且与经济、文化和心理融入维度都有交叉的内涵，界定较难。基于此，本书将失地农民城市融入的维度划分为四个，即经济融入、文化融入和社会融入（这里所说的社会融入是前面界定的"社会融入"概念的一个维度）、心理融入，而将研究中可能涉及的与社会融入维度相关的内容按其实质分别并入这四个维度进行阐述。

  本论文中的经济、文化和社会、心理四个融入维度之间是呈渐进式关系的，按照马斯诺的需求层次理论，经济物质方面的基本需求是首要的，在此之上人们往往会寻求文化和心理等更高层面的需求，并最终完成在生活方面的进一步提升。实际上，失地农民的城市融入过程，也是一个渐进的、由低层次向高层次发展的过程。如果说失去土地换来经济补偿是对城市经济融入的第一步的话，那么文化和观念的改变将是他们变为"城市人"后更进一步的行为方式和生活方式的调整，与周围社会环境的适应以及社会关系网络的支持是目标，而最终在心理上完成对城市社会的适应，则使他们彻底转变为真正意义上的"城市人"。因此，本书认为失地农民的城市融入需要具备以下几个方面的条件：第一，经济收入保障是城市融入的前提条件，诚如前面所言，经济收入保障与失地农民的基本生存条件息息相关，只有经济方面的条件满足温饱等基本的要求后，才有可能开始后续进一步的发展。第二，文化习俗的调适是城市融入的重要内涵，只有不断提升自身素质和文明程度，努力适应和习得城市文化的内涵，才有可能缩短与城市文明及文化的差距。第三，社会关系网络、社会参与是社会融入的一个重要过程。生存环境的改变及对它的适应、改变离不开社会关系网络的扩展以及社会的积极参与，这也是实现农民"市民化"的

[①] 朱力：《论农民工阶层的城市适应》，《江海学刊》2002年第6期。
[②] 杨菊华：《从隔离、选择融入到融合：流动人口社会融入问题的理论思考》，《人口研究》2009年第1期。

一个重要的目标。第四，心理融入是城市融入的内在条件，是整个融入过程中最关键，也是最困难的一环，它涉及人的各种感知，如心理的认同及幸福感、归属感的体现，这需要长时间的积淀，也需要社会给予更多的关心和帮助，从各个方面提升他们的主观认同感，从而使他们更快更好地融入城市。以上三个方面归结起来就是：经济融入是前提，文化融入是重点，社会融入是目标，心理融入是关键。

三　文献综述

对此前已有相关讨论进行回顾、梳理和分析，可以从中发现新的研究问题、研究视角，并在此基础上构建分析框架，展开进一步的讨论。本书的文献梳理主要从两个方面来进行回顾和探讨：一是从国外研究中梳理有关农民融入城市的相关历史和理论；二是从国内的研究视角，即从宏观和微观角度梳理研究的脉络以及不同学者的观点。同时，从失地农民的研究学科上看，近年来，逐渐从经济学视角转变为多个学科视角研究，本书主要从社会学视角来阐述相关问题。

（一）国外关于失地农民的研究及理论

失地农民是工业化和城市化的必然产物，任何国家在由农业社会向工业社会转变、由传统向现代过渡的进程中都不可避免地会产生大量的失地农民。国外针对类似我国当前失地农民城市融入的研究报道极少，主要集中于土地是一种独特的财产，对农民来说是一种特殊的感情和价值，并着重研究城市人与乡村人之间的区别。

1. 国外失地农民研究的历史

历史上受关注最多的失地农民应该是英国的"圈地运动"产生的失地农民。英国的"圈地运动始于14世纪，但与工业化直接相关的圈地则从15世纪末一直延续到19世纪中叶"[1]。这期间，新贵族和新兴的资产阶级通过暴力的方式，把农民从土地上赶走，剥夺了农民的土地使用权和所有权，从而造成了大量的失地农民，"圈地运动"给农民带来了不良的后果，遭到了农民的反对，并发生了大量的武装冲突，但是在英国政府的

---

[1] 百度百科：英国的圈地运动（http://baike.baidu.com/view/620815.htm）。

强制推行下，使得一批批雇工、自耕农被迫离开了自己原来的村庄。对于这些丧失土地的农民来说，只能被迫到城市的工厂里找工作，脱离了"以土地为生"的生产方式。英国历史学家考特经过考证后发现，这些被驱赶的农民不是流入城市就是沦为农业工人阶级。他形象地将农民的新职业比作"在织机上或熔炉边"，这样的后果将使得农民及他们的子孙"耗竭气力"，因此，圈地运动的最终结果，就是把大批从土地中闲出来的人力"交给工业去支配"。① 尽管"圈地运动"加快了英国工业化的进程，但使大批自耕农脱离了土地，加入工业化建设的行列中来，变成了社会的底层。

19世纪末，由于美国开始采取了大量的自由主义城市化政策，这一政策也产生了大量的失地农民，这给美国的城市秩序造成了巨大的冲击，从19世纪20年代到20世纪70年代，美国用了大约一个半世纪的时间才完成了失地农民进城转移。对此，美国芝加哥学派的帕克等学者进行了大量的研究（帕克，1987），并提出了"人类生态学理论""边缘人""社会距离"等融入理论。

美国自由主义的城市化政策对后来一些发展中国家的城市化影响巨大，其结果也同样在这些发展中国家造成了大量居无定所、生活和就业都异常困难的失地农民，例如拉美地区的城市化就是一个典型的例子。第二次世界大战以后，受美国和欧洲发达国家的影响，拉美地区开始进入城市化和工业化的轨道，城市不断扩张，农村逐渐消失，失地农民数量急剧增加。农民失去土地后只能涌入城市，但由于城市化起点低、速度快、发展过度，城市既不能向大量涌入的农民提供便利的服务设施，又无法向他们提供足够的就业机会。于是在城市找不到安身之所的农民只能在城市外围地区建盖简陋的贫民窟立足。学者们认为拉美地区的城市化是完全失败的，他们称为"拉美陷阱"，并用"边缘化"来形容农民的处境，认为农民传统的价值观、信念、行为与城市现代化的发展不同步，既不属于将其排挤出去的农村，也对城市的生活格格不入，因而只能处于"边缘"的地位。而要改变这种不利的局面就要进行社会参与，但由于经济地位低下，农民们又很难参与到各项政治、经济和社会决策之中。

---

① [法] 保尔·芒图：《十八世纪产业革命——英国近代大工业初期的概况》，杨人楩等译，商务印书馆1983年版，第143—144页。

如今欧美发达国家已经基本走出了失地农民问题的阴霾，但在包括中国在内的大量发展中国家，失地农民问题却越来越显现，并日益成为发展中国家城市化发展中突出的社会问题。发达国家在工业化、城市化进程中采取过的政策、走过的弯路、积累的成功经验和失败教训都是人类社会发展过程中的宝贵财富，值得包括中国在内的发展中国家借鉴和学习。

2. 国外关于失地农民城市融入研究的相关理论

国外直接针对类似于当前中国"失地农民"城市融入的研究很少见，从经济学研究人口融入的理论有：国际人口迁移经济理论，以唐纳德·博格的"推力—拉力"理论、李（Lee）的人口迁移模型、发展经济学家阿瑟·刘易斯的"二元经济结构模型"和哈里斯—托达罗的收入预期理论为代表；城市经济学 S 曲线理论，美国经济地理学家诺瑟姆认为农民市民化也表现为"＋S－"形等；从土地利益经济学视角，在农村土地政策方面，歌德伯戈指出保护土地价值免受不利的外部因素的侵害，温格特强调了宪法对土地财产权保护的重要意义；Kironde、Berry、Mabogunje 等关注失地农民的利益，重视土地产权；Amelina、Fearnside、Herring 等对东欧和拉丁美洲地区反思"激进式"土地改革，提倡合理的政府土地利用管制。

而国外在土地、农民与城市生活关系方面却有一些影响深远的理论和描述：一是土地作为一种独特的财产，被寄予了一种深厚的情感，例如孟德拉斯对于农民的研究[①]指出：整个经济的、社会的、技术的、法律的和政治的系统都会赋予土地一种崇高的价值。二是对比城市人和乡村人之间不同的生活方式和思维方式的研究，如齐美尔对于城市生活的悲观论、滕尼斯对"礼俗社会"和"法理社会"的描述和比较、韦伯有关传统农村和理性城市的探讨，等等。三是从全球性和现代性的角度进行重新阐述分析，如吉登斯认为从传统活动场所中解放出来的群体存在多元生活风格的选择，英克尔斯、沃尔冈夫等则对现代化进程中人的特性转变进行了具体论述。此外，持风险社会理论的贝克[②]也对农民城市融入的风险性进行了论述。这些理论虽然探讨的是农村与城市的二元对立状态，但表达了从农村到城市这种必然的发展过程，间接地阐述了农民城市融入的必要性和具

---

① ［法］孟德拉斯：《农民的终结》，李培林译，社会科学文献出版社 2002 年版，第 8 页。
② ［德］乌尔里希·贝克：《风险社会》，译林出版社 2004 年版，第 5 页。

体内容。因此这些理论对我们探索失地农民生活方式的变迁是很好的借鉴。

融入理论方面，西方发达国家特别是像美国这样的移民国家由于要解决因少数民族裔移民带来的各类社会问题，对移民的社会融入进行了大量的研究，并形成了丰富的理论。这些理论也有助于我们更好地理解和把握失地农民的城市融入问题。下面对国外不同研究视角的融入理论作一个介绍。

（1）同化论与多元论

20世纪早期，随着移民潮的出现，欧美国家开始关注移民社会融入的问题，焦点主要集中在两个方面：一是关于政策上的融入和目标上的融入，二是关于文化和心理方面的融入，后者在研究领域中涉及的核心线索和融入的流派主要有同化论和多元文化论两种。

同化论的代表是美国社会学芝加哥学派的领军人物——帕克。早在20世纪初，帕克就和他的同事及学生针对从东欧农村来到美国城市的新移民如何进入和适应新的环境（如芝加哥市）进行了大量的研究。在对比研究了几个少数民族移民在相遇之后的状况后，帕克引入了达尔文进化论的观点，以"竞争—冲突—适应—同化"的范式来概括移民群体与迁入地主体族群之间的关系过程，他把族群之间互动的过程划分为相遇（contact）、竞争（competition）、适应（accommodation）和同化（assimilation）四个阶段，并认为四阶段"显然是递进的、不可逆转的"，这就是"种族关系周期理论（亦称族群关系循环理论）"。[①] 这种理论认为当不同种族群体相遇的时候，就已经有了竞争和冲突，"适应"被认为是为了控制不同族群之间的竞争在社会秩序发展中进行调试的过程，一般被看作是对新社会环境接受的一种快速反应；"同化"是个体或是群体获得其他个体和群体的记忆、情感和态度渗透以及融合的过程，"这种过程通过分享他们的经历和历史而获得，并包含于日常的文化生活中"。[②] 由此帕克得出了最终结论和观点：移民最终是会被同化的。但后来，这种观点的必然性和唯一性受到了学界的质疑。

[①] Robert Ezra Park, Human Migration and the Marginal Man, *American Journal of sociology*, Vol. 33, No. 6, June 1928.

[②] R. Park, and W. Burgess, *Introduction to the Science of Sociology*, London: University of Chicago Press, 1924, p. 735.

20世纪60年代，美国社会学家密尔顿·M.戈登进一步完善了同化理论。1964年，戈登在《美国人生活中的同化》一书中，将美国族群关系的社会目标的历史演变分为三个阶段：第一阶段为"盎格鲁—撒克逊化"（Anglo-conformity）阶段，明确以强化民族的传统文化、行为和价值观为中心；第二阶段为"熔炉"阶段，以一种生物学的现象来解释多种文化群体共存于一个新的本土的美国式文化的"大熔炉"中，并最终接受美国的生活方式和价值观；第三阶段为"文化多元主义"阶段，就是在后来的移民群体中保留本民族的一些文化模式，并容忍"亚文化群体"并存于美国社会中。① 戈登认为，同化是一个长期的过程，他将同化过程划分为七个类型或阶段。一是，文化和行为同化，即移民文化模式（宗教信仰、礼仪习惯）向移民地社会的文化模式转化。二是，社会结构同化，即完全进入移居国群体和制度的社会网络和社会结构之中。三是，婚姻同化，即不同族群之间的通婚。四是，身份认同的同化，即发展出当地移居地社会的民族意识。五是，态度接受的同化，意识中族群偏见的消除。六是，行为接受的同化，即族群间歧视行为的消除。七是，公共生活的同化，即没有了价值观和权力方面的冲突。戈登进而得出：结构同化会不可避免地产生文化适应（戈登，1964）。戈登最大的贡献在于对文化和结构性同化作了一个明确的概念性的区分，这也为多元化的同化主义研究提供了依据，可是后来一些社会学家认为戈登划分的维度似乎偏离了文化和结构性的同化，如婚姻的同化可能就是个例外。②

同化论更多地关注于族群方面，强调共同的文化是社会融入的基础，文化差异、文化多样性被认为是交流、接触和整体社会系统认同的障碍（其中也包括了偏见、歧视和冲突）。社会经济不平等也是根源于文化的差异性，一旦文化适应和同化障碍没有消除，那么偏见、歧视、价值观和权利冲突就会一直存在。而且，同化论往往把族群的多样性看作变化着的、短暂的现象，该理论认为，所有种族和少数民族群体，包括不是白人的美国人，都期望同化，而最终的民族差异性也将会消失。同时，同化理论视角提供了一个很好的概念界定模式，就是有关族群的同化和实际的一

---

① Gordon, Milton M., *Assimilation in American life*, New York: Oxford University press, 1964, pp.85—86.

② Bean and Frisbie, 1978; Vanden Berghe, 1967; Goldscheider and Uhlenberg, 1969.

个测量分析模式，很好地明确区分了文化和结构的同化，以及解释民族一体化的过程。

相反，多元文化主义理论认为移民的融入并非都是必然的同化，而是呈现出一种多样化、差异化的特征。不同族群之间都有可能保留自己的语言、宗教、公共制度和祖先文化，进而实现一个多民族、多文化、多语言的社会。

多元文化主义最初是一种政治主张，希望能以此理论的提出来对抗长期占主导地位的同化论思想，该思想最早由美国犹太哲学家哈里斯·卡伦提出。卡伦以美国社会为背景，假设了一个"民主性的民族"，他认为"美国在成为联邦国时，不仅是在地理和行政上是一个联邦，而且还是各个民族文化的联盟（Federation）或是联邦（commonwealth）"①。在这个联邦之中，每个族群体系都有自己的"审美观和价值体系"，卡伦认为移民群体不应该被完全地强迫同化，族群有特色的文化能够增强个体和整体对于本族群的认同感并增加社会的活力。卡伦"多元化"理论提出以后，很多人比较赞同他的观点，认为"文化多元"承认不同种族、民族或社会集团之间享有保持"差别"的权利精神，与美国《独立宣言》和《宪法》序言中的平等思想是相互吻合的。1963年，内森·格莱泽（Nathan Glazer）和丹尼尔·莫尼汉（Daniel P. Moynihan）以纽约市的黑人、波多黎各、犹太、意大利和爱尔兰人作为调查对象，分析移民团体的归属感，结果发现，这些民族并没有最终被美国的文化所同化，相反他们有自己强烈的种族意识，这种意识的力量要比人们想象的力量大得多。② 不过，"多元文化论"也招致了众多的批评，批评者认为"多元文化论"将错综复杂的社会问题简单地简化为"文化问题"，进而幻想着用"文化"的手段解决移民群体和移居地居民之间的矛盾，这样的想法过于简单。而其后移民研究的问题也就向着广义多元论的方向发展了。

（2）边缘化理论

"边缘化"理论最初是由美国社会学家帕克在研究美国移民问题时提出的，由于文化的差异，族群在融入主流社会时常处于"边缘人"和

---

① Kallen, Horace M., *Culture and Democracy in the United States*, New York: Boni & Liveright 1924, pp. 124—125.

② Glazer and Moynihan, *Beyond the Melting Pot: The Negroes Puerto Ricans, Jews, Italians, and Irish of New York City*, Cambridge: M. I. T. Press. 1963, p. 165.

"边缘化"的状态。"边缘人"是处于适应与同化之间的一个过渡阶段，它处在两种文化的边缘，并受这种"边缘化"的煎熬。帕克认为，"边缘人"在"社会距离"的作用下，最终会被同化。不过，边缘化概念被广泛运用归功于20世纪60年代拉美学术界对贫困化的研究，这些研究主要有两个派别：一是受现代化发展影响的"二元论"派；二是"结构主义派"，也叫"新马克思主义派"，即力图用马克思主义理论方法来分析发展的状态，并对"二元论"派持批判态度。

"二元论"认为"边缘化"现象往往出现在向现代化过渡的过程中，有些群体由于在政治、经济和文化上不能被结合进社会或阶级体系中而处于边缘地位，甚至被排斥在社会等级外。虽然这是一种过渡状态，但却是一种不平衡的状态。这类群体往往被遗忘在现代化进程的边缘线上。"二元论"认为被边缘化的主要特征是社会参与不足。并且认为只有在生活水平和教育水平提高后，才能改变处于"被边缘化"的状态，并介入与其相关的社会和政治事务中。而参与的主动性会随着被动参与的增加而增加。[①] 为了克服被边缘化的障碍，"二元论"提倡，要建立广泛的基层主张，以促使内部一体化和使社会中的每一个成员能团结在共同目标的周围；要在体系方面创造出一种能将所有人结合进整个社会的机制，如有必要的话推行一次激进变革，赶走统治集团，并彻底吸纳被"边缘化"的人群。

"结构主义"派认为，"边缘化"是社会一体化和社会参与的特殊方式，随着资本技术构成的变化，拉美市场的多余劳动力（被排斥的劳动力，亦称"边缘化劳动力"）是不会被相关的产业部门吸纳，并且是永远不会被那些产业部门吸纳的。随着国外资本不断渗入传统的农业部门，被挤出的劳动力也就越来越多，"所有这些失业者和其他一些劳动力都在'边缘极'中谋求生存之路"[②]。随着这个"边缘极"的出现，整个经济结构将会有更多的异质性，而且更加不稳定，同时，各个阶层之间的矛盾会越来越深。

伊曼纽尔·沃勒斯坦从世界角度体系的角度，进一步发展了"边缘

---

① 张汝立：《农转工：失地农民的劳动与生活》，社会科学文献出版社2006年版，第16页。

② [秘鲁]阿尼瓦尔·基哈诺：《秘鲁的民主主义和资本主义》，上海人民出版社1972年版，第75页。

化"理论。① 他根据不同的组成区所承担的不同经济角色将世界经济体系分为三个部分：中心区、半边缘区、边缘区。中心区控制着世界经济体系的主导权，通过剥削、掠夺边缘区，获得巨大的利益；边缘区处于被中心区"剥夺"的地位，除了向中心区提供原材料、初级产品和廉价劳动力外，还提供销售市场；半边缘区介于两者之间，处于既被中心区"剥夺"，又"剥夺"边缘区的角色。在这种不平等的分工当中，不同的地区在这种体系的运转中的获利也不平等。

边缘化理论对于我们研究我国失地农民的意义在于：第一，城市化进程中，农民失去土地，虽然获得了补偿和安置，但是，最根本的原因是文化和心理上的差异，也并不能迅速消解边缘化的现象。实际上，失地农民城市融入问题就是一个文化和心理被"边缘化"的过程，从身份上看他们既不是农民，也不是市民，身份就是一个很特殊的"边缘人"，游离于被遗忘的城乡之间，影响了这个群体的生存和发展。第二，根据沃勒斯坦的理论，城乡分割可以看作是由中心（城市）、半边缘（郊区）和边缘区（农村）三个部分组成的一个大体系，三个区域的资源和分配不平等，导致了一边是城市不断积累的财富和资源，一边是农村的土地和资源被不断的吞噬，农民的利益受损，被迫离开土地，放弃原有的以土地为基础的生存方式，从而选择新的生存方式。另外，农民在被城市包围的生存空间中还要支付城市消费的费用，如煤气费、物管费、垃圾清理费等，无形中增加了生活的成本。所以说城市化的过程也要从根本上打破城乡二元分割的局面，建立有效的城乡统筹模式，才能从根本上解决失地农民城市融入的问题。

(3) 排斥理论

社会排斥理论是 20 世纪 70 年代提出的。1974 年，法国学者 Lenoir 在他的报告中首次用到了"社会排斥"一词，用来阐述"被排斥于就业岗位来源、收入保障制度之外的特定边缘群体的状态"。② "社会排斥"概念提出后，在社会上引起了广泛关注，并逐渐被运用于社会政策、社会福

---

① [美] 伊曼纽尔·沃勒斯坦：《现代世界体系》（第一卷），尤束寅等译，高等教育出版社 1998 年版，第 467 页。

② Core, C., Introduction: Markerts, citizenship and social exclusion, In G. Rodgers; C. Core & J. B. Figueiredo, Social Exclusion: Rhetoric, Reality and Respnses, International Labour Organization, 1995, pp. 1—39.

利、弱势群体等领域的研究。安东尼·吉登斯认为社会排斥有两种,一种是对处于社会底层的人受到"非自愿性"的排斥;另一种是"精英反叛",是富人群体自愿选择脱离公众,是"自愿性"的排斥。吉登斯认为前者是社会底层群体,他们受到经济上的排斥,就进一步牵连着引发政治和文化方面的连带排斥反应,这样就更不利于社会底层人群的发展。[1]

后来,凯博对社会排斥理论作了更加系统的解释,更强调了制度在社会排斥中的重要影响。认为制度机制系统化的拒绝,是拒绝对某类群体提供资源和认可,使他们不能完全参与社会生活时,就会导致社会排斥。社会排斥存在于经济、政治、文化、社会生活等各个方面。同时,社会排斥也来自各个领域,包括经济层面、政治层面、文化层面,实际上社会生活的各个方面都存在着社会排斥。而社会排斥也会对社会公正造成危害,最终会危及整个社会的利益。克莱尔指出:"各种社会排斥过程无不导致社会动荡,终而至于危及全体社会成员的福利。"(克莱尔,2000)伊萨贝拉(Isabelle)也认为:"假如越来越多的人被排除在能够创造财富的、有报酬的就业机会之外,那么社会将会分崩离析,而我们从进步中获得的成果将付之东流。"(伊萨贝拉,2000)

3. 国外相关理论对本研究的启示

从融入理论上看,虽然失地农民与西方国家的跨境移民群体不同,且主观融入的意愿也不如移民那般强烈,但面对不可能止步的城市化进程,融入城市是他们必须选择的道路,也是最终的结果。这与"同化论"认为的跨境移民最终会融入主流社会的观点是一致的。只不过同化论认为跨境移民在融入过程中会与其他族群产生冲突,而失地农民与城市居民之间只存在竞争,发生冲突的可能性较小。因此,比起西方学者研究的跨境移民,失地农民的融入过程应该会更容易一些。另外,失地农民自身的农村传统文化在融入过程中也时有体现,这种情况似乎也能用"多元论"来解释。但本研究中更多的是关注失地农民融入城市、被城市同化的过程。

从边缘化理论上看,失地农民在城市化推进的过程中也存在着受城市"主流社会"边缘化的问题。例如,虽然失地农民有市民的身份,但却不能公平地享受与市民同样的政策和待遇。他们中的许多人,特别是上了年

---

[1] [英]安东尼·吉登斯:《第三条道路——社会民主主义的复兴》,郑戈译,北京大学出版社 2000 年版,第 108 页。

纪的人，虽然身份变成了城市市民，但他们骨子里依然留存着很强烈的农民传统意识，可以说他们是市民的外表、农民的内心。他们既适应不了城市新环境，又无法回到熟悉的农村，成了真正的"边缘"群体。

从社会排斥理论上看，社会排斥和社会剥夺以及贫困化是相生相伴的。失地农民在城市化进程中失去了土地，而城市又没有真正将他们吸纳其中，没有将他们纳入市民应该享受的完整的社保体系中，他们在就业方面既缺乏渠道又缺少技能，因此可以说他们基本上属于被排斥的群体。而他们经济上的贫困又限制了进一步的社会交往，进而引起了进一步的贫困，社会资本网络和城里人比起来要明显地处于劣势。而要解决失地农民社会排斥这一问题，关键是要公正、公平地为失地农民创造有利于其发展的社会政策和环境。

总之，城市融入是一个复杂的问题，借鉴国外相关理论来分析中国本土问题，能拓展思路，分析比较，有利于我们更好地理解和把握当前国内外的相关问题，并把相应的解决思路运用于我们的实际问题当中。

（二）国内关于失地农民的研究及发展

国内农民失地的问题早在20世纪八九十年代的时候就已经存在了，但规模不大，矛盾不深，未引起社会的广泛重视。2000年以后，"第三次'圈地运动'轰轰烈烈地到来"，[①] 土地以各种形式被征用，十多年里土地不断减少，失地农民数量不断上升，农民失地、失业、没有社会保障等社会问题日益浮出水面，学者们纷纷将研究的重点转移到农民问题上来，尤其对"失地农民的生活""农村土地制度""城乡二元体制"等问题进行了深层次的思考。

本书梳理了2000年以来的期刊（CNKI核心刊物）和书籍，有关失地农民问题的论文和书籍是2002年开始出现的。从出版的年代来看，2002年、2003年有少量的研究，2004年后开始增多，2006年、2007年达到最高峰，而2008年后有所回落，2009年后一直到现在又重新升温，相关研究不断增多。

从研究的学科分类上来看，对失地农民问题的研究最早是经济学科类

[①] 章友德：《我国失地农民问题十年研究回顾》，《上海大学学报》（社会科学版）2010年第9期。

的研究比较多,学者们关注经济就业、社会保障等一系列相关重要问题,并将研究进一步细化,后来该类问题的扩展到了法学、管理学、社会学、心理学、体育学等研究范畴,研究的领域更加宽广,视角也更加多样。本书主要从社会学视角进行梳理和探讨。

(三) 国内研究的视角

从研究内容的视角来看,可以划分为两大方面,第一个方面主要是关注失地农民的生存问题,突出的重点是安置补偿、就业、社会保障以及权益维护等问题;第二个方面是对失地农民生活的研究,主要侧重于失地农民的市民化、身份的认同、角色的转变以及心理的满意度,等等。

1. 宏观视角——失地农民生存问题的研究

从研究视角上看,可以概括为从宏观视角进行的研究。这实际上也是本论文关于经济融入的一个探讨。失地农民生存问题的研究,主要集中在以下几个方面:土地安置补偿、失地农民经济就业、失地农民社会保障、失地农民权益的维护等。

(1) 失地农民征地补偿

目前,学术界普遍认为土地补偿缺乏公正性,补偿标准偏低,究其原因,汪晖认为,我国现行法律关于土地征用权的规定相互矛盾,导致了土地征用权的滥用。征地权的滥用、征地范围的扩大以及征地补偿的不足不可避免地导致土地黑市的形成以及土地利用效率的损失,而与此同时,大量失地农民得不到保障。[1] 廖晓军结合实际的研究指出,失地农民失去了土地,却享受不到土地升值带来的利益,主要的原因是农村土地制度不完善。失地农民利益缺失的根源在于农村土地产权制度存在的缺失;[2] 钱忠好、曲福田认为:要进行土地征用制度改革,提高土地的征用标准,打破政府土地征用垄断坚冰,允许非农建设用地入市。[3]

在分析原因的过程中,沈守愚认为土地的价格以估算土地的方法操作简单,但由于农业种植机构多元和种植手段趋向科技化的现实中造成了极

---

[1] 汪晖:《城乡接合部的土地利用:征用权与征地补偿》,《中国土地》2003 年第 1 期。
[2] 廖小军:《中国失地农民研究》,中国社会科学出版社 2005 年版,第 3 页。
[3] 钱忠好、曲福田:《中国土地征用制度:反思与改革》,《中国土地科学》2004 年第 10 期。

大的不公平;① 孔祥志认为，现行的征地补偿忽视了农民的"受偿意愿"，强制征地与低价补偿导致社会矛盾与冲突大量发生，提高了征地过程中非市场性的交易成本，刺激了土地资源和巨量资本的错误配置。② 在探讨土地征用不合理原因时，严新明认为土地产权制度的缺陷是造成农民失地的主要原因。"农村集体"或"农民集体"是一个虚置的权利主体，正式法律上规定的集体土地所有权与农户经济上拥有的所有权事实上是分离的。③ 因此，我国现有土地制度对土地的权属界定不明确，导致了征用过程中参与利益博弈的各个主体之间的相互争夺，而遇到责任时又相互推诿。在这场土地利益争夺过程中，农民成为最弱势的一方。

因此在提出改进的意见和建议时，卢海元提出，征地制度应该考虑市场经济以及对失地农民生活的影响，应确立"就业为先"的目标，以被征地所承载农民安置的实际社会成本为依据，制定征地补偿的标准和符合失地农民特点的就业政策。④ 孔祥志的政策建议是要充分保障被征地农民的"知情权"，按照各个地方的标准，进行征地补偿，同时赋予农民转让土地的"还价权"。⑤

在补偿的内容上，张全景、王万芳提出了农民生存补偿、土地所有权补偿、残余补偿、地上补偿、生态环境效益补偿等几项内容。⑥ 汪晖也认为除了考虑对被征土地本身赔偿以及失地者生活安置外，残留地和相邻土地损失赔偿不应忽视。⑦

（2）失地农民经济就业

失地农民的就业情况普遍较差，要么受学历的限制，要么受年龄的限

---

① 沈守愚:《集体土地产权制度改进的理论与实践的法律思考》，《南京农业大学学报》2007年第1期。

② 孔祥智主编:《城镇化进程中失地农民的"受偿意愿"（WTA）》，中国经济出版社2008年版，第58—62页。

③ 严新明:《失地农民就业和社会保障研究》，中国劳动社会保障出版社2008年版，第45页。

④ 卢海元:《土地换保障：妥善安置失地农民的基本设想》，《中国农村观察》2003年第6期。

⑤ 孔祥智主编:《城镇化进程中失地农民的"受偿意愿"（WTA）》，中国经济出版社2008年版，第58—62页。

⑥ 张全景、王万芳:《我国土地征用制度的理论考察及改革思考》，《经济地理》2003年第11期。

⑦ 汪晖:《城乡接合部的土地利用：征用权与征地补偿》，《中国土地》2003年第1期。

制。在市场解决条件下，传统的安置办法往往不可行，农民失地后很容易陷入失业困境，造成生活无出路。潘光辉认为失地农民受自身条件和职业转变成本高的影响，就业能力较弱，大多数很难就业，自主创业能力也很弱。因此就业的关键是为失地农民创造稳定的收入流，保障基本生活；① 俞德鹏从微观经济领域分析，认为农民的就业困难是劳动力市场分割结果造成的，从而使失地农民形成了非竞争性的群体，加上外来务工劳动力的无限供给，造成失地农民一般从事生产率低、收入微薄而不稳定的工作，长期处于失业的边缘。② 可以说失地农民的就业问题直接影响着经济的收入，而经济基础的好坏又牵制着文化、社会交往、社会参与等方面的发展，因此，妥善有效地解决好失地农民的就业问题是失地农民社会问题的关键。

（3）失地农民社会保障

对失地农民社会保障的研究相对较多。大多数学者认为失地农民的社会保障是落后于城市化发展水平的，并且迫切要求从体制上改变无保障的局面，从医疗保障、养老保障、就业保障等方面来加强。潘光辉认为，现有的失地农民保障制度缺乏社会保障的特征，失地农民社会保障制度的目标定位不明确，保障方式单一且保障水平过低。并建议向失地农民提供可以承受的社会保障。同时政府应该建立一个面向所有失地农民的社会保护体系；③ 杨杰认为，失地农民社会保障体系应涉及养老社会保险、医疗社会保险、失业社会保险。但建立失地农民社会保险体系的目标应该包括失地农民最低生活保障、养老保障、医疗保障，为失地农民提供受教育和培训的机会，为失地农民提供法律援助等；④ 严虹霞建议要对土地转让、征收后带来的巨大增值效益进行分配调节，用失地农民社会保障体系来代替对土地的社会保障功能，⑤ 这在社会保障方面是一个新的视角和尝试。

---

① 潘光辉：《失地农民社会保障和就业问题的研究》，暨南大学出版社2009年版，第5—6页。

② 俞德鹏：《城乡社会：从隔离走向开放——中国户籍制度与户籍法研究》，山东人民出版社2002年版，第10页。

③ 潘光辉：《失地农民社会保障和就业问题的研究》，暨南大学出版社2009年版，第4页。

④ 杨杰：《征地制度改革中社会保障制度建设的研究——以江苏省太仓市为例》，《南京社会科学》2003年第7期。

⑤ 严虹霞：《失地农民社会保障安置模式研究》，《南京社会科学》2007年第5期。

（4）失地农民权益维护

农民在失去土地的过程中是一个利益受损的群体。党国英指出：农民有四大权利，即土地财产权、自由迁徙权、生产自主权、公平身份权。而这些权利一直被忽视，"失地农民问题实际上是农民的权利问题"；[1] 鲍海君、吴次芳认为失地农民所应当有的社会保障权利是：土地继承权，资产增值功效，生活保障和就业保障，但这些权利都基本散失了，而且又无法享受与城市居民同等的社会保障权利，既非农民，又非城市居民，成为一个弱势群体；[2] 雷寰在研究了北京市郊区的失地农民利益问题以后，认为，利益在整个农民的失地过程中起着重要的作用，而土地是农民利益受损的根源，进而提出，在维护土地分区控制下，政府应只进行公益性的征地，而应将规划建设用地范围内的土地发展权还给农民；[3] 刘文烈、刘晨之认为失地农民问题的核心是权益保护的缺失，而当前社会保障建设又滞后于城市化快速的发展，所以必须树立国民待遇理念为先导，优化制度安排，完善法律，落实政策，构建失地农民的权益保护体系；[4] 徐琴认为，当前失地农民征地补偿标准低、数额少，缺乏有力的就业扶持措施和社会保障，由于中国农村土地有其复杂特殊性，因此征地补偿应将重点置于长期的就业补偿和社会保障补偿中，针对不同失地农民的实际需求，探索与市场经济条件相适应的补偿、就业培训、创业扶持和社会保障相结合的新模式。[5] 对此，孟庆瑜在借鉴国外经验以及结合中国实际基础上，提出应引入土地价格的市场评估机制，合理确定土地补偿标准。[6] 应该说，多数学者忧心忡忡地认为失地农民的社会保障是缺失的，应该以相应的制度确保他们以后的生活。

总的来说，以上这些问题：土地安置补偿、经济就业、社会保障和社会权益的维护都是关乎失地农民切身利益的重点问题，也是亟须解决的问

---

[1] 党国英：《关于征地制度的思考》，《现代城市研究》2004 年第 3 期。

[2] 鲍海君、吴次芳：《论失地农民社会保障体系建设》，《管理世界》2002 年第 10 期。

[3] 雷寰：《北京郊区城市化进程中失地农民利益的研究》，北京农业大学博士学位论文，2005 年，第 3 页。

[4] 刘文烈、刘晨之：《试论城镇化进程中失地农民权益保护问题》，《齐鲁学刊》2007 年第 3 期。

[5] 徐琴：《农村土地的社会功能与失地农民的利益补偿》，《江海学刊》2003 年第 6 期。

[6] 孟庆瑜：《论土地征用与失地农民的社会保障》，《甘肃社会科学》2006 年第 3 期。

题，无论研究失地农民的什么状况，这些问题都是不能回避的。从已有的研究来看，失地农民的研究尤其是涉及相关政策和保障的研究是比较多的，在本书的论述中也会时常关注和涉及，但不做过多的论述。从研究的视角看，似乎绝大多数学者都对该失地农民群体寄予了深深的同情，并站在"弱势者"的角度，为他们辩护，以争取更多的权益。笔者在此也不禁要提出疑问：随着社会保障体系的健全以及征地补偿制度的不断完善，这部分群体也在城市化过程中获得了比以往失地农民更多的利益，他们似乎在逐渐脱离着"被边缘化、被排斥"的尴尬境地，转而成为利益获得者。是否也存在这样的现象呢？对此，本书将站在"中观"的立场上来看待这些问题。

（5）不同空间视角下的失地农民

从国内不同研究的地点选择来看，目前大城市的失地农民一直是关注的热点，如"城中村"、郊区的村庄，都是失地农民聚居的地方。最早是调查广州郊区村庄和城中村，"南景村"从20世纪40年代以来，社会学家杨庆堃就做过早年人类学研究，后来的学者孙庆忠、周大鸣也对"南景村"进行了追踪性的研究，此外，美国人顾定国还对该村进行了调查，并就有关城市化的问题提出了自己的见解，他认为这所谓的"城乡融合区"中，乡村变得像乡镇，县城、小城镇变得更像大城市，这既有乡村的特点也有城镇的特征。[①] 上海地区的研究也为数不少，主要是研究土地征用过程中保障公民权利（陈映芳，2003）以及市民化角色的转变（文军，2004）；2004年后，对于北京郊区失地农民的研究也越来越多，如权益的分配（雷寰，2005），就业安置和人力资本投资（成得礼、董克用，2004）。近几年来，江苏省城市化发展迅速，几个地方如南京、苏州、无锡也成为调查研究的对象。在南京大学社会学系的师生用更客观的定量统计分析视角来说明失地农民的状况，主要涉及失地农民的社会适应、市民化、心理融入等方面的研究（童星、张海波、叶继红，2010，2009，2008）；而对中西部城市中的失地农民也有研究，但只是零星地出现，如学者王道勇在2008年也关注过中部的D市，包括边疆地区的城市，由于当前人口城市化率迅速提高，经济产业结构向着"西部梯度转移"，逐渐

[①] 周大鸣、高崇：《城乡接合部社区的研究——广州南景村50年的变迁》，《社会学研究》2001年第4期。

地西部城市失地农民也日益增多,如昆明市的失地农民以及相关的问题也就越来越突出。当前的主要趋势还是以大城市或是城市群的研究占多数,不排除大城市的城市化引领全国的发展、有很好的学术团队等,但毕竟城市化涉及的区域每个地方是不一样的,如边疆城市化的发展,从发展的时间来看是刚起步,规模小,没有多少经验,要落后于发达城市,但边疆城市有自身的特色,边疆性、民族性、多样化等,这也构成了本书调查城市的一个特征。

2. 微观视角——失地农民生活问题的研究

从微观视角上看,主要集中于失地农民日常生活中的问题,生活问题是在基于生存问题解决以后探讨的问题,用一句简单的话来理解就是:失地农民在吃饱肚子、生活有物质基础保障之后,应该思考文化、社会心理、社会价值观的问题,按照马斯诺人对人生活需要的理解,这是一个更高层次的发展的需要。从研究视角上看,是从微观个体本身进行更细致的剖析,不仅仅只包括经济领域,也包括文化、社会、心理等个体方方面面的内涵。

近两年来,有关失地农民的城市适应心理认知方面的研究已越来越受到关注,尤其从他们的主观视角出发,进行了不同的研究,如市民化、身份认同、角色转变等都很好地阐述了失地农民个体或群体的一种心理适应的过程。

(1) 社会适应性的研究

于孙姆等学者认为失地农民城市适应包括经济适应、社会适应、心理适应三个方面;叶继红从就业、社会交往、社会心理以及身份认同四个方面探讨了失地农民的城市适应,建议需要从主体层面、政府层面、社区层面和社会层面上采取相应的措施,增强其城市的适应能力;[1] 李飞等学者认为,失地农民的社会适应首要的核心是经济适应,即职业适应,就是获得必备的生活资源,同时社会适应的另一核心是社会交往的适应,即以业缘、血缘、地缘等搭建起个体的核心社会交往网络,必要时为自己提供社会资源。[2]

对于失地农民的"后土地时代"的生活存在着被边缘化和分异,从

---

[1] 叶继红:《失地农民城市适应的困境与解决路径》,《中国软科学》2008年第1期。

[2] 李飞、钟涨宝:《城市化进程中失地农民的社会适应研究》,《社会科学研究》2006年第1期。

而不能很好地融合到城市生活的研究有：刘海云以北京、天津两城市之间的涿州、廊坊市城乡接合部 80 个村 260 户失地农民为样本，研究京津周围失地农民存在的边缘化问题和分异的现象：认为失地农民就业方式、身份、生活方式和心理介于农民和市民之间的无所归属状态，一部分成为发展型的农户，一部分成为稳定型的农户，还有一部分成为贫困型的农户。通过分析发现集体土地所有权的缺失是导致失地农民边缘化的重要原因，区位因素、征地补偿制度、失地农民自身因素是产生分异的主要原因。并站在宏观因素和微观因素双重角度分析问题产生的原因，提出创新安置方式的对策建议。[①] 陈钊、陆铭（2008）认为[②]城乡融合有三个方面：第一，空间意义上的融合，这是最简单的融合，农民不断进城，在城市中不断提高比重，实现了城市移民空间上的融合；第二，城市居民不断消除对新移民的歧视，尤其在就业、社会保障和子女教育方面所受到的不公正的待遇，缩小城市居民和新移民之间的差距；第三，在政策上消除城乡分割，即从地理上、社会上和权益上的融合。

叶继红[③]从社会文化人类学角度研究农民失地后的生活，他认为农民在面对特定环境压力时会对自身行为作出相应的调整，失地农民从农村来到城市也面临着物理适应、社会适应和观念适应，以获得与环境相适应的重新适应。通过研究发现，总体上，南京的郊区失地农民在被征地后，表现出了很强的可塑性和适应性，面对突变的社会生活环境，能够及时转变观念和调整自我，主动参与市场化就业，积极构建和扩展社会关系网络，努力学习技术文化和培育市民意识，以适应新的生存环境。

童星等[④]学者以南京郊区和上海郊区为研究样本，按照"社会交往—社会适应—社区融合"的思路，对流动进城农民和郊区失地农民两大群体进行比较研究，揭示他们进入城市社会后各自的社会网络资本特征，分

---

① 刘海云：《边缘化与分异：失地农民问题研究》，中国农业出版社 2007 年版，第 1—5 页。

② 陈钊、陆铭：《从分割到融合：城乡经济增长与社会和谐的政治经济学》，《经济研究》2008 年第 2 期。

③ 叶继红：《生存与适应——南京城郊失地农民生活考察》，中国经济出版社 2008 年版，第 1—5 页。

④ 童星等：《交往、适应与融合——一项关于流动农民和失地农民的比较研究》，社会科学文献出版社 2010 年版，第 20—50 页。

析他们对于城市社会的适应状况，探究他们与城市社区的融合程度及其前景，并针对他们面临的主要现实问题提出了构建相关社会政策和城乡一体化社会保障体系的对策建议。

总之，多数学者对失地农民社会适应问题的结论：从物质方面到生活方式的改变，最后到心理适应的由表及里的过程，需要一步步推进，这不仅是政策和制度的要求，更是一个农民自身内在修炼的过程。

（2）农民市民化的研究

农民市民化的研究主要是基于现代化的研究视角，探讨农民从传统向现代化、从乡土向城市、从封闭向开放转变的过程和变化以及由此所获得的现代性特征。学者郑杭生认为市民化是一种职业的"农民"（farmer 或 cultivator）和作为一种社会身份的"农民"（peasant）在向市民（citizen）转变的进程中，发展出相应的能力，学习并获得市民的基本资格、适应城市并具备一个城市市民基本素质的过程。[①] 文军认为，农民的市民化不仅仅是职业身份转变的过程（非农化）和居住空间的转移（城市化），更是农民社会文化属性与角色内涵的转型和各种社会关系的重构过程（结构）。[②] 即失地农民思想意识、生产与生活方式等各方面全面向城市居民的转化，是农民社会文化属性与角色内涵的转型过程（市民化）以及各种社会关系的重构过程（结构化）。姜作培（2002）也提出认识障碍、政府障碍、制度障碍、信息障碍、素质障碍是农民市民化的主要障碍。[③] 学者路小昆认为在现行制度安排下，农民在失去土地的同时未能实现资源替代，由于资源剥夺导致的能力贫困阻碍了失地农民的市民化转型，这需要着眼于资源转换和能力的赋予。[④] 对于市民化的论述，学者的观点是普遍一致的。王慧博[⑤]运用社会排斥理论，结合二元经济结构、社会角色、社会资本等理论，系统分析了失地农民在宏观层面上所受到的政策性的排斥，中观层面受到的社会保障排斥和劳动力市场排斥、微观层面的社会关

---

① 郑杭生：《农民市民化：当代中国社会学的重要研究主题》，《甘肃社会科学》2005 年第 4 期。
② 文军：《农民的"终结"与新市民群体的角色"再造"——以上海郊区农民市民化为例》，《社会科学研究》2009 年第 2 期。
③ 姜作培：《农民市民化必须突破五大障碍》，《中共杭州市委党校学报》2002 年第 6 期。
④ 路小昆：《资源剥夺与能力贫困》，《理论与改革》2007 年第 6 期。
⑤ 王慧博：《"失地农民"市民化研究》，上海社会科学院出版社 2010 年版，第 217 页。

系网络排斥，以及四种排斥之间的逻辑关系，揭示出社会转型期对农民进行排斥的形成机制、过程、原因、特点及结果影响。归结起来，农民市民化的内涵较为丰富，多数学者都认为不是身份的简单改变，而是各种生活关系、生活方式的转变，需要政策的扶植和引导，也需要自身素质的提升。

（3）身份认同的研究

目前，学者们对失地农民的身份认同作了以下探讨。其一，失地农民对自身的认同是存在障碍的，市民身份模糊、待遇缺乏、就业困难（尹小妹，2006），城乡二元分割制度以及人事管理（徐成华，2004）户籍歧视（李强，2003）、社会歧视（朱力，2001）都是影响身份认同的障碍。其二，身份认同的心理一般要经历漫长的过程，赵同春将这个过程称为失地农民角色转换的"过渡阶段"，并把它分为三个时期（过渡初期、中期、后期），这一过渡过程的角色意识是非常模糊的。[①] 其三，身份认同的影响因素方面，包括客观方面，如社会保障、土地和管理制度等；主观方面，如文化素质和劳动技能等（赵蓉，2006）。魏晨进一步指出影响失地农民身份认同的主要还是归属感的培养（魏晨，2006）；李向军通过研究费孝通的《乡土中国》，发现失地农民的身份认同危机产生于农民乡土关系的终结，此外，社会剥离过程中的社会剥夺也是其产生的现实原因[②]。其四，针对失地农民身份认同的解决途径，多数学者作了相关的探讨，主要有四个方面：政府的支持、制度改革、素质的提高、社会文化的塑造。[③]

（4）社会角色的研究

米德认为社会角色说明了个人与社会的关系。吉登斯进一步指出个体是通过不断推进的社会互动过程逐步理解并接受社会角色的。实际上，在从传统向现代的转变过程中，失地农民的价值观、人格结构、生活态度、处世哲学、社会动机等意识方面的影响，会决定失地农民角色的转换。孙俐认为农民角色是祖祖辈辈传下来的，农民逐渐向城市转移，"通过一番努力"还是可以获得新的市民角色的，这需要对农民进行道德观的教育，

---

① 赵同春：《失地农民角色转换探究》，《民族论坛》2007年第7期。

② 李向军：《论失地农民的身份认同危机》，《西北农林科技大学学报》（社会科学版）2007年第3期。

③ 吴爽：《城市化进程中失地农民身份认同研究进展》，《安徽农业科学》2008年第2期。

并提升市民化需求的社会保障功能的支持。[①] 徐成华以调查苏州失地农民为例,认为失地农民在进入城市生活后往往显得难以适应,这其中有客观的因素,但也有失地农民自身的因素,如受一些传统观念的影响。所以应该从这两个方面来探讨和解决角色转换中出现的问题。[②] 赵蓉认为失地农民经济生活缺乏、社会保障需求的供给不足、属于社会流动中金字塔的底层,而从主观方面来说,失地农民面对各种生活的压力,对生活及国家政府缺乏信任以及对其角色定位的各种误区的存在,很难实现角色之间的转换,并从政府的扶持、社会保障,以及提升失地农民素质等方面来分析这种不利于角色转变的状况。[③]

综上所述,从失地农民自身本体出发,综合多位学者对于失地农民城市融入的研究,可以看出针对农民的城市融入主要包括在经济、社会、心理以及社会网络等方面的内含,这对于本书研究失地农民城市融入的分析框架提供了借鉴。

归结起来,失地农民的城市融入是近几年来研究的新视角,本文认为适应主要是偏重于生活方面的调适,市民化、身份认同、角色转换、社会交往和适应都可以纳入其中。在研究的维度中,根据学者的梳理及提炼,本书把城市融入分为以下几个维度:经济融入、文化融入、社会融入和心理融入。而且这几个维度是不断递进、相互影响的。在本论文论述文化和社会心理融入的时候会有相关的涉及并有所取舍,如文化融入过程中失地农民的文化教育、生活方式、价值观念将是论证的重点,而社会融入主要是社会关系支持网络、社会参与以及社会资本的培育,心理融入的视角主要包括身份认同、意识形态、社会归属感和满意度等方面。

总之,我国失地农民问题自出现以来,就一直是学者们关注的重点,他们对这一问题的研究也取得了丰硕的成果。但在某些方面还存在着一些不尽如人意的地方。第一,从研究的内容来看,失地农民土地补偿、社会保障、就业等外在物化的研究成果比较丰富,研究也相对成熟,而对于失地农民自身内在的,尤其是心理、意识、价值观方面的研究较少,还有待

[①] 孙俐:《从社会角色转换看农民市民化》,《现代化研究》2004年第4期。

[②] 徐成华:《苏州城市化进程中失地农民的角色转换研究》,苏州大学硕士学位论文,2004年,第48页。

[③] 赵蓉:《我国城市化进程中失地农民工的角色转换问题研究》,《甘肃政法学院》2006年第1期。

进一步的挖掘。本书将把这两方面的内容结合起来进行研究，并有重点地进行论述；第二，从研究立场上看，绝大多数研究首先将失地农民的处境和地位固化在某一立场上，然后从该立场出发，进行分析和阐述。笔者认为这种带有立场倾向的研究有失客观性。本书将采取"中立"的态度，对失地农民问题进行不带价值预设的分析和阐述，希望能够得到比较客观的结果；第三，从研究对象的区域来看，有关失地农民问题的研究大多数都是针对北京、上海、广州、南京、苏州等发达城市及其周边开展的，而针对中部和西部，尤其是边疆城市的研究则极少。本书选择的调查对象——昆明市是边疆地区的一个省会城市，与国内发达城市相比，昆明市的城市化发展有其自身的地域性和民族性等特征，因此这里的失地农民比起发达城市的失地农民更值得进一步研究。

　　基于以上分析，本书选取边疆省会城市昆明市的三个社区作为调查点，从微观视角深入剖析失地农民在经济、文化、社会以及心理融入等方面的状况，并力图站在客观的视角来审视相关的社会问题，以期找出失地农民现象发展的规律和解决的途径。

第一章

分析框架与研究方法

本文试图用布迪厄的场域和惯习理论作为分析工具,探讨行动者在场域变迁过程中采取何种行动策略去获得更多的利益和资本,正如失地农民采取行动的逻辑是为了获得更多的物质和经济利益,从而更好地融入城市生活当中。

一 布迪厄的实践理论

布迪厄的实践理论不仅关注由客观主义形式知识建构的客观关系系统,还考虑这些客观机构和主观性情之间的辩证关系,[①] 实践理论突破了社会理论界中一直困扰的主观和客观之间的对立,力图通过场域、惯习和资本这些基本概念,探索社会生活中的实践奥秘。

(一) 惯习与场域

惯习和场域历来是布迪厄理论中两个重要的概念,而且两者之间关系相互依存,互为补充。在布迪厄看来,各种教条主义和二元困境之所以妨碍了我们理解的实践活动,就在于它们忽视了客观结构与身体化结构(incorporated structures)[②],也就是场域和惯习之间的辩证关系。他强调,场域和惯习两个概念的使用就是为了和各种实体论的倾向决裂。因此,场域和惯习都是指一束关系。场域是一个冲突和竞争的空间,而惯习是一种型塑机制(structuring mechanism),也是指社会行动者具有的对应于其占

[①] Bourdieu, P., "the three forms of theoretical knowledge", *Social Science Information*, Vol. 12(1), pp. 53—80.

[②] 杨善华、谢立中主编:《西方社会学理论》,北京大学出版社 2006 年版,第 167 页。

据的特定位置的性情倾向（disposition）。只有把两者结合起来才能理解布迪厄的实践观。

1. 场域——变迁的关系网络

在布迪厄的实践理论中，场域、惯习和资本是他研究的中心内容。所谓的场域，在布迪厄看来，除了具有"社会空间"意义以外还是一种抽象意义上的空间，他认为的场域是"各种位置之间存在的客观关系的一个网络（network）或一个构型（configuration）"。因此在理解场域时，主要有以下特征。第一，场域是一个客观关系的系统。布迪厄所要表达的场域概念是一个社会空间，是各种力量和因素的综合体。现实就是关系，是独立于个人意识和意志而存在的。在这个实体空间当中，又存在着不同个体的"小小空间"实体，这里所说的小世界实际上就是我们说的各个领域，如政治领域、经济领域、文化领域等都有"自身特有的逻辑和必然性"。[①] 第二，"场域同时是一个冲突和竞争的空间"。各个场域的权威通过占有资本而获得权益，并使资本在场域中不断变化和分配。各个场域中的实践活动便是"对规定权力场域中的各种权威形式间的等级序列及'换算比率'的权力垄断"[②]。占有资本也就是把持了在某一场域中利害攸关的专门利润（specific profit）的得益权，通过资本得以分配结构中实际的和潜在的处境（situs），以及与其他位置之间的客观关系[③]。第三，场域也包含着一套的投入（investment），即布迪厄所谓的"内在性的外在化"（externalization of internality）。具体来说，就是当你看到场域中的一个客体存在时，这个客体并不是单独的现象，而是它后面多种关系交织在一起的反应。这实际上也反映了一种个体上展现出来的性情倾向，和惯习有着很大的关联。从中，我们能看得出来，场域并不是单独存在的，它和惯习、资本有着密切的联系，三者是缺一不可的。奠定了这样的基调，再探讨惯习和资本就容易理解相关的处境及其内涵。

2. 惯习——性情取向

惯习，布迪厄把它叫做 habitus——惯习，而不是习惯（habit），认为

---

① ［法］皮埃尔·布迪厄、［美］华康德：《实践与反思——反思社会学导引》，李猛、李康译，邓正来校，中央编译出版社1998年版，第133页。
② 同上书，第18页。
③ 同上书，第133页。

这是"深刻地存在于性情倾向系统中,并作为一种技艺(art)存在的生成性能力"①。即惯习除了具备个体内在的一些个性和特征之外,还是一个动态的过程,是一个不断随着场域的改变而实践的过程。具体来说,惯习首先是"社会化的主观性","是一种组织化行动的结果,是某种存在方式,某种习惯性状态,还包括情感方面,如性情倾向、某种趋向、习性或者是某种爱好"。② 在这里,布迪厄首先强调惯习是一种通过某种方式存在的组织化行动的结果,是一种外在的内在体现,而这种内在的体现可以通过主观的情感、性情等内在的东西来表达,布迪厄在此肯定了他的主观性,但又是与客观结构(场域)相联系的,并时刻受到客观环境的影响,而不断被改变"形塑"的;其次,惯习既包括个体的又包括集体的。惯习作为一种主观性的性情系统和心智结构,是寄居在身体之中的,因此具有个体性。另外惯习也是具有集体性的,因为"惯习是社会性地体现在身体中"。布迪厄用同一阶级成员之间共同生成的习惯来举例,认为阶级内部成员之间自然而然地便能产生出客观上步调一致、方向统一的实践活动;③ 另外,"惯习是历史的产物",并具有历史性和持久性。布迪厄认为,惯习来源于社会结构本身,这种社会结构是靠一代代人共同努力形成的。学者李猛认为惯习是塑造和产生着历史的,同时惯习又是历史的产物,是一种"体现在人身上的历史",正如人后天习得的各种"生成性的图式";④ 同时,惯习又是一个持续性的过程,惯习除了具有主观性以外还有实践性,是一个动态的过程,会随着场域的变迁做出不断的调整。

在布迪厄看来,惯习是一种"性情倾向系统",如性情倾向、某种趋向、习性或者是某种爱好,具有"主体性"的特征。但惯习又会在外界场域变迁影响下不断"形塑"自身。惯习也是"一种通过后天努力习得的具有动态的体系,它能够根据特定的环境进行有目的的调节,而且是这些惯习产生了与那些环境而非其他环境相一致的所有思想、所有观念及所

---

① [法]皮埃尔·布迪厄、[美]华康德:《实践与反思——反思社会学导引》,李猛、李康译,邓正来校,中央编译出版社1998年版,第165页。

② Bourdien, Pierre, *Outline of A Theory of Practice*, Cambridge University Press, 1977, p. 214.

③ [法]皮埃尔·布迪厄、[美]华康德:《实践与反思——反思社会学导引》,李猛、李康译,邓正来校,中央编译出版社1998年版,第169页。

④ 李猛:《布迪厄》,载杨善华《当代西方社会学理论》,北京大学出版社2005年版,第280页。

有行动。"① 因此，惯习和场域之间是相互影响的。用高宣扬的话说"惯习就是一种生存心态"，就好比人的性情，随着环境的改变而调整，指导着行动者的实践活动达到最佳，并由此营造一种特有的品质和内涵，正如特纳所说"惯习营造了品位、语言、穿着、仪表和其他反应的综合品质"②。

对于失地农民而言，他们的生活惯习除了个体自身带有的性情以外，还包括整个集体表现出来的传统的文化习俗、思维意识、思想观念，这对于他们的城市融入是存在影响的。这里运用惯习与场域之间的关系对失地农民的融入过程进行论证，是为了分析场域变迁对个体人的改变及个体对新场域的适应情况。

3. 惯习与场域的关系

场域和惯习有着密切的关系，两者之间的关系是处于一种"本体论的对应关系"中。惯习就是"社会化了的主观性"。③ 而场域是客观关系的系统，它也是社会制度的产物。一方面，场域形塑着惯习，"惯习成了某个场域固有的必然属性体现在身体上的产物"④。另一方面，惯习不是宿命，是一个开放的性情倾向系统，并不断发生变化、不断强化，或是调整自己行为的结构，以适应场域的变迁以及在场域中各种资本利益的占有。同时，两者的关系又是认知建构的关系。布迪厄认为"惯习有助于把场域建构成一个充满意义的世界，一个被赋予了感觉和价值，值得你去投入、去尽力的世界……"⑤ 也就是说，惯习为我们认识和适应场域提供了深刻的认知结构和思维方法，在一定意义上又反过来形塑场域的结构。布迪厄认为，在大多数场合，惯习和场域之间的基本关系是"吻合的"。当二者合拍的时候，惯习便顺应发展得很顺利，"正像是'如鱼得水'，得心应手：它感觉不到时间的阻力与重负，理所当然地把世界看成是属于

---

① Bourdieu: "The Economy of Linguistic Exchanges", *Social Science Information*, Vol. 6, No. 16, 1977。
② ［美］乔纳森·特纳：《社会学理论的结构》，华夏出版社2001年版，第175页。
③ ［法］皮埃尔·布迪厄、［美］华康德：《实践与反思——反思社会学导引》，李猛、李康译，邓正来校，中央编译出版社1998年版，第171页。
④ 同上书，第171—172页。
⑤ 布迪厄：《三种形式的理论知识》，转引自李猛《布迪厄》，载杨善华主编《当代西方社会学理论》，北京大学出版社1999年版，第53页。

自己的世界……"① 惯习在它适应的场域里，就能感到轻松自如。而当二者不合拍的时候，即惯习不适应场域的变迁，会有什么样的结果呢？布迪厄认为当二者不合拍的时候，"在具有革命性意义的历史局面里，客观结构中的变迁过于迅猛，那些还保留着被以往结构形塑成的心智结构的行动者就成了守旧落伍的家伙，所作所为也就有些不合时宜，目标宗旨也未免与潮流相悖"②。他把那些惯习跟不上实际的人，叫做"不合拍"，在这样的状态下生存就会显得很被动，而要改变这样的状况就要重新调整惯习，适应新的环境。在这里，我们把失地农民融入城市的过程看作他们适应一个个变迁的场域的过程，因此可以借用惯习和场域的相互关系分析他们的惯习在变迁的场域中的变化和适应，这样有助于我们把握相关的内在逻辑联系。

（二）资本理论

布迪厄在谈到场域的时候特别谈到了资本，他认为资本是"积累的以'物质化的'形式或'具体化的''肉身化的'形式劳动，当这种劳动在私人性，即排他的基础上被行动者或行动者小团体占有时，这种劳动就使得他们能够以物化的或活的劳动的形式占有社会资源"③。用通俗的话来说可以理解为资本是一种积累性的劳动，这种劳动是具有排他性的，资本具有私人占有性，同时资本的占有量越多，就越能获得更多的资源。

1. 关于资本的内涵

布迪厄的资本概念体现了一种积累形成的劳动，这种劳动同时以物质化和身体化的形式积累下来，并意味着一种生产利润的潜在能力，一种以等量或扩大的方式来生产自身的能力。④ 布迪厄认为的资本主要有几类：经济资本、文化资本、社会资本以及符号资本，出于本书写作的需要，主要考虑前三种资本。

第一，经济资本，如果从经济学角度来看的话，是"有关经济行为

---

① ［法］皮埃尔·布迪厄、［美］华康德：《实践与反思——反思社会学导引》，李猛、李康译，邓正来校，中央编译出版社1998年版，第173页。

② 同上书，第175页。

③ 同上书，第189页。

④ Bourdieu, P., "The Forms of Capital", in J. Richardson ed. *Handbook of Theory and Research for the Sociology of Education*, Greenwood Press, 1986, pp. 241—258.

的各种关系",这里涉及的内容可能就比较繁杂,而布迪厄所提到的经济资本主要是从狭义的社会学角度来论述的,即"经济资本就是指可以直接兑换成货币的那种资本形式,它可以制度化为产权形式"①。对于失地农民,经济资本可以理解为直接关系失地农民经济利益的资本形式,或者说是失地农民在城市融入过程中获得的各种与经济利益相关的资本。对于群体来说包括安置补偿和社会保障等;对于个体来说包括就业、家庭及个人的经济收入等。

第二,文化资本,布迪厄认为的文化资本主要是指"借助不同的教育行动传递的文化物品。在一定条件下,这些文化资本可以转化为经济资本,并可以通过教育证书的形式予以制度化"②。布迪厄认为的文化资本是一种能转换为经济资本、个体"内化"的资本,这样我们就可以从"文化教育"和"人力资本"的视角去理解它的内涵。这和舒尔茨提出的"人力资本"有类似的地方,舒尔茨认为的人力资本是一种稀缺资源,具有潜在的经济价值,而人的能力和知识是有价值的,对于这种稀缺资源的投入越高是能带来越高的经济价值的。③ 同时,布氏也认为,"在文化资本的分配的再生产中,因而也在社会领域的结构的再生产中,起着决定性作用的教育制度,变成为争夺统治地位的垄断斗争中的关键环节"④。对于本研究中的失地农民,他们所占有的文化资本的特征是:他们本身的人力资本相对缺失,这种状况使他们在就业竞争中处于不利的地位,也不利于文化资本向经济资本转化。同时,布迪厄认为文化资本形态的另一种体现就是"身体形态的",即体现在人们身心中根深蒂固的那些性情倾向中,包括内在的性情、气质、习惯、品位等。新环境的改变对于失地农民来说也是一种惯习的改变和适应。

第三,社会资本,在布迪厄看来社会资本是指一种社会关系网络。当一个人拥有某种持久性的关系网络时,就意味着他实际或潜在所拥有的资

---

① 李猛:《布迪厄》,载杨善华《当代西方社会学理论》,北京大学出版社2005年版,第284页。
② [法]皮埃尔·布迪厄、[美]华康德:《实践与反思——反思社会学导引》,李猛、李康译,邓正来校,中央编译出版社1998年版,第150页。
③ 西奥多·W. 舒尔茨:《人力资本》,贾湛、施伟等译,华夏出版社1990年版,第9页。
④ Bourdieu, Pierre, Social Space and Symbolic Power, *Sociological Theory*, Vol. 7, No. 1, June 1989.

源。社会资本事实上是由彼此有"往来"（connections）的人们之间的社会义务构成的。这里的"往来"，既包括那些以时间状态存在、旨在维持社会关系网络的各种物质交换和符号交换，也包括各种发展成为社会制度的关系形式，如家庭、阶级、部落和学校等。因此，要扩大社会资本的范围，"社会资本的再生产就涉及了人们永无止境地进行社会交往的努力"①。这说明个人的社会资本网络的大小直接影响着个人获得的利益资源多少。学者林南更进一步地从个人与他人的关系，将社会资本定义为个体获取资源的人际关系网络。② 失地农民由社会关系网络而生成的社会资本对他们个人或者群体获得更多的资源都具有重要的作用。为了融入城市新环境，失地农民势必要将原来农村封闭的关系网络转变成为城市人开放的多样性的关系网络，并进一步培育自身的社会资本，这样才能得到进一步的发展。

总的来说，布迪厄提出的资本概念具有"经济基础决定上层建筑"的特征，除了经济资本，文化资本和社会资本等各类资本的转化和再生产多少都是和经济利益有关系的。这就构成了资本之间相互转化的一个"纽带"，而这种带有物质利益关系的资本在失地农民以后的生活当中是必不可少的。失地农民生活场域发生了改变，相应的他们所拥有的各种资本也会随之发生改变，他们到底是资本的获得者？还是被剥夺者？这其后有着多种关系的交织，包括他们和各种利益集团之间的争夺和较量，并与他们自身选择的行动策略不无关系。同时，各类资本在各种场域中都会有所体现，并且相互转化，构成了一定的复杂性和多变性。资本的转化在失地农民融入城市生活的过程中起到非常重要的作用，也是失地农民完成城市融入的关键。

2. 场域、惯习和资本的关系

布迪厄所说的场域、惯习和资本之间有着内在的联系，在布迪厄的社会实践理论中这三者是缺一不可的。

首先，场域和资本的关系是互为一体的。场域是一个关系网系统，是动态变化的，而这种原动力的体现正是资本。资本的价值取决于它所在的

---

① 李猛：《布迪厄》，载杨善华《西方社会学理论》，北京大学出版社2005年版，第170页。

② 林南：《社会资本：关于社会结构与行动的理论》，上海人民出版社2005年版，第130页。

场域，同样，场域也离不开资本。在布迪厄的论述中，资本和场域之间的关系是分不开的，"无论是场域还是资本的概念，布迪厄考虑的都是如何利用这样的概念来把握社会世界中充斥着斗争的历史，而不是静态的结构。因此，资本概念在布迪厄理论中就扮演着关键的角色"。[1] 场域是一种关系的组成，然而，场域也正是通过对资本的不断配置和占有不断进行改变的。处在一定位置的行动者的力量关系构成了一定的场域，资本的主体是行动者，同时是行动者的实践工具和能量。场域与资本是相依共存的，行动者使用资本的策略也是决定于行动者在场域中所处的位置；反过来，场域也离不开资本，场域只是一种网络结构，如果没有资本，空洞的结构是没有意义的。在场域中，拥有不同资本的行动者构成不同位置之间客观的空间关系，而资本，也只有不断地进行着反复交换和竞争才能维持。"各种力量的交织，势必要为自己争取更多的利益，以确立发挥各种资本垄断的作用。"[2] 个人或是群体要不断扩大自己的资本，为自身及本团体积累更多的资源，尽可能为他们的生活创造更多的机遇和可能，这也就是在研究场域的时候必须研究资本的意义之所在。

　　布迪厄还进一步指出："场域的结构，是参与到专门资本的分配斗争中去的那些行动者同行动者，或者，机构同机构之间的力的关系的状况。参与到场域斗争中去的这些专门资本，是在先前的斗争中积累，并指导着今后的行动策略的方向。这种场域的结构在本质上就是旨在改造结构的策略，其本身始终都是在游戏之中的。"这里，布迪厄强调了场域与资本之间的重要关系，没有资本的场域是没有什么实质内涵的，正如人体没有血肉就失去了意义；而没有场域的资本正如没有一个承载体，谈到任何东西都宛如是空中楼阁。

　　其次，惯习和资本之间的关系也是非常密切的，惯习和资本之间相互影响和制约。一方面，良好的惯习，促使个体行动者易于在场域环境中获得更多的资本，并如布迪厄笔下形容的"如鱼得水"、与场域变得很"合拍"；而另一方面，当惯习不适应场域的变化，个体行动和场域"不合拍"时，容易丧失对资本的占有和获得，并让自己的处境在场域中处于不利的地位。

---

[1] 杨善华、谢立中主编：《西方社会学理论》，北京大学出版社2006年版，第170页。
[2] 皮埃尔·布迪厄：《实践感》，蒋梓骅译，译林出版社2003年版，第18页。

事实上，资本的数量、构成变化则标志着惯习在场域中的变化轨迹。这样场域和惯习的关系体现了社会与个体、主观和客观的辩证关系。场域从外部规定和建构行为，惯习在个体内部生成实践。进一步说，场域的支配原则通过社会化过程被行动者内化，从而形成与场域契合的惯习，使行动者无意识地接受场域的支配性价值，并加入游戏去争夺对合法资源，即是资本的占有。

因此，通过理顺惯习、场域以及资本的各种相关关系，有助于我们理解和把握社会实践中的一些相关问题。失地农民城市融入的过程可以看作是他们生活场域的变迁，那么与场域相对应的内在惯习便要随之调适。为了在结构机制中获得利益，不被排斥和边缘化，他们有必要重塑一套相应的惯习体系，再通过惯习行动策略来调节行动者与结构之间的各种关系。

（三）行动策略研究

在布迪厄的实践理论中，策略是实践的基本原则，在布迪厄看来，策略就是惯习，而这些惯习又是行动者的实践再生产出来的结构的终极产物，并且这些机构体现在场域中。① 当场域变迁的时候，行动者若要获得相应的资本利益，惯习也会随着改变，而惯习的调适正是通过行动者的行动来表现的。我们在此可以称为行动者的"惯习行动策略"，通过不同方式的策略回应主体与客体之间的关系，参与利益的分配和竞争，建构自身的利益结构体系。因此，有必要从社会行动的视角来分析结构场域变迁与个体选择之间的逻辑关系。

对惯习行动策略的选择是多样化的，大多数行动者是以"利益最大化"为行动原则，包括失地农民长期以来形成的"理性小农"的惯习思维，实际上就是追求利益最大化的"理性行动"的一种体现。但有的时候惯习又体现在一些保守性行为的回归，表现出相应的"非理性"行为。

第一，"理性选择"的前提预设。从社会学的研究初衷上看，人与社会的问题始终是社会学研究的根本问题，而"社会行动"正是搭建了人与社会之间沟通关系的桥梁。韦伯开创性地研究了社会行动在社会学中的地位，他认为社会学就是试图对社会行动作出"解释性的理解"，并由此

---

① Pourdieu, P., "Marriage Strategies as of social resproduction", in Annales ed. *Family and Society*, 1976, pp. 117—144.

达成一种"因果性的说明","当行动考虑到了他人行为,并由此确定自己进程的方面时,该行动就是社会性行动"①。于是他将社会行动区分为工具理性行为、价值理性行动、情感行动以及传统行动四个类型,从此开启了社会学家对于社会行动的研究。

哈贝马斯在对韦伯有关行动和理性的概念进行批评性分析的基础上,总结出目的性行动、循规性行动、剧作性行动、交往行动四种基本的行动类型,② 其中目的性行动,其行为取向是计算各种手段,然后从中选取出最适于达到目标的行动。这种行动也延续了韦伯"工具理性"行为的特征。

科尔曼对于理性行动的研究可以说更加全面、更加系统。他在研究链接个体人微观与宏观行为范式的基础上提出了理性选择理论,他认为理性行动是为达到一定目的而通过人际交往或社会交换所表现出来的社会性行动。科尔曼更注重微观角度上"系统行为的内部分析",将微观的个体理性选择行为放到宏观社会系统中加以研究。③ 并作出了理性行动的假设:"对于行动者而言,不同的行动有不同的'效益',而行动者的行动原则可以表述为最大限度地获得效益。"④

针对农民的理性选择,黄宗智先生在《华北小农经济与社会变迁》一书中认为中国小农为自家消费而生产,同时也是一个追求利润者。小农群体具有形式主义、实体主义的特征,即"小农既是一个追求利润者,又是维持生计的生产者,当然更是受剥削的耕作者,三种不同面貌各自反映了这个统一体的一个侧面"⑤。这样,很好地把农民的"小农理性意识"归纳出来,排开"耕作的受剥削者",失地农民出身于农民家庭,在行为抉择中多少是带有"经济小农意识"的影响。

第二,"非理性选择"的合理存在。实际上,农民的经济行为活动选

---

① [英]布赖恩·特纳编:《社会理论指南》,李康译,上海人民出版社2003年版,第272页。

② Jurgen Habermas, *The Theory of communicative Action*, 2Vols, trans, thomas McCarty Beacon Press, Vol. one, 1984, Vol. 2, 1987, pp. 153—197。

③ Wolfgang Mommsen, *The Age of Burcaucracy: Perspectives on the Political Sociology of Max Weber*, Oxford; Blackwell, 1974, p. 166。

④ Coleman, J. S., *Foundation of Social Theory*, Cambridge: Belknap Press of Harvard University Press, 1990, p. 15.

⑤ 黄宗智:《华北小农经济与社会变迁》,中华书局2000年版,第2页。

择并非都是"理性","非理性"也有其存在的方式和意义。西蒙对"有限理性"提出质疑后，个人理性也遭受了学者的普遍批判，尤其在研究农民在传统意识影响下，会被部分人视为是"非理性"和传统主义的代表，如马克斯·韦伯认为人的社会行动除了具有工具理性的选择以外，情感和传统行为也是左右个体行动的因素所在。波耶克在对荷属爪哇农村进行了30年的研究后也提出了农民的经济行为是"非理性"的。事实上，个人惯习行动策略的选择往往受传统观念和意识形态的影响，做出"非理性"的选择也是在所难免的。因此，从这点上看，人的"理性"不是一个与生俱来的、独立于社会情景之外的常量，而是会随着社会情势变化而有所改变的。

对于本书中研究的失地农民，一方面，他们具有"理性人"的特征，追求利益的最大化。但另一方面，由于传统惯习的影响，他们在经济行为策略的选择上有时也会做出"非理性"的行为，这些"非理性"的行为虽然看似不合理、不符合经济行为规范，但在特定的时期和背景下却是"理性"的体现。无论失地农民选择何种惯习的惯习行动策略，初衷都是出于实际的需求，获得更多的利益，其最终的目的是适应自身的生存和发展，更好地融入城市社会。

二 研究框架与方法

（一）研究框架

从分析的理论视角看，失地农民失地所带来的一系列生活和生产方式的变迁，正是他们所生活的环境——场域带来的改变，这些场域涉及经济、文化、社会、心理等方面。那么，作为主体人——失地农民为了适应变迁，就要相应地调整自身的状况，以做出各种惯习策略的回应，其目的是在新的结构体制中适应各种变迁，获得相应的资本，并将其转化为利益，从而能更好地融入城市社会。本研究拟采用布迪厄的惯习和场域理论，通过行动者的惯习行动策略以及场域的特点与转换，来分析失地农民的城市融入状态。本书的研究脉络如下。

绪论，介绍研究问题的缘起、研究意义，以及文献回顾，包括对国内外失地农民研究现状和融入理论的梳理。

第一章，分析框架与研究方法。阐述分析的工具及视角，将布迪厄的实践理论运用于失地农民的研究当中，重点从惯习策略的行动上探讨失地农民融入的状况。社会行动的视角将会贯穿于各个融入维度（经济、文化、社会、心理）中，并分析场域、惯习和资本的相关关系。同时点明观察法和访谈法是本书的主要研究方法。并对选择的个案社区进行描述。

第二章，从经济融入方面对失地农民的经济利益行动进行描述。包括该群体在土地拆迁、住房安置、经济就业以及社会保障方面同基层政府、房地产商、物管公司以及群体内部之间各种关系的矛盾，以及他们相应的行动策略的选择。

第三章，从文化融入角度探讨失地农民在文化教育、居住方式、生活习惯、价值观念等方面的行动取向。该章的重点主要论述文化资本对于文化融入的作用和影响，以及个体行动者在能力型文化资本中表现出来的惯习行动策略对于场域的调适。

第四章，从社会融入方面，阐述在社会融入过程中社会关系网络关系、社区参与及其所拥有的社会资本，重点讨论如何构建和加强社会资本的相关内涵，这对于失地农民扩展社会网络关系、增进社区参与以及促进农民市民化的发展都具有重要的意义。

第五章，心理融入方面，包括心理归属感、身份认同、意识形态以及生活的满意度和适应性。重点探讨环境变迁对于失地农民心理带来的冲击以及变化的过程，在这个过程中如何从他们内心想法中去寻找解决问题的答案。

第六章，总结归纳。首先，从融入的维度、过程、状态以及融入的地域性等方面进行概括和总结；其次，将理论的分析和实证研究进行对接，并提炼观点，进一步推导出融入的状况，在此基础上提出一些粗浅的想法。

（二）研究方法

由于失地农民问题研究是一个较为复杂而敏感的问题，到相关部门收集资料的难度较大，因此，本书在文献研究基础上，采用的研究方法主要是定性式的研究。

对失地农民日常生活实践的研究，不是一种固态的、静止的东西，它是以一种个体生活的多方面展现出来的多样化关系的社会事实。有关城市化生活的融入主要蕴涵着多种文化性和心理性的因素，由于这些因素无法采用定量研究方法获得，因此，这里主要采用定性研究的方法以避免把丰富的资料进行简单的处理，也便于从中发现并解释各种复杂的关系。同时避免用单调简单的因果关系解释问题，从而发现相互关系中的各种深层逻辑关系。因此，定性方法为本书的主要研究方法，其中涉及的研究手段包括深度访谈、参与式观察法以及文献研究。涉及的访谈对象近40人，其中有老年人、年轻人以及居委会工作人员、城市居民等。

1. 文献法

文献法，也叫文献资料法，主要是到调查地收集相关的文献，如乡志、发展报告等。文献资料法不受时空的约束，方便、快捷、简单，是一种常用的方法，同时既可以独立使用，也可以和其他方法结合使用。本书需要获取以下三方面的文献资料。

第一，从文献上梳理国内外的相关研究成果。通过相关的书籍、文章、网络查找相关的资料，力求全面、准确厘清相关理论、概念及实际问题。

第二，收集有关政府部门的相关政策和统计资料。近几年来昆明市的城市化发展迅速，相关的研究报道较多，可以积极通过相关的部门收集和了解有关的情况及事态的发展，从总体上把握昆明市失地农民的状况。

第三，获取网络传媒的相关信息，力求信息的前沿性和宽广性。通过从网络和传媒等媒介可以及时了解当前的情况。昆明市有一个深受老百姓喜欢的电视栏目——"都市条形码"，通过该栏目每天能够第一手地了解普通老百姓的家长里短、大事小事，随时跟进节目能够有效地从微观视角了解失地农民生活的点滴状况。

2. 深度访谈法

访谈，就是访谈者直接向受访者提问的资料收集方式。访谈可以通过面对面的方式进行，也可以通过电话进行。[①] 深度访谈，即是进一步挖掘被访谈者更多相关的信息，主要用于对问题的理解和深层次了解的探索性研究。美国社会学家W. F. 怀特在《街角社会》中说道："要理解惊人的事件，就必须联系日常的生活模式来认识它——因为科纳维尔的生活是有

---

① ［美］艾尔·巴比：《社会研究方法》，邱泽奇译，华夏出版社2007年版，第255页。

一种模式的。"① 因此，访谈就是以研究对象的生活模式等方面的内容来对事物进行更深入、全面的认识。

笔者走访了政府相关部门和居委会，逐步建立起与被调查者之间的信任关系，深入了解失地农民社区的基本情况。访谈的对象主要以失地农民为主，也包括相关的其他人员如专家学者等；访谈的形式采用深度访谈和焦点访谈，通过与被访者进行交谈，尽量取得对方的信任，尽量深度挖掘对方的想法。在调查的过程中留心对方及周围环境的情况，以及每个细节的变化，争取获得翔实的一手资料。

3. 参与式观察法

即指研究者深入研究对象的生活背景中，在实际参与研究对象日常生活的过程中所进行的观察。该方法最大的特点就是在"没有先入为主指见"的情况下，接近被研究者的真实生活，对他们的生活、文化和心理有大致的了解，力求从"本地人"的视角来进行深度的解释和描述。学者陈向明认为"观察者与被观察者一起生活、工作，在密切的互相接触和直接体验中倾听和观看他们的言行。这种观察的情景比较自然，观察者不仅能够对当代社会文化现象得到比较具体的感性认识，而且可以深入到被观察者文化内部，了解他们对自己行为意义的解释"。② 笔者在调查的过程中，大量地使用了这样的方法。记得在 Z 社区调查的时候，社区门口对着一条河，河岸边经常会有村民在附近闲聊、休息，于是笔者经常去那个地方和他们搭讪，不几天就和他们混熟了，成为他们中的"一分子"，这样一来调查者能够以"主体人"的身份，参与到这部分群体中，能更好地对他们进行观察，这给本书的调查带来了很大的方便。

同时，本书调查采用对比性分析法，著名学者费孝通认为"比较研究，在比较不同社区的社会结构时，时常会发现每个社会结构都有与它配合的不同原则，表现出来的结构形式也就不一样"。③ 本文对昆明市的三个社区进行对比分析，从而能反映出不同发展阶段的特征，同时避免了以往失地农民问题研究中地域的局限性，并扩展了研究的适应面，从而使得分析更具有深刻性和清晰性。

---

① ［美］W. H. 怀特：《街角社会》，黄育馥译，商务印书馆1994年版，第7页。
② 陈向明：《质的研究方法与社会科学研究》，教育科学出版社2000年版，第228页。
③ 费孝通：《乡土中国 生育制度》，北京大学出版社1998年版，第92页。

4. 问卷调查法

为了弥补访谈资料无法代表对研究对象的整体性认识这一缺陷，本研究还运用抽样问卷资料进行相关的补充和分析，在本研究中运用部分相关部分的调查资料对失地农民问题进行分析说明。本研究选择昆明市三个社区作为研究对象，每个社区按不同性别、年龄抽取 100 个样本，共发放 300 份问卷，对样本进行问卷调查。对回收问卷进行定性分析，探讨农民市民化现状及主要影响因素。其中，有关失地农民的基本情况、就业、生活、心理等方面的内容是本书调查的重点。

三 个案社区的选择及介绍

失地农民生活的变迁，最主要的原因是生活环境发生了巨大的变化。随着城市一步步扩张，城乡二元格局被逐步打破，农民的生活环境再不是"你耕田来我织布"的田园生活，而是充斥着传统与现代、富裕与贫困、发展与落后多种元素交织的空间与社会关系网络变迁。我们可以把这样的变迁看作是一种场域的变迁。所谓场域，在布迪厄看来，是一个同时态与历时态相交融的空间，时间的变迁能够改变场域的格局，正如城市的一步步扩张，农民的土地随着时间一步步被吞噬。另一方面空间格局的变迁也是巨大的，原先是村庄、小镇，现在是现代化高楼林立的城市，显现着各种城市化象征性的个体。因此布迪厄认为"一个分化了的社会并不是由一个各种系统功能、一套共享文化、纵横交错的冲突或者一个君临四方的权威整合在一起的浑然一体的总体"[1]，而是由各种系统，各种文化、冲突、变迁所组成的。由于场域的这种差异性，便会成为各力量之间冲突和斗争的动力。不同的主体在场域中不断变迁和维持，使场域的发生具有明显的不确定性，每次变迁都使场域内的资源得以重新分配，这也是研究变迁场域的意义之所在。

昆明市是中国云南的省会城市，近几年来，其城市化取得了很大的发展。2005 年，昆明城主城区面积为 190.24 平方公里，2008 年达到 212 平方公里，而根据该城建设的发展战略，到 2020 年，城区将发展到 460 平

---

[1] ［法］皮埃尔·布迪厄、［美］华康德：《实践与反思——反思社会学导引》，李猛、李康译，邓正来校，中央编译出版社 1998 年版，第 17 页。

方公里，人口将由现在的255.6万人增加到450万人。最近昆明市又确定了"一湖四环""一湖四片"的现代新城市的发展战略，与之相应的城市化征用的土地在东、西、南、北都有延伸。但是征地的时间、数量以及发展的程度却是不一样的，如昆明市的南部，在20世纪90年代，为配合城市扩建铁路的规划，就已经开始征地，可以算是昆明市最早的征地，那里的农民也变成了最早失地的农民；从21世纪初开始，昆明市的北部就进入了开发建设阶段，大批写字楼、住宅楼拔地而起，并一直向北部延伸；2008年昆明市实施大规模的城中村改造后，城中心的村落从此将走上终结的道路。

从昆明市城市化的实际背景出发，本文选取三个社区的失地农民为研究对象，这三个社区的选取主要是从失地后农民所处的不同状况来考虑的。一般意义上说，失去土地的农民的发展过程中主要有几种类型。第一类，失去部分土地后，在自留地上自建房屋，这就是后来形成的"城中村"。"城中村"顾名思义是在城市中的乡村，这样的村落形式实际上也是从农村向城市的一种过渡形式，这种形式对节省生活成本、稳固农民间的群体关系网络是一个必然的选择，本书所写的S村就是这样的情况。第二类，在城中村改造过程中失去房屋和土地，同时村里集体经济又遭受打击的社区，这样的社区处于一个"改造"过程中，各方面的变迁比较大，它同时具备城中村和回迁房小区特征，本书所选择的W社区就是这样的社区。第三类，承接城中村改造，打破城乡二元结构的局面，使失地农民住入城市小区中，和城市人一样的居住和生活，并最终融入城市生活之中，这是城中村改造的最终状态，也是城市化发展和失地农民最终的生活状态，本书所选择的Z社区就是这样一个典型的回迁房社区，可以说是昆明第一个回迁房社区，具有一定的典型性和代表性。本书涉及的三个社区及下辖村民小组如表1-1所示。

从地理位置上来讲，本书涉及的失地农民社区W社区位于昆明市的南部、S社区位于北部、Z社区位于中部。该三个社区的失地农民在昆明市具有一定的代表性。其中南部的W社区是最早失去土地的社区，在90年代初就已经成为失地农民的社区，在后来20多年的变迁中经历了一个落后、兴盛、衰落的过程，该社区也代表着昆明市最早失地农民的群体；S社区代表了城市向北部扩张后，在近10年来生活有所改变的农民群体；Z社区是昆明市最早的城中村回迁社区，和该市的发展息息相关，城市的繁荣和改造，也让这部分群体被动或主动地随之变迁和适应。

表1-1　　　　　　　　本文调查的村民小组及所属社区

社区	村民小组		
S 社区	项村	北村	兴村
W 社区	双村	中村	南村
Z 社区	张村		

说明：这里有些村因为涉及相关隐私，所以采用的是化名。

（一）"城中村"中失地农民的 S 社区

S 社区位于昆明市的北边，人口有 3606 人[①]。在 10 年以前，该社区附近的高校因为扩建，开始征用该村一部分的土地，直到 2007 年学校进一步扩建后，该村的土地才最终被征用完毕。[②] S 社区主要是"城中村"社区，成为失地农民的村民在获得社区（原村委会）批准后，在村集体土地上建盖了房屋（一般 3 层到 5 层不等），并依靠房屋出租作为收入的主要来源。S 社区为一个单独的"村改居"（从农村社区转变成为城市社区）社区，下辖三个自然村，分别为项村、北村和兴村，每个村的人数为 1000 人左右，2000 年社区几个村的土地基本被征用完毕，按照当时的土地价格（平地水田 14 万元/亩，山地是 5 万元/亩）[③]来算，村落每户基本上都有了几万元不等的经济收入。从此，该社区以依靠土地获得收入的经济方式走向了终结，农民的身份也相应地变成了市民的身份。

S 社区的北村是一个典型的城中村，该村有新村和老村，自 2009 年下半年以来，老村里的房屋被拆迁，土地被征后，全村的 392 户 900 多人都整体搬迁到了新村，[④]每户人家都建有一栋至少 300 平方米的楼房，一般为 3—4 层，靠着房租和在外做点小生意，基本上生活过得很好。

S 社区的项村有 428 户，人口 974 人，[⑤]目前该村的土地都已被征用完毕，村里人在余下不多的村集体土地上也建了自家的住房。同时村小组

[①] 数据来源于 S 社区统计资料。
[②] 同上。
[③] 数据来源于原北村村长的介绍。
[④] 数据来源于 S 社区《2009 年工作总结》。
[⑤] 数据来源于 S 社区统计资料。

还利用集体的土地，规划筹建了统建房，由于统建房是请外面的开发商建设的，无论从外观和设施上看，都和城市小区住房相似。居住环境条件改善后，该村的村民也非常乐意搬进新小区。

S社区的兴村有452户，人口1253人，是三个自然村中发展最好的。该村原来很穷，20世纪90年代的时候，村上批了一块地，允许村民在土地上自建房，并按照每户人口的多少批予土地，由于人口多的家庭可以批到更多的地，于是多数村民选择了用一块卖一块的方式，迅速有了房屋的固定资产，也由此积累了财富，并逐渐开始发展起来。现在，兴村也走了S社区大多数村落发展的模式，自建了新村和老村，村民统一住在新村，把老村的房子出租出去，作为主要的经济收入来源。另外，兴村的集体土地现在还有一部分没有征完，村民小组便把土地出租出去，作为村里集体经济分红的一部分。

（二）昆明市最早失地农民的W社区

W社区位于昆明城的南郊，东起明通路，西至盘龙江，北起环城南路，南至福昌路。紧邻火车站、汽车客运站、明通商场、南窑批发市场，系商、住集中的繁华地段。该社区在20世纪90年代，就基本完成了土地征用，社区的居民也成为昆明市较早的失地农民。目前，该社区隶属于昆明官渡区太和街道办事处，辖区面积约0.58平方公里，是该街道办唯一一个从原城郊接合部村委会翻牌为社区居委会的社区，也是一个城市化进程中从农村向城市化迅速转化，具有"双胞胎"身份（失地农民与城市居民混居）的典型大社区。目前全社区有9500户，人口21300人，下辖3个村民小组（南村、中村、双村）、2个股份合作社、7个党支部，有24个辖区公共单位，居民自建楼院31幢，非公经济企业3600多家。由于地理位置优越、投资环境极佳，具备商业投资价值，社区内汇集了众多的商户和企业，成为很多商家在此投资的重要平台和热土。[①]

W社区是依托老螺蛳湾商业区而发展起来的。20世纪80年代末，昆明市南部的火车站和汽车站逐渐发展和繁荣起来，大批市中心的商业区迁往该地，短短几年内，螺蛳湾成为昆明市最繁华的商业街区。W社区的几个村民小组（当时还没有归入社区），看准了发展的契机，在90年代

---

① 该数据来源于W社区《W社区简介》。

就大力发展乡镇企业，创建了大批自建自管的企业。如南村，该村拥有的企业有酒店3家，旅游汽车客运站1家、停车场6处；双村拥有的企业有商场、企业、饭店等6家，并在后来的更新改建过程中，整合成为更高规模和档次的大型服装市场。到2000年，该地区连同螺蛳湾商贸区发展到了鼎盛时期。①

应该说由于W社区处于优越的地理位置，加上原村委会一班人具有前瞻性，很快就在城市的发展进程中找到自己的定位，先后发展了集体企业。随着主城区的不断扩大，到1995年，耕地面积几乎为零，几个村都按照规划部门的要求，先后建起了单元式的住宅楼小区。2005年11月，W社区获得第二批"全国文化先进社区"的光荣称号。② 随着时代的发展，这部分失地人群虽然没有了土地，仅靠着集体经济的收入及房屋的出租，生活是比以前好得多，有些人家买了新房子、新车子，可以说是昆明市早期失地农民中比较富裕的人群。而2008年昆明市城中村改造，规划中提出将昆明火车站附近的螺蛳湾商贸批发城搬到三环以外③（离城更远的地方），2009年随着螺蛳湾商贸城的搬迁，这里的生意也就越来越不景气，W社区集体经济的发展也遇到了瓶颈，这部分依靠集体经济收入的失地农民，收入也没有以前多，甚至村民的工资有几个月都发不下来，日子也没有以前好过了，村民的生活又面临着更多的不确定选择和对未来生活的无奈。

另外，W社区随着昆明市南部螺蛳湾商贸城的迁移，该社区的两个村（南村和中村）的城中村住宅也随之纳入了拆迁范围。2008年该社区村民的房屋开始陆陆续续拆迁，村民随后也搬离了原来居住的城中村房屋，并拿着政府的"过渡费"在外租住房子。"早日回迁"便成为W社区村民最大的心愿。但是到目前为止，房屋还因为多种原因延迟建设，村民只能望着"房屋"兴叹，加入到"慢慢等待"房屋的行列当中。

（三）昆明市第一批回迁农民的Z社区

Z社区位于昆明市的中心区，隶属于昆明市盘龙区的联盟办事处，处

---

① 该数据来源于W社区书记访谈及《W社区简介》。
② 该资料来源于W社区《W社区简介》。
③ 该资料来源于《2008年昆明市政府工作报告》。

在昆明一环路与二环路之间，东至万华路，南至第四污水处理厂，西至盘龙江，北至白云路（含张村旧货市场）。面积0.4平方公里，现有居民1991户，5529人。①

过去的Z社区是昆明市最大一个的"旧货市场"，地上建筑物多为20世纪八九十年代村民自行建造的"城中村"楼房，村内建筑杂乱无章且建筑外表破旧。另外，Z社区还存在着治安隐患大、消防安全隐患多、违章建筑多等安全隐患，无照经营、占道经营、假冒伪劣商品严重等情况，水灾和城市环境污染严重、外来人口膨胀、社会问题突出等问题，导致经济驱动力不足，形成城市经济的塌陷带，严重制约了新昆明城市发展进程。②

从2008年开始Z社区开始改造，改造范围总用地318.22亩，拆迁总户数为533户，拟拆迁总建筑面积达33万平方米，动迁村民（居民）总户数474户，常住人口1247人。2007年8月俊发地产开始介入城中村改造工程改造，三年后（2010年9月）Z社区城中村改造回迁安置房交付使用，该片区被改造为一个集商务、休闲、居住为一体的大型居住社区，并新增建一所占地27亩的小学和一所占地9亩的幼儿园。这是昆明市城中村改造工程的一个重要成果，3栋20多层的"滨江俊园"巍然耸立在盘龙江畔。2010年9月28日村民正式回迁。因为这是昆明市首个城中村回迁安置房小区，昆明市市长和市委书记还亲自为回迁户发放钥匙，意义特别重大。Z社区的改造模式作为"先建设、后搬迁、再拆迁"的昆明新发展模式，不仅解除了回迁户的后顾之忧，也体现了拆迁工作的人性化。③

总的来说，从失地农民的发展过程来看，在不同的时段体现出来的特征是不一样的，本书所选取的几个社区S、W、Z就分别代表了昆明市失地农民发展的不同阶段的状况。S社区是失地农民的最初阶段，失去部分土地，留下部分的地自己建房，虽被城市包围，不种地，但在"城中村"的环境中，他们的生活和农民没有太大区别。W社区发展要更进一步，他们是昆明较早的失地农民，但生活方式依然是"城中村"的模式，直

---

① Z社区内部资料：《Z社区情况简介》。

② 资料来源：《俊发出手再造张村》，中国昆明网：http://www.km.gov.cn/structure/xtz-km/tzdtnr_89607_1.htm。

③ 同上。

到房屋被拆迁，空间场域发生了重大的变迁，才开始走向"市民化"的道路，这一时期该社区的特征是变迁的，首先他们的居住空间被打散，新的房屋正在建设中，处于过渡时期；其次，社区中的集体经济依然占很大一部分比例，集体经济的发展正如他们的生活一样息息相关，发展后衰落，在城市化的变迁中正逐渐退出历史的舞台。Z 社区是在城中村改造后，再经历住所的变迁，和城市人一样居住于一个小区，村民正尝试着接纳这种新的生活方式。这类失地农民是属于发展最成熟的一个群体，因为他们代表了以后失地农民发展走向的一个最终阶段。所以说 S、W、Z 社区各代表了失地农民发展过程中的不同阶段，S 是初期，W 是中期，而 Z 社区是最终的阶段。

第二章

失地农民经济融入中的行为

失地农民的经济融入是指失地农民在变身为城市人后获得或争取与城市居民同等经济地位的过程。它主要是针对失地农民的就业、收入、社会保障等情况而言的，是对失地农民基本生存条件与生活质量的综合反映，折射出与城市居民相对公平的就业机会、收入水平、社会保障、住房条件和再教育机会等状况。[①] 对于失地农民来说，失地可以获得不菲的经济补偿，并且在争取补偿时还拥有一定的主动性，因此他们虽然被动地失地、失房，但他们中的许多人在主观意愿上是希望得到甚至非常期待这样的失地机会的，因为征地意味着土地的增值，能为农民带来利益和好处，然而正所谓坐吃山空，征地所获得的补偿毕竟不能长久。因此在考虑失地农民的经济融入时，就业是首要的因素，就业获得的收入，可以维持生存的基本所需，还可以提高生活的质量。同时参加就业能扩大社会交往网络，培植社会资本，从而获取更多利益。经济融入的另一个重要考查指标是社会保障，享受城市提供的各种社会福利和社会保障不仅能方便失地农民的城市新生活，还能减轻他们的各种负担。更重要的是若能公平享受长期作为城镇居民专有权利的各类城市社保福利，可以使失地农民更容易从心理上认同自己的"市民"身份。

基于以上分析，可以判断失地农民是否经济融入的基本标准是：第一，是否获得平等的就业机会和收入（达到城市居民收入平均水平）；第二，是否获得与城市人同等的社会福利。若实现了这两个平等，则可以认为失地农民在经济上基本可以融入城市社会。失地农民在经济融入的过程中，也面临着如何与不同的"利益集团"之间进行经济利益竞争的问题，

---

① 杨菊华：《从隔离、选择融入到融合：流动人口社会融入问题的理论思考》，《人口研究》2009 年第 1 期。

例如他们如何与政府、开发商等利益群体之间在有关土地征用、房屋拆迁过程中的讨价还价？如何在日常的经济利益中减少利益的损失，又如何从经济就业和社会保障中做出权衡利益的考虑？虽然看似简单的经济行动，但实际却是失地农民"深思熟虑"的选择。

失地农民在城市融入过程中会存在各种经济利益的得失问题。考虑到征地拆迁过程中获得的经济补偿对失地农民失地后的生活及就业有一定的影响，这里除了讨论失地农民的就业和社会保障情况外，还将讨论他们在征地拆迁时采取的应对手段。在获得或争取相关经济利益的过程中，失地农民一直在与不同的利益集团如政府、企业以及他们内部的其他群体进行着博弈，在这个过程中他们会不断地调整自身的惯习和行动策略，以适应场域的变迁，从而获得更多的资本和利益资源。

一　征地拆迁中失地农民的群体利益

在经济融入过程中，经济利益的冲突是一直存在的，按照"博弈论"的观点，"大多数经济行为应当按照博弈的模式来分析"。实际上，在瞬息万变的当今社会，各种利益主体都在不断加强自身的影响力，同时又力图制约、削弱甚至对抗其他主体的影响力，以此为自身争取更多的资本和利益，这些都是不同利益主体之间的相互博弈。布迪厄的理论也承认资本和场域之间的关系是一直存在的，各种资本可以以不同的利益关系出现。同时这也伴随着惯习的主观性的作用。惯习的变动，直接诱发了各类资本的分化重组和权力结构的变迁，反过来，这种重组和变迁又成为惯习行动的内在源泉。

（一）逆来顺受的"草根"阶层

随着城市化进程的进一步推进，大规模的土地征用在所难免。对于大多数失地农民来说，从发布征地、拆迁通知，到具体的赔偿事项以及签订购买安置房的合同都是在"统一"安排下进行的。

W社区和Z社区土地征用的时间相对早一些，回忆起过去的征地，W社区中村原先的队长（ZZY，男，70岁）总是回忆以前队上的状况：

这里征地较早，我们20世纪90年代就没有土地种了，当时土地征用较为便宜，我们也是为了支持国家建设火车站，让出了很多的良

田。现在看来那些田不知道要翻多少倍的价格……（访谈材料1）①

昆明市在变迁，在时代的推进下进入了城市化时代的农民生活随着土地而转变，作为昆明市最早的失地农民，他们积极响应"国家政策"，顺应城市的发展，确实没有想到土地竟然有这般惊人的变化，在他们身上折射出最朴实、最奉献的农民的特征，也许时代变迁，他们会惊叹土地带来的收益，会遗憾、会留念，但那是过去的事实，那份情感也逐渐在城市化浪潮中被掩埋了……相比W社区，S社区是在2000年前后被征完的，地价的增长也带来了村民态度的改变，S社区的村民大部分都觉得补偿得少了，并在这过程中开始扳起手指算起自己的收益。"国家"（这里也可指地方政府）和农民之间的关系正在微妙地展开。S社区当时的生产队队长（CW，男，65岁）回忆起征地的情景：

> S社区几个村的土地在2000年的时候就基本被征用完了，当时水田的价格是14万元一亩，山地是5万元一亩，每家每户基本上都获得了现金的补偿，许多村民用这些钱盖了楼，他们即使一时不工作，每个月收点房租钱，生活都还是不错的。（访谈材料2）②

S社区项村的原村长（LCK，男，65岁）说：

> 2000年以前都还有田，每家都有，但是大家都不种田了，改种苗圃。村上有山地和水田，当时的田一直延伸到CB（附近的一个小镇，化名），后来都被政府收掉了，按照现在的价格，至少可以卖到25万元一亩，我们当时卖是很不划算的，但是又没有办法，村上大家都不想卖，是镇上硬逼着卖的，当时就是145000元每亩。我们没有分到多少钱，我们几个队人口多，土地少，我们村总共有200多亩水田，平均每人有三分多田，分下来就没有多少钱了，每个人就6、7万元钱，多点的也就十来万，前两年就基本分完了。以前盖房子只

---

① 访谈资料来源：2010年7月20日下午（3:00—5:00），于CW家中，由于是认识的人，所以他们在交谈的时候没有忌讳些什么。

② 访谈资料来源：2011年8月30日下午（8:30—10:00），于S社区项村村民小组办公室。原生产队队长在办公，随便聊了一会儿。

要自己家有地，人家同意你了，你想怎么盖就怎么盖，现在不行了，政府不给批了，2006年开始队上就没有批地给私人建了。要说到分家，是不给你分的，因为要进行城中村改造，政府老早就规定不准分户头了，害怕到时候拆迁不好算人口数。政府也不让你加层，但还是有些村民要加层，也是为了拆迁的时候多要点补偿款，这个我们村干部也管不了，有时候城管会过来管一下。拆迁的时候是政府直接招标相关公司来做的，在价格合理的基础上，我们进行拆迁。我们现在还有些土地，还给村民分红。现在村里意见挺大，当时给我们的补偿款按土地的地理位置来算真的是太低了。这实际上也是"上面的人"在操作，他们卖给开发商就是几百万一亩的。

城中村改造的时候，无论多大的房子政府都只认你300平方米，如果你要钱，就是2600元1平方米，如果你要房子，就给150平方米的两套，而且他还卡着你的层数，四层以下的是2600元每平方米，四层以上只给600—800元1平方米。（访谈材料3）[①]

从中我们看到一个关键的词——土地，随着城市化的快速发展，"土地"这一不可持续或不可再生的稀缺资源越来越少，这也变成了失地农民和政府之间利益的一个焦点。村主任所陈述的，很能体现出"国家"与农民之间因土地征用而出现的利益权衡问题的升温。在社会实践中，"国家"实际上就是代表着政府或者更基层的政权组织，"国家—乡土社会"之间的关系一直是农民学研究和农村社会的重要理论视角。从中央政府到地方政府之间一系列的利益关系上看，在国家与农民之间关系的异质性研究中，行动主体之间也会出现合作、冲突和复合的多种模式关系。在这种土地的征用过程中，国家规定的补偿额度、相关土地政策的制定，有关房屋拆迁的细则无不体现出国家对于失地农民经济利益的制约。而尽管预期到了未来土地增值的收益，尽管农民心里会非常清楚他们获得的补偿的合理性，但他们中的绝大多数人还是选择了"被动式地接受"。这里能看出国家权力的强制性，尤其体现在征地的过程中，农民虽然拥有一定的主动权，但这种主动权往往是很脆弱的，在国家一纸征用的批文下，做

[①] 访谈资料来源：2011年9月2日上午（8:30—10:00），于S社区项村村民小组办公室。原村长和生产队队长都在，大家都不忙，因此有时间聊了许多。

出更多让步的还是农民,甚至可以说农民还是要做出很多的牺牲。S社区的北村村主任(CZM,男,52岁)说到部分房屋因为修路拆迁的事实:

> 现在你看到的盘龙江边的这条景观路,是我们村拆了村子里总共87幢房子让出来的,有将近5万平方米的面积。以前北村段的盘江西路,多是坑坑洼洼的黄泥烂路,路上还杂乱无章地堆放着各种沙土、石块,如今的盘江路变成了一条景观大道。我们村在这条路的建设中是做出了很大的奉献和牺牲的。(访谈材料4)①

对于此事的真实性,后来有相关新闻进行了跟踪报道,② 事实上,各类媒体都对此给予了正面的评价,纷纷称赞该村农民在盘江景观路建设中积极主动地做奉献。这条路也成为当地政府的"标兵政绩"。但从这整件事中我们可以看出在土地征用的过程中,国家拥有的强制性权力在它与失地农民的利益博弈中所起到的作用,同时也可以清楚地看到,失地农民在与国家的利益博弈中往往是处于被动地位的。

曾经两次获得诺贝尔奖提名的美国农村发展研究所所长罗伊·普罗斯特曼先生经过精密测算,得到以下结论:按照不同的贴现率,中国农民30年土地承包权的净现值相当于全部土地价值的75%—95%。因此,农民合法使用的承包地被征用为国有土地后,农户应得到土地补偿费用的75%—95%,而农民集体只应得到土地补偿费用的5%—25%。③ 以所调查的几个社区看来,失地农民在出让土地的时候获得的补偿也是远远低于这样的标准的,农民失去的不只是土地,而是失去了土地本身所带来未来的收益和发展,以及以后获得利益的一个重要的砝码。

社会学家李强曾就农民工的生活状况提出"相对剥夺"理论,他认为的相对剥夺是指个人或者群体认为自身需求未得到满足的一种心理状态。他强调这种心理状态是在与地位、生活条件都比自己好的其他群体相

---

① 访谈资料来源:2011年10月5日上午(10:00—12:00),于S社区北村社区居委会办公室,该村主任很直爽,有什么说什么,从他那里得到不少信息。
② 《K市北村87幢房子"让道"道路改扩》,2012年2月《昆明日报》(http://daily.clzg.cn/html/2012-02/29/content_260817.htm)。
③ 杜业明:《也谈现阶段我国农地征用中的是是非非——与周诚学商榷》,《中国土地》2004年第4期。

比较时才产生的。"举例来说,当人们实际的收入不能满足期望时,看到了经济的繁荣,而又感到与自己无关时,相对剥夺感就会变得尖锐起来。"① 实际上当前失地农民土地被征用的情况,在某种程度上也可以用相对剥夺来形容,虽然在征地时获得了比以前更多的补偿,但是和以后倍增的经济效益相比,悬殊依然是非常巨大的,农民们显然也知道失地后这些倍增的价值就从此与己无关了,因此其相对剥夺感便会加剧。这种剥夺感会使失地农民群体产生对社会越来越大的不满情绪,也会对失地农民以后的城市融入和自身持续发展埋下很大的心理隐患。

(二) 机遇中的适应与选择

理性选择方式沿用了亚当·斯密的基本假设——"经济人假设",这一假设认为:在经济活动中,每个人都是"理性的",即每个人都有根据成本和收益做出行为选择的能力。理性个人的选择和行为动机是成本最小化,收益最大化,在获取最大利益的过程中,冲突是不可避免的。在社会学的各大流派中,冲突论和交换论认为人的行为是理性的,其代表人物有马克斯·韦伯和科尔曼。韦伯在研究了资本主义新教伦理后,认为近代资本主义精神的主要特点在于"理性的自由劳动组织形式和理性的资本运作方式",他认为行动者有工具理性的抉择,工具理性就是行动者以实现自己当作成就所追求的、经过权衡的理性的目的;而行为理性主要是指行动者自觉地和纯粹地信仰某一特定行为固有的绝对价值。② 科尔曼在他1990年出版的《社会理论的基础》中用理性选择范式研究传统的社会学问题,进一步将理性选择概括为"最优化或效用最大化",③ 认为理性行动者通过权衡通常会采取他们认为的最优策略,以期用最少的付出赢取最大的收益。在研究失地农民个体的惯习行为和资本之间的互动关系时,就必须将农民置于行动者决策的位置,经济理性选择便是本书所要讨论的重要问题。对于失地农民来说,虽然他们是农民出身,但是他们有自己的经济理性判别标准,在土地征用过程中,他们的这种"理性选择"及与之

---

① 李强:《社会学的"剥夺"理论与我国农民工问题》,《学术界》2004年第107期。

② Wolfgang Mommsen, *The Age of Burcaucracy: Perspectives on the Political Sociology of Max Weber*, Oxford: Blackwell, 1974.

③ [美] 詹姆斯·科尔曼:《社会理论的基础》,邓方译,社会科学文献出版社1990年版,第13页。

相对应的行动策略就明显地表现了出来。

1. 在机遇中积极适应

农民失地，是城市化顺利推进中的必然事件。随着国家征地补偿制度的不断完善，农民的土地权益受到了进一步的保护。农民在城市发展的过程中也逐渐意识到失地所带来的切切实实的好处，甚至还会采取各种措施使这些好处增值。一份有关城镇化发展的调研报告显示，80%以上的受访农户表示愿意到城镇和新型农村社区居住。① 这意味着在关乎自身利益的权衡中，农民还是愿意选择作为"失地农民"。因为出让土地会在短时间内获得相对高额的经济补偿，而若是仅仅依靠土地他们是不可能在几年之内甚至他们的有生之年获得如此高额的经济利益的。正好碰上机会，谁又能轻易失去呢？在昆明市城郊结合区有这样的说法："要想富，拆迁户"。可见城郊接合部的村民在短时间内闭上眼睛就成为"暴发户"是不少人梦寐以求的事情。从这点上来讲，在目前城市化的大背景下，有经济理性判别能力的村民多数也会选择失地、失房。

对于W社区的年轻人来说，成为城市居民是很自然的事情，种田对于他们来说已经是很遥远的事情了，对于"不愿意回归成农民"，他们有自己的理性考虑。

年轻妈妈（DHZ，女，25岁）说到了自己的实际情况：

> 现在比以前好过多了，如果有人给我块地，叫我去种，我估计我是不会的，因为我已经不会种田了，而且种田又辛苦。再说现在种地化肥价格高，种地又累，种出来的农作物也不值钱，好东西也种不出来，种点白菜、苦菜又不值钱。即使现在的地更值钱，政府又不准你买卖，又不准盖房子，也相当于没有啊。你自己种点菜吃吃能吃得了多少呢？种了卖，你又不会发财。所以倒不如被征了土地拿了钱做点别的事情。（访谈材料5）②

作为年轻人，她们很现实，考虑问题都是从自身利益出发，耕种土地

---

① 《八成农户愿意到城镇和新型农村社区居住》，2013年3月，新华网：http://news.xinhuanet.com/2013-03/02/c_114861338.htm。
② 访谈资料来源：2011年11月12日（下午3:00—6:00），于W社区广场，访谈的时候她们正吃完晚饭带孩子出来在社区广场上玩。

已经不是她们能做的事,她们早已经失去了作为农民的那些种田的基本技能,她们已经不可能再回到过去农民的生活,尽管她们曾经是农民。而在征地过程中,农民也会充分利用转型的契机积极地发展自己,成为当时失地农民中的获益群体。

Z 社区城中村的改造计划,得到了村民的支持,股份合作社支部书记本以为难度最大的一个环节,却得到了村民的坚决拥护,其根本的原因就是拆迁房屋能给村民带来实惠和好处。村民 LCZ(女,35 岁)家的房子建于 20 世纪 70 年代,共 4 层 300 多平方米,其中 4 楼自己居住,剩下的用来出租。而因为"脏乱差"的环境现状,房子并不能租个好价钱。一楼 20 多平方米的一间房,100 元的月租还被嫌贵。一年下来,总收入还不到 1 万元,勉强维持 LCZ 家生活。改造后,通过"拆一还一、就地安置",她家可以获得同样面积的现代高档小区住宅。按照目前周围小区住宅的平均租价来算,改造后,仅租金收入,LCZ 一年至少获利 2 万元以上。住上干净、漂亮新房子不说,还增加了收入,这让一家人憧憬不已。① 由于实实在在的获益驱动着村民,这使得城中村改造变成最为轻松的一件事情。截至当年 6 月,全村 250 户已经有 244 家提交了《改造申请书》,98% 的支持率表达了村民对本次改造的渴望。事实说明,在既得的利益面前,村民都会有自己的小算盘,既然现实形势不可违背,倒还不如顺其发展,将精力投入未来利益的算计中。W 社区原双村生产队队长(ZZY,男,70 岁)说起往事,他总是滔滔不绝地回忆着:

> 我们队上土地的转变,村民成为城市居民是在 1994 年,土地被政府征收后,队上只剩下 25 亩土地,最后我们队上自己用,拿这块地盖了个永安商场(1995 年建)、永安新大院。以前社区下的三个队联合开办了都市商品批发大世界,各个队居民就都安排在里面工作。原来我们自己管着明通商场,实行责任制,一年完成多少任务,有明确的指标,如果超额了就奖励,但是收入要全部交给队上,队上有个工商综合服务的账户,发工资、支出、上税都是从这上面走,当时除了明通旅社不能完成任务以外,其他几个企业基本上都能完成。原来

---

① 《昆明张官营城中村改造回迁安置房交付》,网易新闻:http://news.163.com/10/0928/15/6HM7GJ3R00014AEE.html。

我当队长的时候福利好得很，于是我们就贷款在海子边上买了一块地，自己建了我们现在住的这"花园小区"（村民自建的城市小区），房屋和绿化都很不错。

老人对他们那一批村干部带领队上发展集体经济取得的成绩还是相当满意的。他继续说：

后来我们转变为城市居民，政府给我们每家人都拨了钱（9000元），我们没有把钱分给大家，而是用作发展集体经济，然后村上每年都会分红给村民们，到1995年的时候每人能分到4000元，当时算是不错了，而且分你钱了以后还给你建房，所以当时大家也不愿意要那9000元钱，都愿意投到集体经济里，参与分红。我们这些当队长的人年年都要想办法给村民分红，压力还是挺大的。后来就改成工资制了，大家每天来上班，能拿个三五百元钱，当时的物价低，还是很可以的。（访谈资料6）①

W社区在城市化早期，利用征地的契机发展了自己的集体经济，让有限的资金活了起来，为以后村集体经济的进一步发展打下了很好的基础。W社区发展集体经济的事例说明，征地虽然让农民失去了土地，但如果以积极的态度去应对，抓住机遇，放眼长远，征地也会成为很好的发展契机。

2. 合理的投机与取巧

长期以来，中国农民已经习惯了自己在政治权利上的顺应，他们能够忍受缺乏利益表达渠道的生活状况。然而尽管他们在政策制定上没有话语权，但是在涉及自身经济利益的时候他们的一些人所采取的一些"积极"的应对策略却让人刮目相看，例如在政策允许的范围内钻空子，为自己争取更多的利益。

S社区的项村，在2009年城市还没有规划到该村的时候，他们就利用村里剩下的为数不多的集体土地为村民建了统建房，虽然不合适，但整个村上下一条心，坚持做了下去，后来这批统建房得到了相关部门的默许，

---

① 访谈资料来源：2010年7月20日下午3:00—5:00，于CW家中，由于是认识的人，所以他们在交谈的时候没有忌讳些什么。

切切实实为村民带来很大的实惠。原项村长（LCK，男，65岁）回忆说：

> 当年我们抵着干（不按政策的做法）开了党员代表会，和开发商商议好，用那70亩地，我们小组用40600平方米，自己建房，剩下的归开发商去卖，如果这土地给政府来占的话，现在是25万元一亩，平均下来老百姓每人也就能分个2万—3万元，我们把它变成房子，一个人分40平方米，照现在最低的市场价格，每平方米5000元，现在一套房子有个50多平方米，也能值个30来万元，就相当于老百姓不用出钱，房子就给你住了。有的家有个好几套，如果三口之家就120平方米。我们村建了800来套。（访谈资料7）①

S社区的兴村，因为房屋即将拆迁，村民也因此热火朝天地忙碌起来，纷纷在自家土地和宅子上加盖房屋。虽然在2008年昆明市出台规定，冻结任何行政主体、行政部门审批宅基地，停止农村无序建房，但村民依然有恃无恐，为什么呢？都是为了能在将来拆迁时获得更多的补偿利益才铤而走险的。

> 一次和一位大哥（WZW，男，40岁）聊天，他说家里正在加盖房子，就等着到时候房屋拆迁，能多有些补偿。（"现在政府不是禁止自建房了吗"？）他笑笑说："上有政策，下有对策了，那些城管虽然管，但和他们搞好关系，也就睁一只眼闭一只眼了。我们村里的人都这样做，谁不愿意在拆迁的时候能多有些补贴啊？有的人家随便找些劣质的砖瓦建个简陋的小屋，拿着充数，实际上没人敢住在里面的；有的拿些篾子圈个什么牛圈羊圈的，看着那破破歪歪的样子，真是好笑得很啊。反正管他了，只要能多拿些拆迁补偿，我们村的人可是会想着想着的做。我家地基打得深，再加盖两层是没有问题的。"（访谈资料8）②

---

① 访谈资料来源：2011年9月20日上午（8:30—10:00），于S社区项村村民小组办公室。原村长和生产队队长都在，大家都不忙，因此有时间聊了许多。

② 访谈资料来源：2012年5月12日（中午）（11:00—12:00），于村旁边的理发店，笔者在理发店里弄头发，他也在弄，闲暇的时候就和他交流起来。他是典型的拆迁户，平日里没事可做，经常来小店里晃悠，经常和店里的人聊他们的生活。

W 社区的村民依靠征地获得的补偿发展了集体经济,老百姓获得了很多的实惠,但村干部回忆说,当时发展的初期还是很艰难的,主要是队上没有启动资金,于是队上领导想了些"钻空子"的做法,使他们有了最初的原始积累。W 社区的原双村生产队队长 ZZY 谈到这件事的时候,总是很感慨自己当时的胆量和做法,他认为要不是有国家征地这个好机会让他们几个村在发展的初期有了原始的资本积累,就不可能有后面的发展,村民们也不可能一家有几套甚至几幢房子。

> 到 1985 年的时候地就被征掉了好多,我们就用征地的这笔钱发展了集体经济,因为当时在建新火车站,我们就依托这里的发展机遇,建起了旅社和停车场,但是投入的资金太多,我们钱不够,咋办呢?这时候我们几个村又想到再让"上面"(政府)的人来征些地,我们有个"老表"(表兄弟)在土地资源局,请他们来征点土地,我们就把 20 多亩土地都给他们征掉,包括现在火车站旁边的一大片地,然后一下子就拨来了 50 多万元钱,包括人员安置费、青苗补偿费、劳动力的安置、养老的安置全在里面了。按照当时国家的规定这个补偿也算是比较合理的,没有多给,我们也没有多要。征了土地后就有钱了,我们又建了几个乡镇企业,像双明饭店、圆通旅社、停车场等,以后队上分红才有钱。每个月的收入也比城市里的人多了去,我们村里许多在外面做活的人,后来听说队上做得好许多人回来上班了。那几年队上确实发展得好。(访谈资料 9)[①]

从上面几村的事例可以看出,农民在失地时也并非只有被动接受这一种选择,他们有的抓住城市发展的大好机遇,利用本村地理位置上的优势变被动为主动,积极地为自身谋发展、谋福利;有的在拆迁之前为自己多谋补偿;有的利用政策上的漏洞,在集体土地上为村民建房,使村民们获得了比征地补偿更高的经济利益。由此可以看出,农民的"理性小农"意识在应对征地拆迁时会驱使他们做出理性选择。上述 W 社区积极主动

[①] 访谈资料来源:2010 年 7 月 20 日下午 3:00—5:00,于 CW 家中,由于是认识的人,所以他们在交谈的时候也不忌讳些什么。

寻求征地途径积累原始资金发展村集体经济、S社区的项村利用政策漏洞盖统建房为村民谋利，北村在拆迁到来之前加紧建房等都是以较小的行为成本获得极大收益的例子，都是失地农民在应对征地拆迁时主动作出的"理性选择"。在城市生活的适应过程中，失地农民原有的惯习也随着场域的变迁而不断形塑，他们游走于城市与乡村之间，并会根据自身利益在各个场域灵活变通地实践各种策略。

（三）群体间利益的冲突行动

场域的变迁，使得资本在不同的利益主体之间重新分配和整合，行动者自然要在各自的场域中获得更多的利益，便不自觉地参与到相关利益的争夺过程中，在这个过程中矛盾便不可避免。而惯习生成的各种行动策略便也在实践中开始发挥作用。如在土地征用、房屋拆迁以及安置补偿的过程中主要表现为失地农民与基层政权组织、房地产商以及物管公司之间的矛盾带有了各自的利益所需。奥尔森指出：除非一个群体中人数相当少，或者除非存在着强制或其他某种特别手段，促使个人成为他们共同利益行动，否则理性的、寻求自身利益的个人将不会成为实现他们共同的或群体的利益，而采取行动。[①] 群体理论也认为：具有共同利益的个人会自愿地为促进他们的共同利益而行动（Bentlety，1949；Truman，1958），由此可以看出，失地农民这个特殊的群体在特殊的时候由于共同的利益，往往会结成共同的联盟去努力争取自身的权益，而这样的"结盟"相比个人行为更有力量，也更有效果，即使出现失败对于个人的损害也是很小的。出于这样的逻辑，才能够说明失地农民群体性行为随着近几年来城市化的发展越来越多的原因。

1. S社区关于征地和拆迁的冲突

S社区出现的矛盾和冲突主要体现在征地和拆迁过程中，与他们产生矛盾的主要是基层政权组织。基层政权组织是农村最基层的管理机构，包括村委会、生产小组，以及相应的管理人员。在房屋拆迁过程中，当国家和农民关系处理得好的时候，经济利益资本就得到相互的整合；而处理不好的时候，容易出现农民对基层政府的不满甚至怨恨，最

[①]〔美〕曼瑟尔·奥尔森：《集体行动的逻辑》，格致出版社、上海三联书店、上海人民出版社1995年版，第36页。

后影响村民对政府的信任。这样的事情在 S 社区的几个村民小组中都发生过。

（1）S 社区关于房屋拆迁的矛盾

S 社区的北村，由于政府统一规划，要将土地卖给房地产商，作为商业住宅区进行开发，村民的住房（包括老村和新村）都被纳入拆迁范围。但是，村民们认为把老村和新村同时拆迁掉，他们就没有地方住了。因此，他们对这种拆迁意见很大。他们认为问题的关键是村里的干部没有为他们着想，为了自己的利益把村民"出卖"给了房地产商。几位老奶奶愤愤不平地说：

> 小姑娘啊，你来晚了，你要早来一两个月的话，也许就能看到好多东西，现在大局已经定了，我们被逼着离开，很不情愿啊！这些房子是祖祖辈辈遗留下来的，你说城市人他祖祖辈辈没有留下来什么？有钱的人就把钱遗留给子孙，像我们这样老农民没有钱就留房子、土地，一代一代传下来，现在被征掉，就什么都没有了。以前队上还分点钱，过年的时候用用，现在也没有了，去年到今年就都没有分，全部都被队上的那些领导弄去了，现在这些人躲起来，见都见不到。
>
> 村里的村民对他们很不满意，吵着去要钱，办事处早上还可以找到他们，下午就找不到了，这些当官的，一村子的人都咒骂他们。本来我们这个村是不在城中村改造范围之内的，是这些村干部把房地产公司找来改造的，上面都下来人要审查了，说是不拆，但他们又把房地产公司找过来，不就是为了捞油水，拆迁掉么，开发商就给他们好多钱呢，本来只说拆老村，新村不拆，现在新村老村都一起拆了，像隔壁那几个村都是只拆老村不拆新村，现在人家就有房子住。
>
> 他们是图我们的土地宽敞，每个巷道有 7 米宽，房子小，层数矮，好拆，好盖，好赚钱。我们当时是一个村子都反对，但没有办法，硬是要拆。队上当官的不会为百姓着想，他们只是管在位三年捞够油水，就只管自己赚钱，什么也不管。老大爷们到区上去反映，人家区上的人说我们村的房子本来不在城中村改造的范围内，是我们村里当官的要求这样做的。你说说，还有这种帮着外人来整村里人的

人,真是良心被狗吃了!(访谈资料10)①

老奶奶们的话反映出了村民和村干部之间的矛盾和纠葛,即使作为一个外人,不了解事件的真实情况,但也能切实感受到村民们对村干部的强烈不满。他们认为自己房屋的利益被村干部霸占了,因此和村干部之间产生了矛盾,爆发了冲突。同时,村民不甘心自己的利益被别人抢走,想方设法找村干部理论并向上级部门反映,试图通过这些途径挽回自身的损失,但收效甚微,于是心理的被剥夺感强烈,从而越发加剧了村民对村干部的不满。村民们的这种不满原本是针对村干部个别人的,但由于在村民的心目中,这"个别人"代表的是国家和政府,加上到上级部门反映相关问题也得不到满意的答复,于是这种不满就逐渐变成了村民对政府的不信任和不满。

(2) 为了共同的利益——S社区集体行动的表达

在征地拆迁过程中,如果失地农民的利益不能通过正常、合理的途径得到满足的话,他们也会采取一些过激的方式进行对抗,试图以此方式获取对自身经济利益的最大诉求。学者李培林说:"农民的经济理性一旦爆发,其结果又往往令人始料不及。"② 面对巨大的收益预期,农民哪怕付出巨大的成本往往也愿意选择更加有效的方式来表达群体诉求。我们经常看到的集体上访、群体性事件以及其他一些恶性事件的发生是有其特殊利益诉求的。而这种需要付出巨大成本的行为的后果往往又是两个极端:要么取得完全成功,从而获得最大的利益诉求;要么彻底失败,成为利益的受损者,并为自己的行为造成的后果埋单。应该来讲,在失地农民表达自身的利益诉求时,他们是有所选择的,不到最后他们是不会贸然采取诸如对抗这样成本巨大的行为的。但一旦他们这样做了,那他们也是最坚决的一个群体。

以下为一个群体事件的经过。

2011年1月2日,S社区北村三小组200多名村民聚集到回迁房

---

① 访谈资料来源:2011年10月20日上午(10:00—12:00),于S社区北村,该村正在拆迁,走进村子已经没有多少人,只有少数几个人在嘀嘀咕咕议论着一些事情,几位大妈见到谁都要表达一下自己的不满。

② 李培林:《村落的终结:羊城村的故事》,商务印书馆2010年版,第62页。

建筑工地，其中6名村民爬上塔吊，使施工工地被迫停止施工。为了防止发生意外，派出所民警和驻地武警也赶到现场维持秩序。下午5时左右，又有村里的6名妇女爬上塔吊。下午5时半左右，街道办事处党工委副书记来到现场，对村民进行劝说，并提议到办事处去协商解决，但遭到村民的反对。

村民们说，他们之所以聚集到工地，是因为2011年12月中旬收到一份公告，内容是关于村小组集体土地被征用的实际面积与赔偿金额的，公告中说村里原已办证的土地为57.361亩，地产公司前期预付款为1590.98万元。但村民们不认可公告中的土地面积，因为2009年11月，北村与房屋拆迁公司签订的土地征收补偿协议中明明写着"已经取得国有土地使用权证的土地为59.25亩"。而两年之后，经过两个测绘公司的测量后变成57.361亩，相差1.889亩。也就是说少了近200万的面积差价。而更让人气愤的是村小组的领导竟然瞒着村民签署了协议，让村民们损失了近200万元的土地收益。而且事情过去这么久，村民也未得到任何补偿。村民们说，他们已经去过村小组要说法，但村干部不理他们，所以他们才聚集到工地来的，他们也是没有办法才这么做的。[①]

S社区北村的这一群体性事件主要是由村里土地的处置问题引起的，村民们认为村干部有意隐瞒事实，并且和开发商相互勾结，侵占了本该属于他们的利益而产生了纠纷。从原因上看，是围绕土地、房屋以及相关利益的争夺而展开的，而事实上，在目前涉及失地农民的群体性事件中，大多数都是由集体土地利益分割不公引起的。这说明在由村民小组向居民小组转变的过程中，集体经济利益若得不到妥善解决，就会引起矛盾，并成为社会稳定的隐患。另外，村民们的不满也由单纯地针对拆迁企业或地产企业转而针对法院和政府的不满和不信任，甚至对社会公平产生了怀疑，这进一步增加了他们的相对剥夺感。而社区居民们似乎也养成了群体聚集的习惯，一有问题马上聚集，社区居民变得零容忍、易冲动，他们自称是

---

① 资料来源：2011年1月12日，云南电视台：《都市条形码》新闻报道整理的部分内容。

被一步步"逼"成这样的。① 也许在村民的想法中，只有群体聚集，形成规模，并且最好由媒体最大限度曝光他们，他们的利益诉求才会受到关注，才会最终得到解决。

面对出现的问题，村民们选择不同的方式来维权并在其中获得更多的利益，这对于任何一个有思维能力的人来说都是一种必然。但上述事件中，村民们所采取的做法显然是一种不理智的、过激的手段，爬上塔吊，试图以生命的代价获取利益诉求的渠道显然是不可取的，也不得不说是一种悲哀。难道他们没有其他正当的途径比如法律诉讼来解决问题吗？这其中可能有村民文化知识水平低，法律意识淡薄，但更关键的问题是正当的途径若能解决又何必自找苦吃呢？按照村民的说法，他们也是没有办法才实施这种过激行为的。按照布迪厄的理论，即使是在承认人类行动一般地具有理性化的特征时，也必须看到理性化本身，并不是永远采取理性化的形式；② 在布迪厄看来，理性化的人类行动，越是采取与理性化相反的曲折形式，其理性化的程度就越高；反之，越采取表面的非理性的形式，越可以达到单纯理性化所可能达不到的目的。这就是说，在各种场域中的行动，生动地表现了这样一种逻辑：场域中的行动越是理性化，取得的结果未必好；而越采取非理性化的途径和形式，越隐含着非理性的，甚至反理性的形式越能取得更理想的效果。失地农民的这些群体性事件可能表现出来的也就是这样的一种诡异，我们表面上看到的合理化的途径未必能达到他们理性化的需求，而表面上看似不理性化的行为反而更能引来公众的重视，进而轻松地解决相关问题。当前国内为什么会出现越来越多的群体性事件，究其原因主要就是底层公众不能理性地反映自己的诉求，所谓上访无门、管理无人、控诉无回应，进而不得不采取一些非理性的行为，如聚众静坐、"钉子户"或者自残等方式试图引起公众的关注，并进一步引起相关部门的重视，希望以此方式使问题按他们希望的方式解决。科塞指出："当冲突持续一段时间，并且当冲突涉及核心价值观时，将从情感上使参与者动员起来，使冲突各方不愿妥协，对彼此会以越来越否定的方式进行思考，冲突会

---

① 张菊枝：《社区冲突的再生产：中国城市治理反思性研究》，中国人民大学博士学位论文，2012年，第108页。

② 高宣扬：《布迪厄的社会理论》，同济大学出版社2004年版，第154页。

越来越具有非现实性，也越来越暴力。"① 因此，解决诸如集体土地利益分割不公等问题引起的群体性事件时，相关部门应该针对各方利益主体的诉求找出问题的实质原因，及时地给予回复处理，并有效平衡好各方利益诉求，减少冲突的过激性，同时不使问题扩大化。

2. W社区关于利益和房屋的矛盾冲突

对于大部分依靠集体经济生存和生活的村民来说，集体经济就是他们生存的命脉，因此对改制社区集体经济的妥善处理是关乎村民利益的一个大问题。但这其中涉及的利益和关系又非常的复杂和多变。

（1）集体企业经济中的矛盾

W社区下面的几个村民小组都存在这样的问题，特别是双村村民小组，他们的矛盾比起其他小组更复杂更棘手。该村民小组前任领导因为集体资产的处理不当，被村民赶下台，并一直受到村民的起诉，村民认为他私自变卖集体资产，侵占了村集体的利益，造成现在村民没有工资可发，影响了村民的生活。于是村民便经常联合起来去政府和法院状告该领导，但每次都以失败告终。针对这个问题，社区专门派人出面协调解决，并给村里下拨了经费，按照每人每月2420元的工资标准发给村民。但村民们不同意，一来觉得上面拨给的这些补偿太少，二来他们认为是原村领导干了"见不得人的勾当"把集体资产卖掉了，大家一定要把被侵占的利益夺回来。因此村民们如憋着一股气似的和该领导打官司，下决心要告倒他。为了引起上级部门的关注，村里组织村民们去办事处门口静坐，甚至还给参加静坐的村民发补助，可谓是下了大功夫。上星期五的时候，市中级人民法院的判决结果正好下来了，这次村民们又告输了。但村民们还是觉得很不服气，还是要继续上诉。现任村民小组长（ZJJ，男，50岁）说：

> 输的情况我们不止一次了，我们现在唯一做的事情还是要上访，原来的居民小组长把大家集体经济的资产都贱卖了，大家都没有分到多少钱，而且生计维持越来越困难。我们就是要告他，一次不行，两

---

① [美]乔纳森·特纳：《社会学理论的结构》上卷，华夏出版社2001年版，第180页。

次,两次不行三次,直到告倒他为止。(访谈资料11)①

现任小组长说话有些激动,而且从他说话的口气可以看得出这是该村目前矛盾最大的一个问题,它涉及多方面利益的整合,并已经上升为当前社区维稳工作的一个主要问题。这里且不论事实的真相到底是什么,也不去讨论村民的上访与打官司是否合理,单就他们这样无休止地折腾和控诉,也能看出他们对集体经济利益分割问题的重视。从"理性选择"的角度看,亚当·斯密的"经济人假设"以及马克斯·韦伯的"工具理性"都承认个体选择某种行为是有动机的,其动机就是实现成本最小化和收益最大化。因此,对于W社区双村的失地农民而言,换村干部、不断上访、抗争、起诉这些方式,哪怕只能挽回一点点的损失,他们也要去尝试。从惯习适应的角度上看,失去土地已经让他们失去了赖以生存的资本,而失去集体经济势必会影响到他们生计的根本,在没有别的出路选择的时候,这些失地农民只能全力奋起维护自身的利益。所以说,村民们利用多种手段试图夺回原本属于他们的利益是完全可以理解的,尽管在这一过程中,他们显得非常的被动和渺小,但他们的选择是完全合乎理性的,这种理性在于:在既得利益的情况下,要获得利益的最大化,就要不断地通过各种手段争取。

这里不去讨论双村村民小组的问题是不是因为村干部的"贪污"造成的,但目前该社区村集体经济的发展已走入一个"瓶颈"却是不争的事实,这也是目前昆明市许多村集体经济面临的普遍问题。W社区的工作人员认为双村村民小组发生的冲突涉及多方面原因,其中的利益关系和矛盾很复杂。但城市区域功能的重新规划引起该村集体经济走向衰落,致使村集体发不出工资是一个非常重要的因素。社区主任(LY,女,45岁)说:

> 其实我们社区下面的居民小组集体经济发展主要是政府推进城市化建设带来的问题。上面一会儿说拆这里,一会儿说拆那里的。本来

---

① 访谈资料来源:2012年3月12日上午(9:30—11:30),于村民小组集体经济所在的商场里,他能当选村民代表的主要原因是上过高中,相比同乡人,知识文化水平还算高些,写过村志,参与过大家的群体性行动,因此很受大家的推崇。

上面说这些商场、旅社还有饭店都要拆掉,于是村上就不再出租商铺,村民就没有了工资收入,就开始闹起来了。但后来又没有动静了,有些商家不愿意走,就留在这里,继续租用商铺,村上就又开始发钱。政府一会儿说关,一会儿说不关,村里就一会儿发钱,一会儿不发钱。但农民不知道情况,时时跑到队上去要钱,认为是队上的人拿了好处,事实上我们也不好辨别,而问题的关键主要是老百姓不了解当前的形势,分不到钱了就直接把矛盾指向队上的干部和管事的人,这也是不对的。

现在你说全部靠集体收入已经不现实了,集体经济已经削弱了。但农民的传统思维还认为只要村集体在,他还是要依靠集体,这样的想法是应该改改了。我们这里陆陆续续都有征地,大部分集体资产已经不复存在了。我们社区的这6个居民小组的集体经济发展到现在都在淡化或弱化,等到下一步国家集体经济全部解体后,以后就全部社会化管理,那这些矛盾要好解决一些。(访谈材料12)①

集体经济是一个时代发展的历史产物,它在发展的鼎盛时期确实为农民带来了很多经济利益和好处,但也将随着时代的发展而逐渐衰弱和消失。因此,当地农民的发展不能仅仅抓着这棵"救命稻草"不放,不应该一味地去抱怨、静坐,而应该在新的市场竞争中重新寻找自己的定位,寻求其他可行的发展渠道,这样才能在城市化发展以及市场竞争中得以生存。

(2) 回迁生活中的矛盾与彷徨——与房地产公司之间的博弈

经济场域中的行为,势必要和各个方面的群体发生利益纠葛和往来,失地农民除了和国家之间有利益博弈以外,和企业之间也存在着矛盾,也会发生冲突,尤其在房屋拆迁、建设过程中,矛盾还可能会进一步激化。2008年,W社区的南村和中村两个村开始实施旧城改造,对村民实行就地回迁的方式安置。但从2008年开始拆迁到现在(2013年),近五年时间过去了,回迁房还没建好,村民们对此非常着急。现在村民们最期盼的就是回迁房能尽快建好,能住进属于自己的房屋里,他们不愿意再经受这样的折腾。

---

① 访谈资料来源:2012年7月20日下午(14:00—17:00),于社区居委会办公室,LY很热情,当天下午事情不多,聊了不少内容。

中村居民小组负责人（LYR，女，30岁）说："现在我们都是失地了，我们房子都被拆掉了，就等着回迁。当时，我们的房子都是自筹自建，现在响应政府号召改造旧城环境，拆房子的时候我们村百分之九十多的村民都很拥护。2008年开始拆，当时正好碰上市政府城中村规划的启动仪式，市委书记还来为我们村剪彩。但是现在问题还是有点多，政府相关的政策没有批，开发商又要有政策扶持才会动，说白了就是要有获利才会去做，政策不下来开发商也动不了，你能看得见白纸黑字的东西啊。现在我们村的2栋房子，一栋已经盖好了，另一栋正在盖着，就一直等政府的政策，迟迟未建起，开发商急，村民也急。现在也没有办法增加，因为按照施工合同，若施工期超过两年就会增加过渡费，但是这个协议一直没有办下来，没有依据也就没有增加过渡费用。

说实话，从2008年到现在5年时间物价已经翻了几番了，我们的过渡费是10元每平方米，我们也希望涨，但是协议签在那里，我们也没有办法。没有想到后面物价会涨到这么高。而且我们也没有想到时间会拖这么长。我们也不希望政府要做什么，只是觉得应该为我们多考虑一下。你既然要让我们拆迁了，至少多多少少给我们一些政策，尽快给我们弄弄，好回迁回去。现在主要的问题是工程时间拖得太长，我们都等不住了，老百姓整天说：'哦，这房子盖是见盖了（"已经开始盖了"的意思），多阵（什么时候）会盖好啊？'因为我们当时房子拆迁的时候将近停了一年多后才正式动工。那个时候拆房子也是受阻，拆完了动工，情况也是比较复杂，周边也有一些倒闭的厂矿，又和他们交涉，工作推进了以后，盖着盖着的时候，突然说飞机场还没有搬，房子超高了又喊我们停掉，没有办法只能停掉，又是半年的时间过去了。后来飞机场搬走了，又开始建。嗨，你说政府说给我们整，那就讲好了。现在打一枪，换一炮的，弄得我们老百姓心慌慌的。而且2008年以前什么事情也没有出现，2008年以后，什么物价了什么的统统都涨价起来了。我们真是没有想到会有这么大的变化。"（访谈材料13）[①]

[①] 访谈资料来源：2012年7月20日下午（14:00—17:00），于社区居委会办公室，LYR很直爽，因为做基层社区工作，对大大小小的事务都很熟悉，很有自己的一些想法。

谈话中能听出村民是非常希望早日回迁的，因为日益上涨的物价已经让他们不堪承受。但是房子迟迟建不好，对此，他们很有怨言。他们对政府抱有很大的期望，因为他们希望能通过政府与房地产商之间的协调获得更多的利益和好处，例如房价的优惠和水电的优惠，但是对这些优惠政策，政府迟迟未见出台，开发商也不好做，三方的利益就此僵持着。

从这里可以看出失地农民、政府和开发商三者在处理问题上的微妙关系，政府在有求于村民，希望村民尽快搬迁的时候，会向村民满口的应诺。而一旦村民签署了协议并搬出住房后，再有求于政府的时候却迟迟得不到回应。开发商则正好以没有政府的文件为借口拖延工期。三方利益群体为了自身的利益而权衡着，形成了三者之间的僵持，要么政府答应回迁村民的条件，要么村民放弃诉求早日回迁，要么开发商抛开利益关系尽快建好回迁房，但这对于每个利益主体来说都是很难做到的。W社区中村居民小组的村民LYR继续说：

> 当时我们参加旧城改造就是提出了三个要求：第一，房子必须是国有产权；第二是就地回迁，因为大家都是在那块土地上生活，习惯了这里的环境，去别的地方是接受不了的。第三是要求政府给些优惠政策，比如回迁的房屋能免几年的物管费用。以前办房产证的时候没有想到要白纸黑字落上红章，先前没有想到说去走走关系么把我的实际房屋面积的证办下来。通过房屋拆迁这件事，大家又学会一点了，就是要白纸上落黑字才能算数。所以我们提出的一点就是产权证必须是国有的，现在大家都有这个意识了。（访谈材料14）[①]

可以看出，在房屋拆迁过程中，失地农民的行为是经过理性思考以后做出的选择。如所调查的W社区的失地农民，他们90%以上的人同意房屋拆迁，因为他们看到了房屋建成后的价值，一是能变成真正意义上的产权房，二是自家多余的回迁房可以为他们带来更多的经济收益。作为一个

[①] 访谈资料来源：2012年7月20日下午（14:00—17:00），于社区居委会办公室，LYR很直爽，因为做基层社区工作，对大大小小的事务都很熟悉，很有自己的一些想法。

经济理性人，在这些关乎切身利益的方面，他们都有自己的小算盘：除了拆迁应得的回迁房补偿外，还可以和政府"讨价还价"，获得一些购房政策上的优惠或扶持。在拆迁过程中，村民们都很清楚自己手里握着的筹码的分量，他们联合起来向政府和开发商提条件，尽最大可能地满足自己的利益需求。

当然，这背后也许还有一些藏得更深的利益关系。在所调查的整个昆明市的住房回迁问题上，回迁房建设被推延的现象比较普遍，如昆明市中心的莲花池片区，2006年就已经开始动工，但一直到2013年城中村的村民还一直没有回迁，这个问题经多家的新闻媒体曝光后也一直未得到妥善解决。这主要涉及房地产商资金链的问题，以及政府的审核问题等多种复杂因素，这里就不做讨论了。只是应该指出，不管这背后涉及多少利益纠葛，但失地农民还是一个受影响很大的群体，他们一无住所，二无收入，再这样耗下去，生活将会变得异常艰难。

另外，房屋的结构和质量等问题也是容易引起回迁业主与房地产商之间矛盾的原因。W社区在小区建成之前就和房地产开发商起过争执，几个业主还跑到售楼部拉起横幅、贴出标语和房地产商进行着"沉默的对抗"。为此，本调查还专门对他们进行了访谈，村民们这个时候就是要造势，所以非常乐意外界有人来倾听他们的声音。中村一位大姐（SLH，女，40岁）生气地说：

> 我们原来要求就是两室一厅，家家的问卷都拿上去了，但建的时候就变掉了，八九十平方米的也是一室一厅，单身的也就不管了，你说家家都有老有小，你说怎么住呢？房子建好了，就叫我们去选房，强行要我们去选，还打电话来威胁我们，完全没有商量的余地，原来只盖4栋房子的，现在他们又多盖出两栋来，就像插筷子一样的，一点绿化都没有，采光什么的就更不要提了，高点的还有点，矮的就是直接没有采光，而且安全隐患又大，那个阳台离得那么近，谁家炒菜盐巴、辣椒不够可以伸手到别人家去拿，翻个身就可以过去，这叫人怎么住啊？你说给孩子弄个高低床吗？两口子睡下面，孩子睡上面？不合道理啊！嗨，我们这些农民的意识敌不过这些人（开发商），都没有想到留点什么证据。全被他们忽悠了。房子户型设计好也不拿给老百姓看看，哗啦哗啦就盖起来了，现在强行叫我们接房，你说哪个

受得了?(访谈材料15)①

  大姐还说前几天他们专门去房地产公司闹事,村里组织了近百人的队伍,拉着横幅,写着大标语,一直闹了好几天,最终房地产开发商答应每平方米补偿500元的建筑损失费,平均每户补偿了4万—5万元的损失费,整件事情才得以平息。但是,整个回迁房从建盖到回迁的过程,却非常不顺利,整个过程涉及多个利益群体的参与与博弈,看似只有失地回迁住户与房地产商之间的利益矛盾,实际上在这背后,政府无时无刻不被牵扯进来。在这三个利益主体中,政府一方具有主动和主导权,开发商会选择趋利避害,而失地农民利益的选择有些被动,受损也较多,他们不能主导房屋拆迁,对自己的房屋结构也没有话语权,他们并没有以失地、失房的代价换来他们自己愿意得到的利益甚至是合理的诉求。因此他们的处境是最被动的,他们有时候还需要采取一些过激的手段才能获得自己的利益诉求。这件事情也反映出失地农民对于合法权益的渴求和他们自身能力的弱小,当他们的合法权益无法得到维护而导致自身利益受到侵害,并且又找不到诉求途径的时候,他们就会选择非理性的极端的反抗行为,成为社会不安定的隐患。

  3. Z社区失地农民与物管公司之间的利益博弈

  Z社区自从搬进回迁房小区以后,失地农民和物管之间矛盾连连。在这些失地农民的意识里,自己的房屋自己管就可以了,但现在的房屋还要别人来管,并且还要自己出钱,出钱也算了,但每个月的物管费用还不少,这一点他们觉得有点难以接受。自己的房子反而不自由了。

>   社区的一位大爷(WCY,男,65岁)说:"我们这里的物管收费很高,实际没有多少享受,还常常欺骗我们。上次房子拆迁的时候,叫我们交1000元钱,说是押金,不让我们随便拆房子,结果房子搬迁进来后说什么水表电表要扣,最后每家只返回了200—300元,真是气愤,他们把这笔钱吃掉了。我们400多户,差不多交了40多万,他们把这钱拿去,利息都不知道吃了多少,我们的房子拆迁关他

---

① 访谈资料来源:2012年7月25日上午(10:00—11:00),于房地产营销部门前。当天100多位村民正在房地产公司前静坐,拉着横幅,说一些房地产公司"不讲信用""无良地产商"的话。只要见到有关注的人都会上前原原本本地把事情表达出来,他们很希望能引起社会各界人士的注意。

们什么事情?结果拆迁的门锁也不知道被他们弄到什么地方去了,不给我们自己处理,还倒扣我们的钱,你说合理不?嗨,我们不懂文化,不知道怎么去维护我们自己的权利。

房子是丑(差)的,当时要房子的时候是4000元/平方米。我们村有的人要了钱,又重新在外面买了房子,余下的几十万作为生活费。现在住的小区,物管很贵,还有每年的垃圾清运费145元、电梯维修费300元,每年都要交,现在的电梯经常坏,经常有人家装修房子,搬沙灰啊、水泥啊经常把电梯弄坏,坏了以后三十几层楼上上下下累死人;我们小区绿化也是很差,我们这里基本没有什么绿化,上头检查的时候就在地上铺上一小层草,等走掉后就铲掉了,作为停车的地方。小区停车的地方很少,一停物管就来和你收钱了,半个钟头要3元钱,超过了还要再追加,自家的车子停在自家小区还给别人来收费,不合理嘛!"(访谈材料16)①

失地农民以前住自家的房子,独门独栋,从来没有和物业有什么来往。进城安家后,就那么点房子,有人不请自来帮他们打理,也没有做些什么事情,但还来要钱,要的还不少,农民自然有意见,"我又没有要你的服务,凭什么要给你钱"?这样的简单、明了、朴素的逻辑,农民心里是一清二楚的。村民说,由于房地产公司没有给他们建休闲活动的空间,他们便经常自发到小区对面的河边"玩"。他们是这么想的:既然你公司不给我们配备相关的休闲设施,那我们也不让你的环境优美,我们每天去河边晒太阳、娱乐,让你想管我也管不着。而更让人不可思议的是小区里边没有厕所,上厕所要坐电梯上几十层楼回家解决,很麻烦,而且电梯常常要等,非常费时,所以他们只能就地解决了,他们认为他们这么做也是无奈之举。可以看得出来,回迁村民对房地产公司和物管公司心存芥蒂,有些问题自己说了也没有用,不如自己想办法,虽然物管明文规定应注意的行为规范:让小区居民不要在河边活动,不要随地大小便,但村民就是要对着干,"你不让我好过,我也不让你好过",依然我行我素,而物管久而久之也就懒得去管了,村民们谈起这个事来还颇有点成就感。

---

① 访谈资料来源:2012年10月12日(下午3:00—6:00),于Z社区花园,访谈的时候老人一个人在小区散步。

业主和物管之间的矛盾由来已久。一方面，小区业主认为物管不是他们自己选择进来的公司，是房地产公司配套进来的，所以他们认为两家公司就是一伙的，而且物管收费又那么高，服务的项目又不多，所以让村民们很不满。但也深知这是没有办法改变的事实，于是便以自己的方式去和物管斗争，"你管你的，我自己做自己的事情"。只要不做违法的事情，我还是要给你添点"堵"（随地小便之类的事情，屡禁不止，这让物管很头痛）；另一方面，村民们即使回迁到小区，变成了业主身份，但他们自身权益的维护还是没有进一步体现出来，用他们自己的话来形容是"出钱买不自在"。当然，也许他们才跨入城市生活的大门，还不太懂得去社区维权，因此就和物管玩一些他们自认为解恨的小把戏，这其实也体现了他们的无奈。

事实上当失地农民群体"被请进"小区生活以后，他们在生活中的矛盾也会和城市人一样不可避免地出现，甚至会激化为城市社区的冲突。随着居住环境的转移，失地农民所面对的矛盾也变成了城市小区里经常出现的矛盾，这是发展的一个必然，也表明这类群体在不断地向城市人靠近，当他们和城市人关注的问题一样的时候，就会发现，他们和城市人的距离已经越来越近了。

4. 失地农民群体性事件背后的原因

在瞬息万变的当今社会，各种利益主体都在不断加强自身的影响力，同时又力图制约、削弱甚至对抗其他主体的影响力，以此为自身争取更多的资本和利益，这些都是不同利益主体之间的相互博弈。布迪厄的理论也承认资本和场域之间的关系是一直存在的，各种资本可以以不同的利益关系出现。同时这也伴随着惯习的主观性而起作用。惯习的变动，直接诱发了各类资本的分化重组和权力结构的变迁，反过来，这种重组和变迁又成为惯习行动的内在源泉。失地农民的这些群体性事件表现出来的也就是这样的一种诡异，我们表面上看到的合理化的途径未必能达到他们理性化的需求，而表面上看似不理性化的行为反而更能引来公众的重视，进而轻松地解决相关问题。当前国内为什么会出现越来越多的群体性事件？主要有以下一些原因。

（1）公众不能畅通表达自己的诉求

公众自身诉求不能通过一些信息渠道和政策渠道加以表达，尤其是底层公众没有多少权利和实力，他们的利益往往不被重视。正如失地农民，不能理性地反映自己的诉求，所谓上访无门、管理无人、控诉无回应，进而不得不采取一些非理性的行为如聚众静坐、"钉子户"或者自残等行为试图引起公众的关注，并进一步引起相关部门的重视，希望以此方式使问题按他们希望的方式解决。科塞指出："当冲突持续一段时间，并且当冲突涉及核心价值观，将从情感上使参与者动员起来，使冲突各方不愿妥协，对彼此会以越来越否定的方式进行思考，冲突会越来越具有非现实性，也越来越暴力。"[①] 因此，解决诸如集体土地利益分割不公等问题引起的群体性事件时，相关部门应该针对各方利益主体的诉求找出问题的实质原因，及时地给予回复处理，并有效平衡好各方利益诉求，减少冲突的过激性，同时不使问题扩大化。

（2）社会转型过程中冲突的集中体现

当前，中国社会处于转型过程中，由市场经济带来的各种经济利益的矛盾和冲突日益明显，失地农民群体性问题是城市化发展过程中的一个产物，其中暴露出制度的不完善、相关政策不能适应当前的形势，以及在拆迁、安置、建房等过程中多方经济利益的博弈。不论是和国家基层政权、村级干部还是和房地产商、物管公司之间，只要有经济利益，就存在着争夺和转化。在这一过程中，失地农民处于一个被动的地位，在不同利益群体的矛盾冲突中，他们往往是处于下风的。他们的利益总体是受损的，资本是被掠夺的，他们以土地付出的代价并没有换来对等的利益。

另外随着城市化的发展，农民要向市民化转型，原来的经济、政治、文化等体制已经不适应当前的发展。在经济方面，原来以村为单位的集体经济模式已经不适应市场的需求，需要在更合理的配置状况中转型；在社会治理的政治方面，村小组为单位的"村民社区"要逐渐转变为城市化的居民社区，民众参与比先前更加积极；在文化方面，需要改变原来传统的小农思维，取代以更加理性、更加世俗化的城市价值观。

（3）对当前社会现象产生的逆反心理

在社会转型和经济转轨过程中，确实存在着一些不符合民意的腐败现象和官僚作风，一些基层干部在经济利益面前迷失自己，做出种种损人利己的行为，他们做事的方式简单粗暴，使群众不信任他们，产生逆反心理，加剧彼此间的矛盾，使得本来可以依靠法律和正常渠道才能解决的问题变成了各种突发性群体性事件。

---

① ［美］乔纳森·特纳：《社会学理论的结构》上卷，华夏出版社2001年版，第180页。

另外，不少群众由于对基层党组织缺乏信任，误以为有了问题找更高部门，"告御状"最好，形成了"大闹大解决，小闹小解决，不闹不解决"的思维模式，实际上不利于他们问题的解决，有些时候适得其反。

（4）失地农民的维权意识淡薄

在我们的调查中发现，许多失地农民的权益意识淡薄，不懂得用法律手段维护自身的权益。S 社区和 W 社区几个村的村民只知道一味埋怨村长或者管理者侵吞了集体的财产，但告到法院又缺乏相应的证据，因此每次上诉都不成功，浪费了极大的财力和物力；Z 社区在和开发商、物管公司"斗智斗勇"的过程中终还是被对方"钻了空子"，法律求助无依据，便只得以"集体行动"引起社会、政府的关注，以走"公众路线"来博得"利益"。综合来看，都是村民自身法律意识淡薄，不懂得维护自身利益所导致的。而进一步分析，这也是农民自身文化素质低吃的亏。法律保护大众的合法权益，但对于这些不懂法的"弱势群体"是否能适当倾斜和保护一下呢？

因此，解决的对策还是应该从两个方面入手：第一，宏观政策上做好相关制度的安排，如合理提升土地的补偿标准，完善相应的法律规章，健全社会保障；第二，农民自身要努力提升文化素质，增强法律意识，懂得用各种手段维护好自己的权益。但总的来说，失地农民在征地拆迁以及回迁的过程中始终是处于被动的地位，在不同利益群体的矛盾冲突中，他们往往是处于下风的。不论是和国家基层政权之间，还是和房地产商、物管公司之间，只要有经济利益，就存在着争夺和转化。在这一过程中，失地农民的利益总体是受损的，资本还是相对被掠夺的，他们以土地的代价并没有换来对等的利益。学者路小昆曾说过，让失地农民尽快融入城市社会生活，不是用行政的手段收走他们的土地，就能实现市民化，而是要保护他们种种由于被剥夺和损害的利益，并实现农民以出让土地为代价的利益形式的转换，让他们有实力去完成市民化的选择。[①] 也许这是一种乐观的看法，有一定的道理，希望未来真能这样。城市化的道路未必像想象中的那么好走，这是一条充满代价的、漫长的取舍之路。

二　经济生活场域变迁中的行为选择

诺贝尔经济学奖获得者舒尔茨（T. W. Schultz）认为全世界的农民在

---

① 路小昆：《徘徊在城市边缘》，四川人民出版社 2009 年版，第 122 页。

处理成本、报酬和风险时是进行计算的经济人（舒尔茨，1986：428）。波普金（S. Popkin）在他的《理性小农》一书中分析了小农的政治行为，认为小农简直就可以比拟为一个"公司"的投资者，他们的行动选择，完全是在权衡各种利弊之后为追求利益最大化做出的。可见持"理性小农"观点的学者都认为小农有着"利益最大化"的评判。虽然失地农民已经不是农民的身份，但是他们骨子里的小农思想在一定程度上还没有改变，在日常的社会实践中，他们外在的行为确实还保留着"理性小农"的痕迹。尽管已经生活在城市当中，但他们的思维模式和行为策略的选择，自有一套自己的规律。

（一）传统生产方式的转向

农民失去土地，就丧失了土地带给他们的收益，就只能想办法从非农业生产中获取经济收入。根据所调查的情况来看，目前昆明市失地农民获取经济收入的途径主要有以下几种。

1. 房屋的收益取代了土地的收益

主要是说失地农民在失去土地后在自家的自留地上建盖房屋，通过房屋的租金或者变卖房屋的方式获得收入。这种获得收益的方式最实际也最省心，而且收入也不菲，自然成为多数失地农民在转变土地生产方式以后经济来源的首选。S社区村民的收入就主要依靠这种形式。该社区一位老大妈（LSW，女，55岁），由于笔者和她交情也不错，和她聊天的时候她总是半句不离房子：

> 我们家现在有7套房子，都是先前土地被征后我和老伴省吃俭用辛苦劳动建起来的，老房子有3栋，一栋有5、6层，新房子（村里建的统建房）有2套，现在我们把老房子都租出去了，自己建新房，我们也不愿意一户一户地找着租，都是一整栋的租出去，省点心，一栋出租一年的租金有个十来万。过日子靠这房子还算可以。（访谈材料17）①

她很热情，硬拉着要我到她家去玩。进到她家后，的确她家有一大栋

---

① 访谈资料来源：2010年11月20日下午（14:00—17:00），于LSW大妈家，她因为和笔者的朋友认识，所以很热情，也不忌讳说什么，当天下午聊了很多有关她家的情况。

房子，下面三层都是出租给别人住，他们一家人住第4层，房屋很多，也很宽敞，客厅很宽敞，装修也很好，有电视、冰箱、录像机，各种电器都很齐全。她说他们家生活条件还算好，比起以前种田好多了，现在房子也多，收入也不错，但她心里一直惦记着筹划着她家一栋老房子翻新重建的事，她说因为钱一直不够，所以就建建停停，这几年房屋好租，又有些收入，就又继续建，过几个月就能建好。"建好了房子做什么呢？""建好后包出去给别人开旅馆啊""为什么不自己开呢？"她说主要是她们没有这种经营的理念，包出去每年现成地收取租金，又简单又有钱，何乐而不为呢？她说的是有道理的，S社区的项村因为毗邻昆明市的一所高校，村里开了不少旅馆，经营的人多数是外地人，本村人都不想费那么大的心力，出租出去，每年收取固定费用——收收租金或者承包费用，坐享现成，省心省力。

事实上，多数村民选择这样建房出租的收入方式主要有以下两方面的原因：一方面，因为他们确实不擅长经营和管理，也不愿意花更多心思和力气去弄；另一方面，他们更关注于房屋和土地的收益，因为这是农民与生俱来的特征。尽管面前这位只是一位不识字的农村老大妈，但却对房屋的概念异常敏感，她觉得辛苦一辈子就是要攒钱建房子，自己不吃喝也要弄好自家的"房事"。虽然他们家老房和新房有好几栋，足够他们居住和生活，但她还是不满足，她和老伴每天都还在琢磨着如何在自家宅基地多盖些房子，如何将老宅再次翻修……对于这些老人来说房子就是他们的生活，就是全部乐趣所在。

老大妈家和S社区的大多数村民一样，依靠出租房子获得收入。这种方式在所调查的几个社区中非常普遍。农民失地后，面临的首要问题是如何获取相对稳定的经济收入以维持生计。然而对于刚进入城市，对各方面都不熟悉，且除了种地以外，没有其他技能的农民们来说，要找一个合适的工作是非常困难的，最直接、回报最快的方法就是让房屋和土地带来其应有的价值。因此，多数农户家庭在房屋拆迁时更愿意选择用老房面积换取几套回迁房的补偿方式。另外，农民失地后，在相当长一段时间内会有失落感，这种失落感可以通过房屋来转移，通过建房、修房、买房、卖房、租房一系列有关"房子"的关系行动中再次实现资本的获取，并有效转移对于土地依恋的部分情感。因此，村民对于房屋（无论是住了几代人的老宅，还是即将迁入的现代化小区房）也有着和土地一样的情结，这也便是房屋对于失地农民的意义。

可是老大妈也有忧心的事情，他家前前后后一直在建房，并且把大部分钱都投入其中，经济压力非常大，现在她考虑把房子卖出去，但他们自建的房子都是没有正式产权的小产权房，很不容易卖出去，她家的经济压力也日益加重。失地农民建房出租，无可厚非，但不能超出自身的经济能力，否则也会适得其反。另外，"城中村"的存在只是暂时的现象，随着城市化的进一步推进，农民自建的独门独栋的住宅都将面临拆迁或改造，一些村民听说本村要被拆迁的消息后就想方设法地突击建房、加层，试图获取更多的补偿。但随着昆明市第 53 号文件《昆明市主城区集体土地房屋拆迁补偿安置管理办法》①的不断完善，这些违建的和突击新建的部分都不可能达到村民们预期的目的，看来在法律法规日益健全的情况下，农民们的如意算盘也并非想象中那么如意了。因此，为了眼下的生计也为了未来的发展，失地农民应该抛开这种完全以房屋获取收入来源和补偿的唯一经济方式，转而形成多元化的经济生产模式，才能够适应社会的发展，维护好以后的生计。

2. 领取回迁过渡费

回迁过渡费也叫过渡期补助费，是拆迁后政府或开发商给予的临时安置租房费用，按规定周期 18 个月的每平方米 10 元，每 6 个月发一次，超出 18 个月的增加 150%，超出 21 个月的增加 200%。

对于那些房屋被拆正等待回迁的失地农民，在过渡时期他们较为稳定的收入来源就是回迁过渡费（临时安置补助费）。按昆明市相关政策，回迁过渡费为每平方米 10—16 元，根据被拆房屋具体位置不同共分 10、12、14、16 元四个不同档次，距市中心越近，过渡费越高。若回迁房不能按时建设完成，则超期后的过渡费将调高一倍。② W 社区的中村是正在等待回迁的村民小组，目前村民们的收入主要就是靠领取"过渡费"和打零工，这和以前出租房屋的收入相比自然要少些。该社区中一位中年人（ZCX，男，38 岁），他说他家这几年一直靠领取回迁过渡费生活，对于以后要搬入的回迁房小区，他既高兴，又有些忧虑，高兴的自然是能搬进

---

① 该条例规定在 K 市盆地 2920 平方公里的范围内，冻结任何行政主体、行政部门审批宅基地，农村无序建设必须全部停止，土地证、房产证、产权证，另规定了拆迁安置的具体补偿费用标准。

② 信息来源：昆明市第 53 号文件《昆明市主城区集体土地房屋拆迁补偿安置管理办法》。

新房子，忧虑的是回迁后就不能再领取"过渡费"了，他们必须去工作换取收入养活自己和家人。

但过渡费的领取也因人而异，有住房的失地农民过渡费是一笔额外的收入；对于无住房的，这笔钱主要用于租房，余下少部分可以列为收入的一部分，而有的房租太贵的话，那这部分钱基本不能有盈余。实际上，随着物价的不断上涨，过渡费已越来越不能满足回迁户的基本生活了，所以那种依靠领取过渡费生活的想法早已不现实了。

3. 集体经济的收入

村集体经济曾经是昆明市许多城郊接合部的农村和城中村村民们收入的主要来源。有些村的集体经济如 W 社区的小商品批发市场、Z 社区的旧货市场曾经非常红火，不仅让本村村民过上了富裕的生活，还帮助解决了许多城市市民的就业问题。但随着昆明市城市化的进一步推进，城市片区功能的调整，不少村集体经济受到了负面的影响，有些甚至连村民的工资都没有能力发放。

W 社区南村所在的片区曾经是名闻东南亚的小商品批发基地。2009年末，根据昆明市城市片区功能新规划，该片区最大的商品批发市场——螺蛳湾日用品批发市场整体搬迁至昆明市东部新区，这一搬迁直接影响了 W 社区下辖几个村集体经济的发展。社区居民 A（ZYT，男，45 岁）说：

> 要是三环外的商贸城建好，就把本市的批发市场都集中过去了，人气过去了，就影响了我们这边，房子不好租，生意也不好做。（问：现在不是要搞成零售的吗？）它的规划是中高档市场，但还是在建设当中，以后怎么样就不知道了，我们从去年 8 月到现在还没有发过工资……（访谈材料 18）[①]

A 说话的时候心里是很忧郁的，既担心当前的处境，又为未来的不确定性而一筹莫展。应该说当前农村的集体经济收入是转型过程中村民收入的一个重要组成部分，但随着社会经济的发展，村集体经济本身的规模、资金、管理、分配等多方面不利的原因使这些集体经济一些原来掩盖着的

[①] 访谈资料来源：2013 年 1 月 10 日上午（10:00—13:00），于 W 社区商贸城，整个商业区明显人气没有以前好了，访谈对象多少有些失望。

问题集中爆发出来，导致不能适应当前快速多变的经济形势，从而面临着分流、改制、破产等情况。而对于长期依靠集体经济收入的农民来说，这意味着工作的不稳定和收入的减少，尤其对于那些长期过惯了坐享其成的生活的村民，突然减少了收入或是没有了每个月按人头发放的工资，生活便一下子来了个一百八十度的大转变，其影响不亚于失地、失业时候的状态。从布迪厄的理论来看，这是一种经济场域的变迁，其中的个体应该随着场域的变迁做相应的调整，重新获得新惯习，以适应这种变迁。但实际情况并非如此（本书前文"集体经济冲突"有相关论述），这些社区中只有少数人会选择自谋职业，多数人则认为自己领不到工资完全是由于村干部贪污或者管理不善造成的，责任在干部。于是社区居民经常组织起来到政府部门上访，或者到法院起诉以前的干部。这样折腾了几年，也不见有彻底的改善，但这对于他们来说却似乎是乐此不疲的事情，大概这确实是关系到每一位村民的切身利益吧。

4. 自谋发展的其他经济收入

与其他社区的居民依靠出租房屋或者领取过渡费维持生活所需有所不同，Z 社区回迁后失地农民的收入来源就要多样化一些。例如 Z 社区的房屋因为较新，且具有一定档次，经常会成为商家租用写字办公楼的首选，Z 社区的村民会主动采取"租一带一"的方式谋就业。就是除了传统的出租房屋收取租金外，还受人雇用打扫和维护自家出租的房屋。这样一来，受租人很放心房主人的维护，而房东既能收到租金，又能工作拿薪水，解决自己的生计问题，实在是两全其美。当然，Z 社区年轻有文化的村民们也开始尝试着去社会上就业，有的主动到企业里打工，有的利用补偿款干起了个体户，虽然收入不高，但他们依然积极努力地适应着城市的生产方式。

但是总的来说，3 个社区的失地农民的收入都处于一个不稳定的状况，失去土地收入的来源后，长期依靠房屋出租对于多数人来说并不现实，靠外面打工，工资也不高，而且打工的随意性也很大。因此应该多拓展就业的渠道，并积极地提升自身的能力，在城市中谋取一份相对稳定的、收入较好的工作才是长久之计。

（二）日常经济行为中的节俭原则

从农民离开土地的那一刻起，就日渐脱离了土地所带来的资源和利益，脱离土地带来的劳动收入，连以往自给自足的粮食都不得不通过另外的方式来获得，无形中增加了失地农民的生活成本。

一般来说，征地后，农民的日常开支要比以前增加不少，大宗的消费也会呈递增的态势，从不少调查来看，农民在征地前，住得是自己的房子，不用花钱；吃的粮食和蔬菜是自己种的，也不会产生多少的费用；吃的肉、蛋是自家养的，水是自己家挖的井，这种自给自足的生活生产方式，尽管简单，但却从最根本上保障了农民的基本生活所需。但是自从征地以后，农民的花销就不比以前了，对于城市中的失地农民来说，生活成本的增加主要表现在以下几个方面。

1. 基本生活之需的应对

农民变成了市民，在日常生活中，表现为他们日常衣食必需品都需要到市场上购买，以前是自己种粮食和种菜，自己做衣服，现在这些基本的需求都要到市场上去买才能满足，这一部分费用的产生无形中增加了他们的生活成本。S社区项村的王大哥（WXM，男，40岁）对此事深有体会：

> 现在不种田了，而且从土地上获得的最基本的生活保障没有了，你看像以前地里种出来的粮食和菜，我们可以卖钱，而我们日常的吃的也就在里边了，都不用出去买。现在是不一样了，一出门，样样都要钱，家里做饭不够点小葱也要到市场上买，虽然这些菜也就一两元不值几个钱，但你想，买得多了，而且每天都买还是要花费一大笔开销的；再说穿衣，以前是自己买布自己做的，但现在要自己做恐怕都被大家笑话，也要到市场上买，还好媳妇（妻子）会做鞋子，我这鞋子就不用去买，但现在年轻人谁还穿这手工布鞋啊？从长远来看，这笔生活的费用是不可能节省了，虽然征地后我们有了些钱，但也用得快，没有土地的保障，始终是"死水禁不住瓢舀"的（钱禁不住用）。（访谈材料19）[①]

这是城郊接合部失地农民普遍的一个生活特征，自己不能种地就意味着要到市场上去买菜，还要付出更多的钱，生活成本也一下子提高。另

[①] 访谈资料来源：2012年5月16日下午（13:00—16:00），于WXM家门口，该调查对象经常在自家门口晒太阳，对于笔者的访谈很熟悉了。

外,农民没有了土地,就像是武士没有了剑,读书人没有了书一样,总感觉失去了自己生活的意义和价值,变成了一个没有意义的农民,虽然现在已经是城市人,但与生俱来的惯习——勤劳、苦干的特征并没有因此而改变,他们现在时常会在闲适的时光中追忆过去,并在日常买菜的讨价还价中找回一些对生活的记忆,并以此节省点生活成本。

Z社区的几位老奶奶清晨一大早相约去老远的地方买菜,虽然路途遥远,但却乐此不疲。

"附近小区的菜场菜太贵了,在批发市场要便宜一些。"他们中的一位奶奶(WDY,女70岁)把菜篮子往石桌上一放,边择菜边说:"你看这对小白菜我买了1元钱,这把韭菜买了1元,要是到小区附近的江岸市场那就贵了,起码要2—3元钱。没有办法,现在什么都要节俭点,衣服也是穿了几年的衣服了,有时候娃娃(孩子)偶尔会给你买件么穿穿。现在家里洗衣、洗菜都要水,以前我们就在这盘龙江里洗衣、洗菜,不用出钱,现在的江水污染得很,不敢用,自来水费又要收钱,我们不敢多用,都是洗菜水用么拿去冲厕所、抹地、抹灰的。晚上不是天黑看不见的话,我们是不会开灯的。老头子剃头要跑到圆通大桥那边去剃,便宜点,4元钱,不然啊理发店怎么能承受得起?(访谈材料20)[①]

为了节省生活成本,多数失地农民家庭都选择以节俭的行动方式应对,尤其是老年人,哪怕节省家里一滴水、一度电、一粒米都在所不辞,因为在他们看来,在什么都得花钱的日子里,他们力所能及地为家庭减轻负担的事情也就只有这些。

2. 现代化生活之"痛"

农民住进了单元房,与之相应的小区各种费用便随之而来,一下子多出了许多开支,生活成本自然也上升了不少。W社区中村的张大爷(ZWJ,男,60岁)一家几口人,自从房屋被拆迁后就一直在外面小区租

---

① 访谈资料来源:2011年11月30日上午(10:00—12:00),于Z小区门口的小河边,几位老人经常到很远的地方买菜,买回来后常聚在一起一边择菜、挑菜,一边聊天,所以对于调查者她们并不排斥,甚至觉得有人关心她们老年人挺好的。

房子住，他给笔者算了一笔账：

> 现在我们在外面租房子的钱是开发商按 300 平方米，13 元每平方米的价格给你的，一个月就 3000 来元钱。租房子都不够的，在这个小区租房子算是比较贵的，买点菜也很贵。我们和子女都是分开住的，我们现在租的房子有八九十个平方米，差不多 2000 元一个月，用过渡费租房都不够，更不要说生活费了。再加上 360 元每年的有线电视费、物管费，还有日常的生活费，根本就不够用。现在房也不好租，我们还好，这个岁数（60 多岁）还能租到房子，但比我们老点的，上了 70 岁的，是租也租不到的。（为什么？）别人是不愿意租房子给他们的，房主怕出什么事情，我们村死在外面的好几个了，人都没有地方抬。
>
> 再说，房屋建起后我们还是可以回迁过来的，但回迁房还要交一部分费用的。房子建好后都是毛坯房，装修也要花去一大笔钱，起码也得 10 来万吧？要交这样那样的费用，你看还要刨去公摊费：我们 100 平方米刨去 20 来平方米的公摊也就 80 来平方米了。现在的这个小区就是我们以前的土地，这块地以前好得很，我们种谷子、种水稻。以前我们卖土地的时候是 25 万元一亩，后来听说政府卖给开发商 385 万一亩，涨了十多倍啊！你看现在我们又过来租这里的房子，真是不如当年啊！（访谈材料 21）①

大爷说起来也是一脸的无奈，依靠出租房居住、生活不适应不说，费用也是非常高的，仅仅政府补贴的过渡费已经不够日常的开支，也没有其他生活的来源，日子过得非常拮据。尤其是岁数大一些的人，还不一定能租到房屋，即使能租到，也要很高的价格，老年人总是在感叹自己"死了都不能在自己的家"，这样的状况确实让老年人难以接受。

另外，搬迁进回迁新小区的村民生活成本也在不断增加，Z 社区从去年回迁以后，就听到很多人抱怨生活在小区中的生活成本比起以前在城中村生活要高不少。Z 社区一位大叔（ZZY，男，68 岁）很直爽，一来

---

① 访谈资料来源：2011 年 12 月 30 日上午（9:30—11:00），于 W 社区中村楼下的座椅旁边，该访谈者总是一副忧心忡忡的样子。

就说：

> 现在我们住进了城里面的小区，什么都要花钱，就拿物管来说，我们这里交的物管可能是最高的，1.8元每平方米，一套140平方米的房子，每年要交的物管就是4000多，再加上每年的垃圾清运费145元、电梯维修费300元，水电费，起码每个月也要50多吧，这还是便宜点的，算下来，每年就要多交出去6000多的费用，而这笔钱在以前是绝对够我们的生活开支了。
>
> 在以前么，住自己的房子，一年几百块的水电费就够了。我们现在的房子也不太理想，我们虽然现在有两套房子，一套住，一套出租，每个月有一两千元钱的收入，但远远不够用啊。感觉生活费太高了，承当的费用有点吃不消啊。
>
> 以前的日子更好，有房租，队上还有分红，每个月都有固定的收入，而且不低。房屋被拆迁后，没有房租，没有分红，还是有危机感的。以前那个时候家家都有自己盖的房子，一栋一栋的，不用出什么物管费，什么电梯费、垃圾清运费都是很少的钱，我们一年物管、卫生要4000—5000元，等于每个月我们要向物管交400—500元的房租费，那时我们根本就不用交这些钱的。包括水电费摊在这些房租里面就都不用出了。以前我们生活好过的，大家也能吃苦，车子、房子是有的，现在拆迁分了点钱，有些过渡费用，生活也不差，但就是花销比以前多了，心理有点不舒服的。这样比起来，我们还是宁愿选择居住我们以前"城中村"的房子，你看以前，队上还有点土地租给企业，到年底的时候，要分点红给你，相当于自己不用出钱，口袋里还经常有钱装着，现在就不一样了，什么也没有了，很有危机感，袋子里面的钱不见进来了，还要不断地用出去。就好比以前口袋里有1元，现在只有8角钱，什么经济来源也没有了，心里还是很慌的。（访谈材料22）[①]

对刚进入城市的失地农民来说，暂且不论居住在城市里面产生的这些

[①] 访谈资料来源：2011年12月30日上午（9:30—11:00），于Z社区楼下的座椅旁边，该访谈者总是在盘算着生活的花销。

多余费用，单就现代化的日常生活都必须要有一些额外的开支，如子女的教育费、电话通信费、人情往来费都是不小的开支，而且这些开支的数目随着时间的推移还会越来越高。但收入却没有增加，反而增加了许多不确定性，因此，生活成本增加是多数失地农民的现状。

农民变为市民，在许多人眼里是摆脱了原先"面朝黄土背朝天"的苦日子，过上了干净、舒适的生活，但这种生活的背后是抛弃了土地这个最能保障农民生活的"物质基础"，就如无根之水一般，失地后的农民再也不能源源不断地向土地索取了。对这一点，他们心里是非常清楚的，这也意味着他们的花销要比过去的农村生活增加不少，尽管他们有高额的土地、房屋补偿款，但正如老乡说的"死水禁不住瓢舀"，在没有持续开源的支出中，没有经济收入保障的生活，"危机感"也会油然而生，且越来越重。

（三）二元分割下的社会保障

土地是农民的一切，从传统来讲，失去了土地，农民就失去了希望。虽然在征地拆迁时都会对农民实行一次性货币补偿和实物补偿，这些补偿对于失地农民来说在短期内确实是一笔不小的数目，但从长远来看，若没有合理的未来发展的规划，那也迟早会吃光用光。特别是少数失地农民突然拿到几十万甚至上百万的补偿款后，在短时间内便挥霍一空，成了真正的"清白"之人。因此，一方面，应当引导失地农民合理安排补偿款的使用；另一方面，应当让失地农民公平享受城市人的社会保障权利，减轻他们的生活负担，降低生活风险。

1. 养老保险

从目前来看，国家尚未建立起健全的针对失地农民的社会保障机制，而失地农民又不能享受与城市市民同等的社会保障，这无形中加重了失地农民的生活压力。对这点，W社区双村村民小组的TY（女，57岁）说到了养老保险，有她自己的看法：

> 失地农民的养老保险，我们每个月都给他们买的。女的55岁，男的60岁可以享受280元每个月的养老保险。但是和城市里面的人比起来差别就大了，城里面的人一个月1000—2000元，失地农民要交两万几千元，才拿280元一个月的养老金。之前的养老金也只是

190元，后来增加了两回，现在才是280元，额度没有多少的增加，当时有的人差着4—5年，交了2万多元，老的么就是少一些，少的交6840元。交的费用是一大笔，但是领到手的每个月就那么点，真是杯水车薪啊。

以前的老农保，1938年以前出生的才能买，集体承担80元，个人交320元，凑够400元，交给社保，现在他们满60岁的，一年只能拿60—70元钱，分摊下来，每个月合5元多，这5元多，每年要去关上（昆明市的一个地方）领，坐坐公共车，买碗米线吃吃，还要倒贴米线钱。这60多元，一年能做什么呢？现在又说买新农保，一年交100元到1000元不等，真是欺负我们这些农民，老是买些做什么呢？你买十份不如居民买一份，你正儿八经的不会为农民弄一份。最起码以后的养老有一个保障，280元拿着起，够整哪样也认不得（也不知道做什么）。还真是不如吃低保的，可我们还达不到吃社保的那种标准，而且买了这份保险以后就不能买社会保险了（和城市人一样的待遇）。中央说现在社会保险要全部覆盖，你看我们这些人拿5元钱也是覆盖啊，你说说够不够呢？我们觉得有一种上当的感觉。买就要买国家统筹的给职工的这种保险，这种才算好。你说交个10万8万的，往后一个月也能领个1000—2000元钱，以后就跟着社会涨，这种保险虽然费用高，但保障力度大，这是我们最愿意的。（访谈材料23）[①]

昆明市从2007年开始在五华区、富民县、呈贡县先行试点办理被征地人员基本养老保险。2008年5月1日开始在全市实施《昆明市被征地人员基本养老保险办法》。多数失地农民能享受这一政策，但是，由于村民们自身素质及其他各方综合因素所致，参保并不积极，很多符合条件的失地农民一直在观望，他们似乎"并未理解到参保的真正好处"。[②] 对于普遍失地农民来说，与城市人最大的区别就是社会保障没有和城市人实现一致，因此他们对以后的生活充满担忧。政府出台的保障政策对于他们来

[①] 访谈资料来源：2012年2月3日上午（10:30—12:00），该调查对象说话很直白，比喻得很形象，她对社保有自己的看法。

[②] 昆明市农村社会养老保险中心主任赵贤锋语。

说有些微不足道,这使他们对相关社保政策灰心,甚至有些受骗的感觉,以至于到最后再出台什么新的保障政策他们甚至都不愿意去理会,因为他们觉得这些都是大同小异,不能真正从实质上保障他们失地后的生活。从这点上来说,村民采取消极甚至回避的态度来应对政府出台的相关社会保障政策,也是可以理解的。

另外,对于失地农民的参保意愿,受文化程度的限制,多数老年人认为"一次性要我交那么多钱,我又不知道什么时候能享受到福利",更有甚者,家人为其办理养老保险后反而责怪家人不顾其意愿等,这些都不利于失地农民养老保险制度的执行。

2. 医疗保险

按规定,"城中村"的成年居民可根据自身经济收入情况自行选择参加城镇灵活就业人员基本医疗保险,缴费标准以上年度昆明市社会平均工资为缴费基数,按 $10+2\%$ 的比例自行缴纳,每年可享受 19.9 万元(含医疗 4.9 万元,大病保险 15 万元)医疗保险待遇,连续缴费期限为 30 年。达到法定退休年龄,补缴满 30 年后不再缴纳医保费。

同时,根据昆明市人民政府公告第 5 号令《昆明市城镇居民基本医疗保险实施办法》中的参保范围规定,失地居民可参加此保险,其中,少年儿童、学生、低保、重度残疾人和低收入家庭 60 周岁以上的低收入老年人,可本着自愿的原则参加城镇居民基本医疗保险,由中央、省、市、区(县)政府财政补助,个人不缴纳费用。成年非从业居民本着自愿原则凭《失业证》参加城镇居民基本医疗保险,缴费方式以各级政府补助和个人缴费相结合,一年享受医疗待遇为 1.6 万元,患大病者 2 万元。

3. 最低生活保障

昆明市政府明文规定,在城市重建改造范围内的农业人口,在办理完"农转居"手续后,符合办理城市最低生活保障标准的,按照昆明市人民政府令第 54 号《昆明市城市居民最低生活保障实施办法》执行。

总的来说,有关失地农民社会保障的相关规定正在日益完善,并对之有一定的倾斜。在调查过程中,大部分失地农民对于养老保险和医疗保险有相当程度的了解,而对于住房保险、失业保险等则表现出的关注度不太高。多数人对此积极性不高。失地农民消极参与社会保险还主要表现在:第一,对于年轻人而言,他们更多地考虑就业问题,养老对于他们来说是很遥远的事情。再者，一些农民，尤其是年轻群体，对支付保费后不能在短时间内见到效益的保险没有太大的兴趣。第二，宣传不到位，宣传内容太专业，多数人认为看不懂，这让很多失地农民不了解保险的实际功能和作用。[1] 因此，对参保没有积极性，他们并不认为这是政府的一项惠民政策。第三，部分失地农民的经济条件比较困难，因此尽管政府在保费上给予了一定的补助，但由于收入较低，自己承担的那部分保费仍是一笔不小的开销，对于这些家庭来说还是有一定困难的。再者，保费会逐年增加，政府不允许一次性买断，所以在某种程度上打击了他们的积极性，使得这部分失地农民只能望"保"兴叹。

此外，调查中还发现，大部分失地农民均不积极参保，这其中，对于最低生活保障则出现了相反的情况，即部分失地农民并未达到五华区最低生活保障的要求，却想方设法、弄虚作假以获取低保金。

因此，相关部门应该妥善处理失地农民安置问题，在合理补偿失地农民利益的前提下，做好农民的后续安置工作，让他们尽快实现"市民化"的转变。首先，应该完善社会保障机制，老有所养，病有所医，并尽快纳入城市社会保障体系中，解除其后顾之忧；其次，为农民创造可持续发展的空间，如提供多渠道的就业机会，建立专门的职业培训和技能培训，提升其发展空间，并鼓励农民创业，消除心理不安全感。

三 经济场域变迁中的就业行动

马克斯·韦伯认为："职业应该称之为一个人的劳动效益的分类化、专门化和组合。这种分类化、专门化和组合对这个人来说，是持续得到供应和赢利机会的基础。"[2] 因此，一个人的经济收入状况在很大程度上就体现在他们的职业当中。失地农民也不例外，当世代依靠土地生计的农民失去土地，那就意味着失去了传统的就业机会和就业方式。为了获取相对稳定的收入以维持生计，他们必须出去寻找就业机会。这一过程中，他们将面临学历低以及缺乏相关职业技能等困难，而且会与城市原有居民和外

---

[1] 李宾华：《城中村改造后城市边缘弱势群体社会保障路径研究——对昆明市失地农民社会保障现状分析》，《云南大学学报（法学版）》2010年第23卷第5期。

[2] ［德］马克斯·韦伯：《经济与社会》，林荣远译，商务印书馆1997年版，第163页。

来人口形成竞争。于是他们中有些人选择积极面对困难，而有的人却选择消极待业，但无论就业还是待业，都有他们自己的考虑。

（一）积极就业的行动取向

S 社区的三个村民小组，在失地后，村民们就开始积极外出寻找就业机会，或者自谋出路。项村大多数村民的日常收入是房屋出租，但也有少数村民很有经商头脑，他们在原来的自留地上开辟苗圃种植花木，然后外销，生意做得有声有色。S 社区北村的一些村民失地后就用补偿款购买了出租车跑出租，虽然很辛苦，但每月都有稳定的收入，而且除去生活所需的开支后还有很大的结余，他们的生活也越来越好。另外还带动了村里一批人一起跑出租，现在，开出租车已成为村里人自主就业的主要出路。S 社区的兴村有两个在昆明市都很有名的私人房地产商，在他们的带动下，村里有村民开始经营与住房相关的产业，如小区物业、房屋建筑等，并吸纳了村里不少村民就业。从整个 S 社区的情况上看，村民的就业主要还是依靠同村人的带动，真正主动出去寻找就业机会的并不多。

W 社区的村民多数是在集体经济的企业里上班，村小组按出勤情况向他们发放工资。但近几年来，集体经济企业越来越不景气，村民们的工资也越发越少，有的村甚至根本就发不出来。

Z 社区的村民原来也是在本村集体经济的企业里上班，但从拆迁那一天开始，集体企业就随之不存在了。他们以往"固定"的收入可以说在城市化的改造中"断奶"了，现在他们也和城市里的大多数居民一样，只能自谋职业、自我发展。

关于就业个体的状况，对此，笔者从微观视角对三个社区的几个人物进行了访谈，采访的对象分别是 S 社区开货车的 A、Z 社区开小卖铺的 B 和 W 社区开化妆品店的妇女 C。

开货车的 A（男，35 岁），生性有点腼腆，问一句，说一句，但人非常的实在，他觉得对他们来说就业实在太艰难了："我现在开的小货车是以前卖了土地买的，花了 5 万元钱，主要是帮着拉点货，搬家什么的，现在拉车赚不了多少钱，50 元一天的费用，有时候还拉不着。现在车子也多，竞争也大。而且一年养车的费用也是挺大的。靠拉货我们只能算是赚点生活了（随便过过日子）。我媳妇（妻子）

也没有工作,她自己开小车拉人,就是开黑车,她赚得要多一些,"划杆"(就是没有拉到人)的时候要少点,比我们货车要稍微好点。我们一般拉的人还是要挑一下,有些人不敢拉,怕被抢,还是危险得很。晚上一般都不出去。我们也害怕万一被他们车管所的查到的话,罚的也很多。查着就跑,逮到的话车子就会被没收掉。整天还是提心吊胆的。(为什么不开出租车呢?)现在我们的学历很低,听说开出租车也要高中学历,而且现在开出租车还是要有关系的,买车容易办证难,要花很多的钱和力气去掺和,能挨一天就算一天吧。钱多少也无所谓,只要健健康康的就行。"(访谈材料24)[1]

A的就业代表了S村年轻人就业的状况,没有了土地,干不了活,一部分人选择自谋职业,他们简单淳朴,凭自己的能力讨生活,面对工作的艰辛和危险,他们很积极很乐观。

Z社区的大哥B(男,40岁),他是村里不多见的几家自己开小卖铺的人家(一般会出租给外人来开),他很健谈,言语中有梦想和追求,但苦于现实的情形,也就只能这样做,还好他家的小卖铺生意还不错,所以他一直做了好多年:

家里的收入主要是房租和开小卖铺挣点钱,现在物价太高了,你看娃娃要上学,现在什么油盐柴米都要买,不做点这个小生意生活是不好维持的。我们村做生意的也很多,做得好的很多,收入高的多得很,比如开网吧的、做公司的、做旅游的,都有。我算是不成器的了,说实话我对我现在的工作是不满意的,你看一个壮年人,年纪轻轻的整天坐在这里卖东西,肯定也是没有办法的选择,其实我们还是想去做点什么的,不想一天定定地坐着,因为这个年龄还正是可以奋斗的时候。(这个小卖铺不是你的事业吗?)按照我的想法来说,我不喜欢做这个,这个职业对我来说有点低端了,但是有些事情是没有办法,这种低端的生意做的是低端的事情,接触的是低端的人群,低

---

[1] 访谈资料来源:2011年10月30日下午(14:30—15:00),于S社区兴村一家商店门口,正在等着顾客上货,有点时间和笔者谈话。他有些腼腆,说话也不好意思,在多方鼓励下才开口,但说话很实在。

端的收入,老是("太""过于"的意思)低端的事情,按我个人的想法我是不愿意的。做高端么有挑战性,收入高点要舒服点,可我又没有那个本事,所以也暂时只能这样了。(访谈材料25)①

大哥很不满意自己当前的职业状态,但现实又让他无可奈何,首先,他的年龄很尴尬,40—50岁,文凭低,找工作没有年龄优势,但又要承担着生活的责任,就业对于他们来说就是一种现实的需求,更多了一种责任,而不是理想和愿望的需求了。

W社区南村的妇女C(女,35岁)最近在市区里开了一家小化妆品店,进门访谈的时候店里没有客人,她便聊起来了许多:

> 我开的这家小店生意也不怎么样,开店的时候投了些本钱,现在还没有收回来的。管他!先做着吧,你说现在做什么都不好做啊,我们队上有人拿钱去做大生意,血本无归的也很多啊,我这个小店,小本生意,混混算了。嗨,出来做生意也是无可奈何,队上已经发不出多少工资了,我们也不能坐以待毙吧?我还年轻,孩子还小,还是要出来做点事情,不然这样下去是不行的。还好,我老倌(丈夫)在外面开出租车,辛苦点跑跑,每个月还是有些收入的。但总的来说生活没有以前靠生产队发工资的时候舒服了。(访谈材料26)②

C女出来自谋职业也是形势所逼,情非得已。她的状况是队上许多人现实的写照,但她和村里其他一些年轻人不同的是她不甘心自己的现状,于是自己出来打拼,一是为了减轻家庭负担,二是为了自己今后的发展。

从三个社区中的就业人群的状态可以看出失地农民总的就业前景不是很乐观,一些人要么打打零工,要么自己做点小生意。他们的就业情况可以归为处于一种被"边缘化"的状态当中,既不如城市人般工作稳定、收入高,并且有风险存在。但即使这样,他们仍积极地面对,并以一种乐观的心态看待自己的未来。

---

① 访谈资料来源:2011年10月20日下午(14:30—16:00),于S社区兴村B商店门前,店主很健谈。
② 访谈资料来源:2011年10月20日下午(14:30—16:00),于C店主的店铺里,由于是朋友介绍来访谈她的,所以她很热情,也说了不少心里话。

(二) 待业的策略选择

1. 被动性的待业

事实上，并非所有的失地农民都能找到工作，也有一部分人由于自身的原因被排除在了就业岗位之外。这部分人，以40—60岁的中年人居多。

Z社区失地农民所在的小区外有一条河（盘龙江），小区的居民有事没事的会在江边休息、聊天、打牌，他们常常三个一群、五个一伙，有时甚至几十个人连成一片，年轻点的打牌、聊天、抽烟，年纪大的在河边晒晒太阳，做做手工活，唠唠家常。在这些人群中，除了上了岁数的老年人以外，一般就是40—60岁的中年人。聊起工作的事，他们显得很无奈。

> 对于我们这样年龄层次的人来说，找工作是最难的。我们一无学历，二无技能，三无年龄优势，我们是没有单位会要的。其实我们这层人最可怜了，上有老、下有小要等着吃饭，但自己又没有工作，没有经济收入，政府又不能给解决工作，有心工作，现实不尽如人意，真是无奈啊。（访谈材料27）①

其中的一位大哥（LYQ，男，45岁）很有耐心地聊了一些他的看法：

> 其实我们是很愿意有份工作的，大家都不愿意整天坐在这里无所事事。但是现实工作很难找啊，要么薪水低，要么工作累，没有保障，适合我们意愿的太少了。我们的要求也不高，工作能够有个千八百元的收入，轻松点的，就可以，问题是尽管这么低的要求，也很难找啊，比如做保安、打扫卫生什么的，都是要有"关系"才能轮得到你，说白了，现在像我们这样要找工作的人太多了。我们一个老农民出身的有什么关系和人家抢呢？也想过自己创业，但我们不是做生意的那块料，也怕承担风险，自然也就是不朝那方面想了。
> 要说找工作，也并不是完全不能找，有些农民工做的事情也可以

---

① 访谈资料来源：2011年11月20日下午（14:00—18:00），于小河边，几位聊天的人很乐意接受访谈。

啊，提沙灰，挑水泥，搬重物，骨头快老了，做不动的。还有就是爱面子，不愿意做那些苦活、累活，怕熟人看见瞧不起我们。另外也不愿意受别人的气，咱们本地人是家乡宝，从来不愿意出去打工，你说本地的钱都给外省人赚了，要是去外省更难赚钱，在本市打工的都是外地人，外地人经商头脑要好点，你说外地人就是一家人出来，租个房子来创业，换作我，要让我们贷款去创业？我可能没有那么大的勇气。你说螺蛳湾80%都是外面的人来做起来的。我们没有这个本事，我们就佩服人家！（访谈材料28）①

没有技能，加上由于地域关系形成的优越感，让他们在就业的时候陷入一种"高不成，低不就"的境地。手里有点钱想创业，又怕做生意亏本。在工作和表面的尊严之间，他们似乎更愿意选择后者，但进而他们也只能小心翼翼地花钱。人到中年没有工作，确实让他们有很重的危机感。这部分失地农民的现状很让人同情，在访谈的时候既感受到了他们的优越感，又听出了他们的无奈。这类人群不愿意工作的另一个原因也是受传统农民思维的影响，他们都曾经种过地，在他们的血液里还流淌着小农生产方式的意识，"日出而作，日落而息""一壶茶，一包烟，小茶馆泡半天"的慢节奏的生活方式，与城市高效率、重实际的格调大相径庭。即使他们能找到一份工作，但传统农民的自由、散漫的习性也会让他们无法适应新的工作环境。

2. 主动性的待业

失地农民不就业有些是迫于现实，没有技能，找不到工作；有些是碍于面子，"高不成，低不就"；但也有一部分人的就业意愿本身就不强，即使有人给他们介绍工作，他们也会选择放弃。我们将这类人群称作"主动待业"群体，他们出于多种考虑，选择主动放弃就业机会。

W社区中村村计生委员（LYR，女，30岁）在谈到村民的就业问题时认为有些人不就业是有自己的一套想法：

你说就业这个问题，我们村多数人不愿意去，为什么呢？以前好

---

① 访谈资料来源：2011年12月20日下午（14:00—18:00），于小河边，几位聊天的人很乐意接受访谈，也很健谈。

多人是靠租房子靠惯了，一下子去给别人打工，看别人的脸色做事情，心里面还是很不舒服的。要说创业吧，出去创业的人也很少，即使有钱，现在创业也没有那么简单，做亏本的多得是，而且农民也没有多少钱，以前小额贷款还能贷一些，现在就不怎么行了，一点点钱也真做不了什么事情。

现在社区也搞培训，主要还是针对最基础的，如物管啊、小型创业什么的，但是还达不到能够让他具有赚钱那种愿望的状态，一是没有门路，二是怕钱被骗。为什么这么多的人愿意宅在家里？他们不愿意出去打工，也有自己的理由如炒炒股啊，买点基金什么的，或者是开家网店，有些头脑机灵点的，宅在家里也是能干点事情出来的。（访谈材料29）①

失地农民主动待业，主要是因为在心理上不能正确看待就业的问题，总是和以前获取收入的方式作比较，这样就产生了差距感，自然也就不愿意"低三下四"地去选择违背意愿的就业；同时，传统小农意识中害怕承担风险的惯习也让他们不愿意去做创业的选择。再加上现在信息传播的现代化，让一些接受能力较强的失地农民可以利用网络带来的便利，足不出户就能获取一些收入。这些因素都造成了失地农民在家待业的主观意愿。从这点上，也可以看出失地农民对于就业的选择也是多方面考虑的"理性选择"。更进一步地说，这里除了受人力资本不适应和传统惯习等因素影响外，还有农民和市民之间的属性差异因素，这实际上是失地农民在权衡"高质量生活"和"低收入工作"两者选择时所体现出的理性。征地后失地农民市民化愿望日益清晰，他们的生活方式和价值观念等都积极向城市居民靠拢。此时，在他们的心里，就业已超出了先前仅为"生存需要"的意义，他们渴望体面的生活，渴望拥有一份环境优雅、薪水丰厚且工作轻松的工作。在这种想法的驱使下，他们当然不愿意去将就那些他们认为是"低端"的工作。

总之，失地农民没有主动就业的意愿既和其自身的因素有关，也和家庭因素有关。自身因素主要是他们缺乏技能、爱面子，另外长期在农业生

---

① 访谈资料来源：2012年7月20日下午（14:00—17:00），于社区居委会办公室，LYR 很直爽，因为做基层社区工作，对大大小小的事务都很熟悉，很有自己的一些想法。

产中养成的自给自足、自由散漫的习惯,也让他们不太愿意待在一个地方受人管束。久而久之他们宁愿待在家里"吃老底",也不愿意出去"讨苦吃"。家庭因素的主动待业则主要基于家庭成员的职责分配,其目的是为了解除其他家庭成员外出就业时的后顾之忧。这种主动采取的待业策略的主体以家庭妇女为主,特别是孩子尚年幼的年轻母亲们。

(三) 不同年龄层次的就业观

在就业问题上,老年人和年轻人的就业观是不一样的,对此,本文对不同年龄层次的人进行了调查。

1. 传统生活习性的延续——老年人的就业观

对于大半辈子都在土地上劳动的农民来说,土地不只是生存之需,更是辛苦、忙碌生活的见证。农耕方式延续出来的生活,对于多数转变为城市人身份的老人来说是无法取代和无法释怀的。这种情节就体现在老年人的就业当中,虽然多数老年人已经进入了花甲之年,但对于劳动的热情却依然未减,总是想方设法让自己忙碌着。

S社区项村的老村长,2000年从岗位上退了下来,他家有好几套房屋出租,经济收入还算不错,生活算富裕,在村里是偏上的水平。但他和老伴也不闲着,现在自己还做点事情,帮队上扫扫地,自己养养猪。他老伴LSW(女,55岁)是个典型的农村妇女,性格爽快,说话也比较直爽,LSW说:

> 我们现在住的这栋共有四层,下面三层出租,四层自己住,房租一年可以收个3000—4000元,现在又盖了一栋,租给别人,共27间房,一年四万元的收入。我们家现在租房子,一个月可以租个7000—8000元,我们家主要收入是靠租房子,平常我们就闲着了,养养猪,早晚去喂喂猪,我现在在队上打扫卫生,一个月700来块钱,有点少,主要是想着闲着也是闲着,做点事情也好。队上又发我150元一个月的养老金,另外我还买点保险,现在可以拿到280元一个月。我自己养了5头猪,弄点泔水,一个月100多公斤。管他呢,只要苦点,还有这房子在,也困难不到哪里。我们不需要孩子来养我们,只要他们不拖累我们就好。我的这些房子在这,只是希望以后这些房子出租出去,弄点铺面,买辆车子,只要孩子听话就可以了。

（访谈材料 30）①

所访谈的这些老人都有一个特点，就是闲不住，尽管他们的生活已经很不错，但还总是想找点事情做做，闲下来就不舒服。这样的情况在 W、Z 社区的老年人中也是比较常见的。Z 社区的一位老奶奶（YGL，女，62 岁），失地后她闲不住，于是朋友就给她介绍了扫街道的工作，虽然辛苦，但老人有点事做反倒心里更踏实。她说：

> 我不识字，只能扫扫地。我 60 岁了，像我们岁数大的，出来打工的还是挺多的。这工作也是我们自己找的，我们一个月 900 元，天天出来扫地，没有加班，没有补贴。早上 5 点就出来扫地了，扫到晚上 6 点，中午 11 点下班，回去吃饭，1 点钟必须到这里。你看我负责的这个路段有 500 米左右，虽然是新路，但车流量还是很大的，平时穿插在车流中，又灰又累又危险，一整天地在路上打扫，干累的话就在路边休息一下。上面规定 7 点以前就要扫完，我们不就老早早地就出来了。这里的路很脏，因为附近修路，整天很灰，天干的时候就特别灰。这种扫地，年轻人根本不愿干，人家嫌脏，只有我们这些没有文化的老太太，没有什么事情可做，就过来做做。（怎么找到这份工作？）熟人介绍，人家说缺人，我就来了，反正我想闲着也是闲着。后来我听说有一个人不干了，我又介绍了附近廉租房的一位朋友来做，你看就是对面扫地那老太太（她指着对面扫地的一位大妈）。相当于出来锻炼下身体，没有办法。像我们这样年纪的闲下来就难受，我们做点事情还可以贴补下家用。我们队上还有 2 个人在这里做，她们也是闲着难受，做点事情，消磨下时间。（访谈材料 31）②

55 岁的 L 大叔在村上联防队谋了个差事，对于像他这么大岁数的人能找个事情做已是很不错的了。从他的话语中能感受到他们的生活幸福感

---

① 访谈资料来源：2010 年 11 月 20 日下午（14:00—17:00），于 LSW 大妈家，她因为和笔者的朋友认识，所以很热情，也不忌讳说什么，当天下午聊了很多有关她家的情况。

② 访谈资料来源：2012 年 3 月 20 日上午（9:30—11:00），于 YGL 扫地的公路上，当时正是她中间休息的时间，所以接受了访谈，她说话很朴实，很能看出是常年干活辛苦一辈子的农村妇女。

还是挺强的，满足感也很高。他喜滋滋地说：

> 我今年55岁了，当联防队员，给村里守守大门，一个月660元钱。上班还是挺累的，现在晚上偷东西的贼很多，一晚上要处理好多。而且现在外来人口多，管得也更多了。我们家的收入主要是房租，一个月也就3000多元的租金，也够生活用，但就是闲在家里真是闲不住，以前在田地里干惯了，闲着反而这样病那样病的，倒是不如找点事情做做，钱多少也无所谓了，关键要能锻炼下身体。（访谈材料32）①

另一个访谈对象是S社区经常在公共汽车站附近骑黑摩的拉客的大叔，60岁左右。这是在采访另一位开摩的的小伙子时听说这位大叔是兴村的，这让人觉得有点不可思议，因为无论是兴村自己人还是周边其他村的人都认为兴村村民的日子是出了名的好过，每家每户都有几栋房子出租，村里老年人每月还能领到不菲的养老金，何况骑黑摩的拉客也不是他这么大岁数的人适合干的。带着这个好奇心，终于在大花桥头找到了这位大爷，他很健谈，低声说：

> 你不要说出去，我家里人是不让我出来干这活的，我是吃闲饭没有什么事情了，什么负担也没有了，所以出来消遣一下。（不辛苦吗？）出来透透风，消磨下时间，有些人要是不知道路，就拉着去，赚点小钱，买点烟，不是么我怎么会出来做这么辛苦的事，我们的钱吃都吃不完啊！我家一个月的房租也有个1万来元的。

大叔穿着联防队的制服，头戴写有"联防队"三个字的头盔，俨然一个保安，他说穿这个衣服可以让坐他车的人有安全感。大叔有点要面子，聊得高兴了有生意来也不管了，他说生意对他来说就是一种消遣。不过那天那个小伙子说他来拉生意并不纯粹为了消遣，而是钱被老婆和女儿管起来了，自己没有经济支配权，就出来赚点小钱。大叔继续说：

---

① 访谈资料来源：2010年11月20日下午（14:00—17:00），于S社区项村联防队，L很随和，也很健谈。

> 我想拉就多拉会儿,钱多点,不想拉就少拉会儿,钱少点。我一般拉1公里左右的是5块,远一点就是10块。村子里的人出来看见我在这里,就问我是不是出来拉人,但我不告诉他们我拉人,我说了事实他们也不相信的。交警和城管有时候会来,逮到的话会罚个200块,但我不怕,我认识人。(访谈材料33)①

大叔觉得做这行有点丢人,所以见到同村人的时候也不说实情,他家的条件也很不错,但他还是要出来做点事,可能还是有自己的苦衷吧。但能感觉到他性格比较乐观,想得开,这是比什么都好的事。

总体而言,社区里的老年人还是很愿意做些事情的,一方面他们辛苦了一辈子,对于失地后闲适的生活还不太习惯,总想着要做点什么心里才踏实;另一方面,面对生活来源的不确定性,他们比年轻人更有危机意识,失去土地后,这种危机感变得越加强烈,他们很担心以后的生活没有保障,自己的老底有一天会用光,于是更加努力想办法去赚取一些收入,有这样想法的人是不在少数的。

2. 优越感十足的"温室花朵"——年轻人的就业观

与中老年人抱怨多、挫败感大相比,Z社区的年轻人很有优越感。他们年纪轻轻就有一笔很高的补偿款,每年还有队上的分红,因为年轻,找工作也比较容易,去一个很近的地方都要开车,社区里一半的年轻人都有车。相比城里年轻人,年轻人(MM,女,23岁)说出了自己的一些想法:

> 我觉得还是我们这样好,你看城里人还要辛辛苦苦地上班、赚钱、供房子,很辛苦啊。我们房子有几套,队里还可以发点钱,随便上点班就可以,有时候我们觉得比城里人更有优越感的。(访谈材料34)②

---

① 访谈资料来源:2012年4月10日上午(10:00—12:00),于昆明市大花桥上,他的摩托经常在这里拉客。大叔觉得有人和他聊天挺开心的,他越说越起劲,半天下来没有人搭他的车,但他似乎一点也不在乎。

② 访谈资料来源:2011年10月20日上午(9:00—10:00),于S社区花园,MM打扮洋气,在一家公司做业务,很有小资的味道。

事实上，在所调查的三个社区中，年轻人参加就业的并不是很多，这里面有学历的原因，有技能的原因，但主要的一点是他们有一种"好逸恶劳"的心理。失地之前，虽然生活在农村，但他们背后有父母和其他长辈辛苦挣钱，还有村集体按人头发给的红利，可以说他们从小到大都没有做过农活、吃过苦。而失地的时候又从土地征用和房屋拆迁中获得了丰厚的经济利益。所以他们的背后有强大的经济基础在支撑着，即使他们不用工作，也完全可以生活得很好。因此找工作也就成了他们可有可无的事情了，反而他们比城里人更有优越感。从年龄层次上来看，他们是各方面都受益的一个群体。但他们惰性还是有一些，即使工作也是三天打鱼两天晒网，而且对父母长辈的依赖性太大。长期坐享其成、不思进取的生活又使他们缺少社会生存的基本技能，一旦失去背后强大的经济保障，他们肯定也是摔得最惨的一个群体。

即使参加就业的年轻人，他们的就业观也和他们的老一辈不一样，他们对就业也并不在意，找工作不在乎薪水有多少。

Z社区主任（MYH，女，38岁）说：

> 我们社区也会为年轻人安排工作，他们大部分来上班的时候都是开着名车，来上这一个月500元的班。他们说愿意来工作，一方面是锻炼一下，体验一下，另一方面是打发无聊的时间。他们之所以愿意干这活，主要是想着工作地离家近点，上下班方便，少辛苦点，少受点气，要么就不做，反正有老底。但是他们做起事来还是挺踏实的，毕竟是农民出身，他们还是继承了农民的朴实和肯干精神的。（访谈材料35）[①]

从中我们能看出，年轻失地农民群体有很大的优越感，因为他们有优越的物质基础，不愁吃穿，又没有家庭的压力，他们去工作只是打发时间，挣钱多少无所谓，只为精神有个寄托，图个虚荣。这无形中让他们成了"懒惰、怕吃苦、爱面子、图虚荣、无技能"的社会寄生虫。[②]

[①] 访谈资料来源：2012年4月20日上午（11:00—12:00），于Z社区居委会，社区主任总是会谈到一些有趣的事情。

[②] 何庆兰：《农村劳动力就业问题研究》，上海人民出版社2010年版，第162页。

但他们这样也总比那些晚上打游戏、白天睡大觉、什么都不做的人要好些。

（四）就业行动中的性别选择

相对男性失地农民，女性失地农民在劳动就业方面存在着流动机会少、流动范围窄、收入低等多方面的不均等。在寻找其他非农业产业收入中举步维艰，多数女性属于无业状况。并存在着以下一些困难。

1. 不能胜任市场上需求的职业

失地女性不能胜任市场上需求的职业主要由于定式的家庭生活安排、女性知识和技能的陈旧。

（1）定式的家庭生活安排

在调查的对象中，30岁以上的女性基本上学历层次偏低，多数是初中或者是职高毕业，一无学历，二不适龄，很难在市场上找到合适的工作，即使有工作，多数时候也是跟着家人一起出来的。她们很少有稳定收入的工作，更不要说有自己独立的事业和追求。

S社区项村的ZL（女，20岁出头），她自从嫁来夫家以后，婆家就已经没有了地，她跟着丈夫到离昆明市不远的FM县承包了几亩地种苗圃。她自己也聊了一些情况：

> 我就是嫁鸡随鸡嫁狗随狗了，我和爱人都年轻，闲着也是闲着，不如就拿钱自己做老板，做我们熟悉的事情。种苗圃我们也是刚刚起步，资金压力还是挺大的，过几年就会好点，老公做什么我还是会支持他的，我在他那里干还可以节省点劳动力，随便帮帮他，做做饭，打打杂。我才嫁过来，本家就没有了我的土地，这里要拆迁也落不了我的户……（访谈材料36）[①]

ZL的处境和多数失地随嫁女一样，没有自己土地的户头，土地和经济利益是分不到的，只能依靠丈夫，跟着家人做自己力所能及的事情。这些随嫁女多数人自出嫁后便融入新的家庭生活中，不自觉地承担着更多的

[①] 访谈资料来源：2011年6月20日上午（9:30—11:00），于S社区项村生活小广场，ZL有些羞怯，但面对笔者的提问也不会隐瞒些什么。

责任，也逐渐失去了本来可以因土地带来的一些权益。2011年《中国流动妇女土地权益状况调查》的报告指出：80%的失地女农民工是因婚姻失去土地。出嫁后娘家土地给了兄弟，离婚后婆家土地带不走，如果离婚，那么她们所拥有的土地权益就会失去。"流动的婚姻"与不可移动的土地之间的矛盾，使得很多出嫁女因婚变失去了土地。

（2）知识和技能的陈旧

边疆民族地区失地女性不能适应市场职业需求还表现在生产劳动技能差、知识陈旧，难以适应技术含量高的职业，这使她们只能从事技术要求不高、门槛低的工种，如绿化、家政环卫等方面的工作，且工资低、待遇差。即使如此，与男性相比，她们获得就业的机会也不多，工种也有所限制。

> W社区中村的ZBY（女，40来岁），离过婚，也得不到多少土地和房屋的收益。在社区上做些打杂的工作，一个月的工资1000多元，她从原来队上的集体经济企业出来后就一直闲在家里，最近社区里招聘"公益性岗位"人员，她因为家里有些困难，社区里优先为她提供了这个岗位。ZBY干着很带劲，任劳任怨，因为还要供孩子读高中，也倍感珍惜这份来之不易的工作。另外，她也觉得在社区工作能和大家交流一下，不至于自己很封闭，但更高层次的管理工作她显然就不能胜任的，因为像她这样年纪的女性学习的主动性差，普遍觉得自己没几年就不干了，何必给自己找些事情折腾呢？混混日子，不留下坏的印象即可。（访谈材料37）①

从ZBY的例子可以看出，年纪较大的失地女性，她们的心态和意识很容易使她们的知识结构和技能因更新不及时而落伍，这种现象被一些学者看作是"人力资本折旧"②，这部分失地女性会把精力转移到家务和培育孩子身上，并且看重以后稳妥的生活。她们保守、朴实、善良的性格也不但不会因为环境的改变而改变，反而还有一种淡定和沉稳。

---

① 访谈资料来源：2012年3月15日下午（14:30—16:00），于W社区中村的活动广场。
② 孙良媛：《城镇化进程中失地农村妇女就业及其影响因素》，《管理世界》2007年第11期。

2. 主动肆业的思潮盛行

(1) 传统性别刻板的就业模式

长期以来，农村家庭依然保持着"男主外，女主内"的传统，男性承担养家的责任，女性主要为其他家庭成员提供"后勤保障"，她们的主要任务还是照顾老人和孩子，从事家务劳动。即使她们失去土地，在这种传统的"家庭观"思维的长期"熏陶"下，也使得女性在有了孩子以后顺理成章地不去工作，这也是昆明市多数失地家庭妇女的选择。S社区一个20来岁，带着几个月大孩子的年轻妈妈（LXL）说：

> 我以前是在一个广告公司工作，做秘书，收入马马虎虎，生了孩子，就不去工作了，我想还是待在家里，照顾孩子要更好些。孩子爸爸在外地做生意，我们生活还行，我即使不工作，家庭也没有多少负担。我想等孩子上了幼儿园再去工作，要重新找，也不难，我是中专毕业的，随便干点什么都行，只要离家近一些、轻松一些的就可以了。（访谈材料38）①

传统的就业理论将女性是否工作解释为追求家庭效用最大化的家庭分工（Mincer, 1962; Becker, 1981; Juhn & Murphy, 1997），一些学者认为丈夫或者家庭的收入越高，女性外出贡献劳动力的机会就越少②，正如传统习俗中，只有穷人家的女人才会去外面工作，那是否也能够理解为农民失地带来了生活物质的富裕，妇女自愿失业转而相夫教子，在家庭中体现自身的价值呢。当然，舒适、安稳过好自己的小日子是不少农村妇女的最初心愿，即使在城市市民化身份转变的过程中对于职业观的需求也不会有所改变，家庭、丈夫和孩子永远是第一重要的，是否外出工作并不是首要考虑的问题。

Z社区一位年轻妈妈（LWH）是个典型的"农二代"，对于种地已经没有多少意识了，她对外出工作基本没有兴趣，但是谈到如何带孩子，周末去哪里玩，却是如数家珍、头头是道：

---

① 访谈资料来源：2012年4月10日上午（10:30—12:00），于S社区居委会。
② Eckstein, Wolpin, 1989; Eckstein, Wolpin, 1989; Fraundorf, 1979.

> 我们每个星期都会带着孩子出去玩,而我每天做的事情就是网上研究旅游攻略,我在家的责任就是带好孩子,快乐享受家庭生活。我每次都会将照片发到微信,和大家一起分享。快乐孩子,开心一家就是我追求的吧。(访谈材料39)①

她的网络签名"帅气的老公,听话的儿子"就让人感觉到家庭是她的全部生活中的第一,和多数失地女性认为的一样,家庭的温馨、快乐能给她带来最大的幸福感,在家"相夫教子"就是她最大的责任,确实是一群安分、踏实奉献自己的中国传统女性的写照。

(2)家庭策略性的主动待业

S社区北村的年轻母亲WRY(25岁)原来是昆明市郊县的农民,丈夫是S社区的人,两年前结婚后随夫落户在该社区,她原来有工作,但有了孩子就没有去上班,整天为家庭生活忙碌。她日常事情就是接送8岁的大儿子和3岁的小儿子上小学和幼儿园。她说:

> 我嫁来夫家以后,生活主要靠老公和夫家的人。我们家主要是出租房子,老公还在外面打点零工,我没有工作。我原来也在外面打工的,后来因为有了孩子就辞职了,平常就是弄弄两个孩子接送一下,做做饭。但就这些事情已经让我忙不过来了,根本就没有时间再到外面工作。等等看吧,等孩子再大点再出去工作,但可能那时候找工作就困难了。管它了,走一步算一步。(访谈资料40)②

一位忙碌的妈妈,家庭里紧张的生活节奏,已经容不得她过多地考虑自己,为了孩子和家庭,牺牲工作也是必然的选择。在S社区像WRY这样的家庭妇女的选择是比较普遍的现象,为了家庭奉献一切,而有无工作并不是那么重要的事情。

W社区南村的ZJ(女,28岁)就自家的实际情况说出了她不就业的原因:

---

① 访谈资料来源:2012年1月29日下午(14:00—16:00),于网络上与该对象进行交谈。
② 访谈资料来源:2011年12月29日上午(11:00—12:30),于网络上与该对象进行交谈。

我们是失地农民,我没有工作,我老公选择自主创业,在小区附近开了一家小馆子,馆子的生意不错,我们为此赚了一些钱,但我们因此要起早贪黑,一直忙到晚上,回到家的时候,孩子已经自己睡了。看着孩子经常一个人趴在桌子上睡觉的样子,心里就很愧疚。而没有人辅导孩子的作业,成绩就下滑了,我和孩子他爸都担心。最终还是为了孩子,我决定不再去外面工作,家里交给我,外面交给老公做。现在想想,这样做是对的,孩子得到了照顾,学习成绩也上去了。老公的生意没有我要更辛苦点,但还过得去,钱是比以前赚得少了,但想想为了孩子,这样做还是挺值得的。(访谈材料41)[①]

这位年轻妈妈进一步用自己的事例说明女性不就业对于家庭的贡献是很值得的。贝克尔认为"家庭是多个人组成的,包括时间、商品、技术组成的一个综合体,在家庭里各个资源应该进行合理的配置,才能实现利益的最大化",[②] 也就是说,家庭的利益不一定要通过家庭全体成员去努力工作赚取更多的金钱体现出来,家庭成员职责的合理安排也是为了家庭利益,所以妇女选择待在家里做好后勤也是对家庭的贡献,并且这种贡献与其他成员通过辛苦劳动换来的价值具有同等重要的意义。于是就有了"男主外,女主内"的家庭分工模式,[③] 虽然这种"传统劳动理论"在经济意义上讲无论对于整个家庭的经济利益还是整体的和谐有着重要的作用,但这从某种层面上也忽视了女性在家中所产生的劳动价值,由于这种价值是无形的,不能用金钱来核算,因此常常被忽略不计。如果有一天夫妻双方选择离婚,这种"家庭付出"的价值又如何计算出来呢?找谁来判别和补偿呢?从社会性别的角度看,也是体现出了一种社会性别的不平等。

3. 失地女性就业困境的原因分析

昆明市失地女性也有其发展的一些特殊的困境,归结起来主要有以下一些原因:社会生产方式的转变跟不上,社会适应能力较差,长期受落后传统观念的影响,个体发展的主动性和进取精神差,小农意识的价值观依

[①] 访谈资料来源:2012年1月29日下午(14:00—16:00),于网络上与该对象进行交谈。
[②] 加里·斯坦利·贝克尔:《家庭论》,商务印书馆1998年版,第5页。
[③] 百度百科:"男主外,女主内",http://baike.baidu.com/view/4705437.htm? fr = aladdin。

然存在，以及社会关系网络缺乏等，这些因素都导致了失地女性在新的城市生活环境中不能适应的局面，并进而影响再就业和自身的进一步提升。

（1）社会适应性跟不上社会生产方式的转变

一方面，失地女性失去土地，意味着失去土地上能获得的收入和以后生活的保障。这就要求转变社会生产方式，以适应城市化发展中其他产业的。而从目前的生产方式上看，失地女性要么从事简单的劳动密集型活计，工作累，薪水低；要么干脆不干，躲在家庭的避风港中，整天得过且过。久而久之容易使她们在安逸和封闭的生活环境中与社会隔绝，自身技能和意识跟不上社会的发展，并最终被社会所淘汰。

另一方面，边疆民族地区城镇化的水平始终与东部地区保持着较大的发展差距，这极大地制约着西部地区城镇对民族地区经济社会的发展发挥引领作用，不利于推进农业现代化发展和农民非农化转移，对农村剩余劳动力的吸纳能力较弱，[1] 例如包括昆明在内云南多数城市，其规模产业化的企业并不多，就业岗位缺乏，路径单一。在这样的大环境下不可能从更大范围内吸收更多的剩余劳动力。因此为农村妇女的发展提供的机会较少、空间较小，就更不利于其发展所需要的机会获取和空间扩大。当然，部分女性也考虑过自主创业，但由于传统观念的影响，失地女性缺乏开拓创新、积极进取的精神，创业的积极性不高，她们情愿安于现状也不愿意为创业冒风险，而时间、精力、资金等方面也存在很大的困难，因此多数失地女性更愿意选择风险较小、前期投资不高、被雇用的职业。

（2）社会适应能力较差

失地女性社会适应能力差主要表现为以下三方面。

第一，学历层次低。即人力资本缺乏对个人职业地位的获得起着很大的阻碍作用。[2] S社区失地女性普遍受教育程度不高，劳动技术能力偏低，在求职中举步维艰。

第二，技能缺乏。相比男性，失地女性普遍缺乏专业技能、市场意识和经营管理知识。因而难于满足现代社会对劳动力的要求，直接影响到她们在劳动力市场实现就业和创业。

第三，自身能力缺乏。主要表现为自我交往能力、抵御风险的能力、

---

[1] 崔岷、谢明：《解析西部民族地区女性农民失地问题》，《农业经济》2007年第8期。

[2] 赵延东：《再就业中的社会资本：效用与局限》，《社会学》2002年第4期。

理财能力等城市市民化特征都不具备。尤其是边疆地区的民族女性，意识和能力都远远落后于发达地区的女性，多数只能从事简单的手工劳作产业如零售、环卫，年轻点的女孩倒可以在物管公司、房屋中介公司就业，普遍来说收入低，工作不稳定，且流动性大。

（3）长期受传统观念的制约

边疆民族地区失地女性在思维观念和意识上要远远落后于发达地区的失地女性，她们往往对现代化的新鲜事物不敏感，特别容易阻碍她们的就业选择。

第一，家长制的作风盛行。边疆民族女性长期以来因"男主外，女主内"的传统模式影响依然根深蒂固。和多数农村女性一样，结了婚的被定格为在家"相夫教子"，遵守妇道，"三从四德"，在家做好自己本分的事情。而尤其在失地后，基本从土地获得收益的工作中彻底丧失，便理所当然地回归到家庭当中。从这点上来说，失地是她们不工作的最好理由。

第二，传统思维观念的束缚。失地女性生活的环境决定了她自身发展的一个趋势，这部分人长期以来受小农意识的影响较深，目光短浅，保守、安稳、易知足、不思进取、贪图享乐等特征在多数"农二代"失地女性身上都有所体现，如喜欢享受生活，不愿吃苦工作，沉溺于上午睡懒觉、中午打麻将晚上看电视的生活状态。这些让她们无所事事，但又自得安逸。

传统思维观念的另一方面就是没有理性思维的城市化思维，如没有长远规划，没有理财意识。访谈中发现，少数女性拿到补偿费以后，会拿去赌博、买奢侈品，挥霍一空，成为失地"返贫"的一族。加之，民族之间生活习惯、文化风俗差异较大，异地生活的适应性、便利性、风险性也直接影响着民族地区农村妇女的外出发展。

（4）社会关系网络缺乏

失地女性多数是靠亲戚和熟人关系的"强关系"① 网络寻找工作的，工作信息重复性高，资源少。她们对于信息资源占有的不平等，和城市拥有较多社会资源的女性相比，她们获得的社会资源和关系也是非常有限的，而且找到的工作主要局限于"次要劳动力市场"，即按照克拉克

---

① Mark Granovetter, "The Strength of Weak Ties" *American Journal of Sociology*, Vol. 78, No. 2, May, 1973.

(Kerr Clark)认为的"二元劳动力市场"理论,她们从事的职业大多具有工资低、工作条件差、就业不稳定、管理的随意性大、晋升机会少的特征。

因此,应该从主观上积极唤起女性独立、自强的意识,积极就业,发展自我;同时,政府应该多渠道、多方位为失地女性拓展就业机会,从知识、能力、技能方面给予扶持,为她们自身谋发展铺路,帮助她们更好地融入城市,促进两性协调发展。但更重要的是失地女性就业的思路不仅在于政府对失地女性补偿安置制度和社会保障制度作出规定,更重要的是要有长远的战略发展眼光,思考如何充分把握边疆民族地区城市化发展的这个重要契机,将社会性别的意识纳入决策的主流,充分注意到女性职业获得的边缘地位,为失地女性营造平等的生存与发展环境。另外,应该充分考虑失地女性的主体发展问题,让她们意识到城市化的发展不是让她们在被动市民化中消沉,而是要抓住这个机遇,勇于挑战,努力改变自身的思维观念,在市场中磨炼和锻炼自己,为自己寻找更广阔的发展机会。

综上所述,失地农民的经济融入是文化、社会和心理融入的基础,他们在与不同利益主体的博弈中不断地争取属于自己的利益,努力提升自己的经济地位。通过与不同社区、不同年龄层次、不同经济条件的失地农民之间的交流,得到以下结论。

第一,在土地征用和房屋拆迁的过程中,失地农民与其他利益集团之间有经济利益的博弈,他们看起来是获利的一方,但相对于其他的利益阶层,他们又是被"相对剥夺"的群体。而在经济利益的博弈过程中,他们并非都是"被动接受",多数情况下他们会进行"理性选择",出于利益最大化的考虑,他们会选择避开一些风险。但是,当他们的利益受到威胁和侵害的时候,他们也会采取过激的对抗方式予以回应。

第二,在经济收入方面,存在着不确定性,他们对于未来的发展并不抱乐观的态度,但由于受小农思想的影响,他们又不愿意冒风险追求进一步发展;在城市生活费用方面,他们的生活成本及各项开支比以前有大幅的增加,加重了他们的生活压力,但他们又不能和城市人一样平等地享有"城保"待遇,再加上他们对于社会保障没有积极性,所以社会保障对于他们是缺失的,在经济生活当中,他们是被社会"边缘化"的人群。

第三,在就业选择方面,呈现出两种倾向,一种是积极就业,尽管就业渠道不多,收入不高,风险较大,但他们依然乐观接受,例如老年人在现代化的生活中，工作能给他们带来生活的满足感，因此，不论工作好坏他们都乐于接受；另一种则是待业在家，即他们选择就业的意愿不强，有被动性的原因，也有主动性的"家庭策略"的考虑，例如年轻人，"好逸恶劳"的想法使他们轻易就会放弃就业机会。但不管怎么说，待业在家也是失地农民经过多种权衡之后的一种行动策略，是他们深思熟虑后做出的选择。

另外，从社会性别的就业上讲，失地女性再就业存在的问题主要包括：不能胜任市场需求，主动肄业思潮盛行，就业环境中的性别歧视，自主创业受限等。归结起来，失地农民经济就业发展困境主要有以下一些原因：社会生产方式的转变跟不上，社会适应能力较弱，长期受落后传统观念的影响，以及社会关系网络缺乏，等等。

总之，无论失地农民是否融入城市经济生活，他们都在进行着经济策略的权衡，有些人是理性地对待，有些人是感性地应付，有的人选择进取，有的人选择回归，但不管怎么说失地农民的经济选择是按照自身及家庭的实际需求而进行的，其目的是以最小的成本付出获取最大化的收益，最终目标则是融入城市经济生活。

第三章

失地农民文化融入中的惯习调适

文化资本在失地农民城市融入过程中起到重要的作用。在布迪厄的理论中，文化资本是指借助不同的教育行动传递的文化物品。他认为文化资本有三种形态："一是身体的形态，体现在人们身心中根深蒂固的那些性情倾向中；二是客体化的形态，体现在那些文化物品中（例如书籍、词典、机器等）；三是制度化的形态，体现在那些特定的制度安排上（诸如教育的资格认定方面的规定）。"[①] 其中身体的形态，对于说明行为者惯习的形成有进一步的延伸作用。身体形态的文化资本"是在行动者身体内长期地和稳定地内在化的结果，成为一种具体的个性化的秉性和才能，并成为惯习的重要组成部分。"[②] 它的内涵是从人出生后就有的，是一种天生的内在的表现，或者可以理解为自身内在的性情、气质、习惯、品位，这些东西是与生俱来的。通俗一点来讲，就是个体在特定的环境中形成的性情、习气等内化的东西，而且不太容易改变。城市化进程中的失地农民群体，他们具有与生俱来的农民的性格和特征，这些特征不会随着环境的改变而有所改变，这种内在的特征再进一步延伸和相互影响，就形成了该群体的一种习惯、风俗。特纳对布迪厄的解释作了进一步的说明："就是'那些非正式的人际交往技巧、习惯、态度、语言风格、教育素质、品位与社会方式'。"[③] 这里也可以把习惯、语言、社会生活方式运用于身体内在的表达，进一步描述为群体所代表的内在思维模式和惯习行为。因此，

---

① ［法］皮埃尔·布迪厄、［美］华康德：《实践与反思——反思社会学导引》，李猛、李康译，邓正来校，中央编译出版社1998年版，第134页。

② 宫留记：《资本：社会实践工具——布迪厄的资本理论》，河南大学出版社2010年版，第136页。

③ ［美］乔纳森·特纳：《社会学理论的结构》，华夏出版社2001年版，第191页。

这种"身体形态"的文化资本可以归结为是一种文化能力型的文化资本；[1] 第二种形态主要是指客体化的物品，这是我们在获取文化资本过程中不可缺少的工具，在这里不是重点内容，因此就不再展开；第三种是制度化的形态，布迪厄认为是制度化层面上安排的资格认证，也就是从制度层面上对个体获得的一些技能的认可，这是个体通向获取更多经济资本之路的钥匙，如毕业证书、执业资格等。通常情况下，个体所获得的制度层面上的资格认可越高、越多，就业就越容易，获得的收入也就越多。也就是说个体拥有的文化资本越多，就越容易积累更多的经济资本。这从当代大学生的就业现状就可以得到证明，博士往往要比硕士和本科生好就业，工资也相对要高一些。

因此，根据文化资本的定义和对其内涵的进一步延伸，在研究失地农民文化融入的过程中，将从文化资本的身体化形态和制度化形态两个方面阐述失地农民文化场域的变迁和文化资本的得失，并进一步探讨文化惯习在农民的城市文化融入过程中是如何影响他们的行动策略的。

一 制度型文化资本的城市融入

"教育，增强了习惯的力量，甚至扩散最新的文化取代旧的，这时，它支持了文化变迁。"[2] 在农民进入城市后，教育对于他们习得适应新文化场域的惯习，提升他们的素质有重要的作用。因此衡量失地农民是否融入城市文化生活，教育是一个重要的指标。本书中讨论的失地农民的教育主要有两个方面，一方面是失地农民的孩子（儿童）的教育，另一方面是对失地农民自身的市民化教育和职业化的教育。

布迪厄认为社会结构是可以再生产的，资本同样也可以再生产，并且资本的再生产将影响社会结构的再生产。而文化资本的再生产除了家庭成员之间的传递和继承外，还通过社会化的媒介来实现，这就是教育，所以文化资本的再生产是一种社会化的结果。文化资本在经济领域的价值与舒尔茨提出的"人力资本"有相似之处，舒尔茨认为"人的能力和知识是

---

[1] 刘辉武：《文化资本与农民工的城市融入》，《农业经济》2007年第1期。
[2] ［美］威廉·费尔丁·奥格本：《社会变迁：关于文化和先天的本质》，王晓毅等译，浙江人民出版社1989年版，第96页。

有价值的,对这种稀缺资源的投入越高就越能带来高的经济价值"[①]。有学者指出,城市劳动力的平均受教育时间为 12.2 年,而农村劳动力的平均受教育时间为 7.7 年。这样来看,失地农民若想在文化层次、就业能力等方面达到或接近城市劳动力的水平,那他大约还需要再接受 4.5 年的教育培训。那么失地农民群体本身又是如何应对教育问题的呢?

(一) 文化教育的转变

1. 早期对文化教育的忽视

文化能力是和特定的个体紧密相联系的,个体所具有的文化能力不能通过购买、转让和抢夺获得,这也就决定了文化资本具有独占性和稀缺性。这里可以理解为个体通过学习而获得知识。在布迪厄的理论中,这种学习在早期主要是家庭教育,也可以认为是家庭文化资本在代际之间的传承,如长辈对小辈的言传身教和小辈对长辈的效仿等。后期则主要是学校教育,通过学校教育,个体可以获得学历、技能等用于占有经济资本的稀缺资源。

从所调查三个社区的失地农民来看,学历层次低是他们普遍的特点。这三个社区中,70 年代以前出生的村民绝大多数只读完小学,1970—1980 年出生的以初中毕业为主,少部分高中毕业,1980—1990 年出生的多为高中毕业。村民的文化程度低既有时代和环境的原因,也有家庭的因素。W 社区的书记 (LY,女,45 岁) 说:

> 教育文化,在以前,像现在我们这些三四十岁的人,读书要读不进去就算了,家里也没有说一定要读,反正家里面有田可以种。我们这里是昆明市蔬菜种植基地,也很需要劳动力,有退路自然就没有读书的动力了,所以普遍的文化程度要低,当工人的很少 (她的意思是指有固定工作的人)。

过去,农民们确实不觉得读书对自己的将来很重要,因为退一步,家里还有田地可种,队上有自己的分红,读不读书都无所谓,都觉得将来队

[①] [美] 西奥多·W. 舒尔茨:《人力资本》,贾湛、施伟等译,华夏出版社 1990 年版,第 9 页。

上是会有保障的。W 社区的书记 LY 继续说：

> 这里的娃娃生活条件好，没有几个能读得进去书的，一般读到初中高中就回家去了，反正队上会给你发一份工资的，他们拿着工资也没有想到买社会保险什么的，他们就等着政策的安排。个别的娃娃还是会上上夜大，前几年有的，现在么大家都觉得学不学都是那个样子，反正工资是不会少的。（访谈材料42）①

在过去，由于主观和客观原因，对孩子教育问题的不重视，是多数农民家庭普遍存在的问题，但是随着时代的发展，农民也日益意识到文化水平低带来的影响，特别是在他们失地后，进入城市里就业时，这个问题的影响就更凸显出来了。现在，吃了没文化的亏的失地农民们对自己孩子的教育丝毫不敢马虎。

2. 当前对文化教育的重视

现在的父母因为不再从事农业生产了，生活也比以前富裕了，因此就把工作、休闲以外的精力全都放在了孩子身上。和城里孩子的父母一样，他们尤其重视孩子的教育问题，给孩子选择好学校，送孩子参加各种特长班，就担心自己的孩子比别的孩子少学了什么。W 社区双村社区守门的大叔（ZZB，男，65 岁）说到他的小孙子时就很心疼：

> 我儿子是不能好好读书了，也过了读书的年纪，但是他们对娃娃的教育挺重视的，自己拿出钱来让娃娃上好点的学校。我家小孙孙有 6 岁了，他爹妈一直给他上辅导班，从来都不给他放假，孩子因为这样都病过好几次了，我们看着都心疼。但这个社会不学是不行的，真是没办法。（访谈材料43）②

为了让孩子有前途，家长们可谓费尽心思。因为对于他们来说物质生活已经不成问题，孩子的成长成才才是他们最大的心愿和寄托，他们希望

---

① 访谈资料来源：2012 年 7 月 20 日下午（14:00—17:00），于社区居委会办公室，LY 很热情，当天下午事情不多，还是聊了不少内容。

② 访谈资料来源：2013 年 1 月 10 日上午（10:00—13:00），于 W 社区双村小区，LWR 当过兵，但转业后和村里人比起来待遇很不好，所以经常有些"羡慕、嫉妒、恨"的情愫在心里。

孩子好好地学，并多学一些。对于孩子的教育，现在社区上也给予大力支持，鼓励孩子进一步深造。S社区的几个村每年都会拿出一部分钱来奖励那些考上中学、大学的孩子。S社区北村主任（CZM，男52岁）说：

> 现在这一代完全不一样了，尽量要供子女读书。这些年我们村对考取高中、大学的孩子都会进行奖励，所以教育方面还是有一些成效了。这些奖励办法都是作为村规民约规定出来的，虽然每个小组的经济情况不同，但是都要相应的给出奖励。现在的小娃（孩子）大多数是读了大、中专以后才会回来，甚至有些都不会回来了（有些孩子有出息毕业后去外面闯荡）。（访谈材料44）①

但是父母的重视和社区的支持并不是对所有的孩子都起作用，有些孩子根本体会不到父母的良苦用心。Z社区一位妈妈（YYP，女，45岁）讲述了自己家不成器的孩子的事：

> 孩子上五六年级的时候就给他花钱补课，费了好多力，花了好多钱，就是读不进去。后来因为他学习成绩差，我们就想了很多办法，花了很多钱给他择校，但儿子很调皮，捣蛋得很，花了我们的钱不说，还这里不去，那里不上，去了学校也是混日子。再后来好不容易中专毕业了，在外面打工，一年有半年的时间是待在家里面。娃娃懒，不愿意在外面做，都那么大了，讲了不听也没有办法，唉！（访谈材料45）②

失地农民在融入城市的过程中，因为文化程度低，在各方面都受到了很大的影响。当找工作没有学历，吃了苦头之后，他们逐渐认识到了学校教育的重要性，于是，他们把自己的大部分精力都投入到下一代的教育上。尽力以自己的力量给孩子创造好的学习条件，为了孩子煞费苦心，实际上的目的也是为了孩子最终能在社会上立足，并彻底摆脱农民的身份，

---

① 访谈资料来源：2011年10月5日上午（10:00—12:00），于S社区北村社区居委会办公室，该村主任很直爽，有什么说什么，从他那里得到不少信息。

② 访谈资料来源：2012年1月29日下午（14:00—16:00），于Z社区小区花园中，该对象经常出来遛狗，所以常和她碰面，几回见面就熟起来了，她也愿意将孩子的事情说一说。

更好地融入城市生活当中。尽管孩子不如自己那般预期的发展,但父母总是给他做到最好的,真是"可怜天下父母心"。

(二) 教育资源的关注

S 社区所在的位置比较偏僻,社区附近学校的教育资源较弱,教学质量相对较差,而选择好点的学校,不仅要托熟人走关系,花费数额不菲的"择校费",而且上学路程很远,每天都要花时间接送。但家长还是宁愿花大的代价,选择好的学校。S 社区项村的一位妈妈(ZYZ,女,28 岁)对孩子的教育很关心,她认为一定要给孩子选择好的学校,这对孩子的学习非常重要。

她说:"我觉得这附近没有个好点的小学,孩子上学太麻烦了,城里好点的小学我们的户口又进不去,一是户口进不去,二是接送太远了,如果附近有个好点的小学就好了。附近的小学都是些民工的孩子在读书,村里条件好点的孩子都到城里去读书。现在有钱的就到城里边读书,没有关系没有钱的就在村上混着。"(访谈材料 46)[①]

现在父母选择学校再不是以前的"就近原则"了,他们不放心村里小学的教学质量,也不愿意自己的孩子和农民工的孩子在一起读书。从这点上看,失地农民对于自身已经有一种优越感,在生活好的前提下,他们希望子女能体面地接受教育,有出息,做堂堂正正的城市人。家长送孩子去好的学校接受教育这件事无可厚非,但从中可以看出教育资源分配的不公。这说明在占有制度化层面的文化资本时,农村孩子在早期就被人为地拉开了与城市孩子之间的差距,而为了缩小这种差距,农村的家长就不得不依靠自身的社会网络,付出更多的经济资本,为孩子抢占更多的教育资源。姑且不论家长的这种行动策略对自己孩子的教育是否真的能取得很好的效果,但这似乎是家长们能做出的比较合理的选择。从另一方面来看,这种行动选择的结果,在某种意义上又进一步加剧了教育资源分布的不均衡,其结果是好的更好、弱的更弱。W 社区张姓两口子,原本住在昆明市的南边,听说市中心的第三幼儿园办得好,便通过各种关系,花了大价

[①] 访谈资料来源:2012 年 1 月 29 日下午(14:00—16:00),于网络上与该对象进行交谈。

钱，给孩子弄了个上学的名额。在别人看来幼儿园就走关系择校，有些不可思议，但是两夫妻的理解是：

> 孩子的教育应该从小抓起，我们已经错过了读书的机会，不想让孩子也跟着吃没文化的苦。我们是想好了，现在孩子到了上学的年龄，就要给她选择最好的教育环境。我们家不在市中心，我们可以选择在那边租房子，现在家长的意识都差不多，为了不亏待孩子读书，我们村好几家都选择出来租房子住，跟着孩子跑，我们再苦再累也是值得的。（访谈材料47）[①]

长期以来，我国公有教育资源的分布和分配都有一定的倾斜性：向城市核心地带倾斜，这种倾斜与户籍制度息息相关，不在户籍范围内的孩子就只能通过家长运用社会资本和经济资本换取这种稀缺的资源；向强势行业和部门倾斜，这种倾斜常常被视为员工的福利，例如经常可以看到的省级机关幼儿园、市级机关幼儿园等，非本行业、本部门员工的孩子若要入读，就要找熟人托关系，缴纳高额的"赞助费"；向强势人群倾斜，这里说的强势人群主要指拥有宽泛的社会关系或者丰厚经济资本的人群，有关系、有钱就能选择好的幼儿园、小学、中学甚至大学。这三种倾斜无疑将许多孩子包括许多城市孩子排斥在了优质教育资源之外。当然家长们可以选择非正常渠道让自己的孩子入读好的学校，但这一方面将增加家庭的教育成本，另一方面会加剧教育资源的分配不公。而从另一方面讲，这类人群进了心仪的学校，未必能被大家认可和接受。Z社区一位孩子的妈妈担心地说：

> 现在周边城中村有好多家庭花高价、通过各种关系送孩子来这里上学，我们怎么感觉孩子要被"这些人"同化了，越来越觉得像农民学校，不是说我们看不起这些城中村的"二代孩"，而是这些人给孩子灌输的理念有些问题，前次我和一个城中村家长讨论孩子被欺负的问题，那孩子爸爸就直接说"我告诉孩子把那打他的人眼睛挖出

[①] 访谈资料来源：2011年11月29日下午（15:00—18:00），于W社区双村小区房里，他们总是很关心孩子的教育问题。

来"。听了这父亲的话，我第二天就把孩子转走了，和这类人在一起，我们非常担心啊！（访谈材料48）①

城里人不愿和这类失地"农二代"一起，有他们的考虑和担忧，确实失地农民对于子女的教育很重视，想方设法提供最好的教育环境，但父母本身素质不高，又怎能给孩子起到一个良好的示范作用呢？这一点是需要反思的，若不能从道德教育上教好孩子，再好的教育环境也不能培养优秀的人才，甚至让别人反感和拒绝，那么文化资源不公平的鸿沟依然还是会存在的。

（三）职业技能教育的参与

职业技能教育是失地农民市民化教育中非常重要的一环，其目的是让文化基础差、没有技能的失地农民掌握一技之长，以应对就业要求和未来发展。用布迪厄的理论来讲，就是通过这种教育首先让失地农民获取制度形态的文化资本，然后换取经济资本和社会资本。在所调查的三个社区中，相关的培训还是比较多的。但社区工作人员反映，失地农民对这类培训的积极性并不高。

W社区书记LY在谈到这个问题的时候显得很无奈："我们社区会按照要求，经常举行一些有关就业、健康以及法律知识的培训。政府一般不会拨资金，我们培训什么都是请上面的人（政府）帮我们找专家。社区和上级部门花了时间、精力和金钱去请了人，组织了培训讲座，可是来的人没有几个，现在居民现实得很，要让他们来要发点小礼品，感觉是求着他们来的。"（访谈材料49）②

村民ZYB（男，38岁）说到职业培训就满脸不屑："就业培训只是形式上的东西，上面（社区）倒是宣传得挺好，但你真的能学到什么东西吗？作用是有一点，但是根本就不能解决我们实际的就业

---

① 访谈资料来源：2012年1月29日下午（14:00—16:00），于网络上与该对象进行交谈。
② 访谈资料来源：2012年7月20日下午（14:00—17:00），于社区居委会办公室，LY很热情，当天下午事情不多，还是聊了不少内容。

问题。"（访谈材料 50）①

在村民的眼里，社区组织的培训是给上级部门看的，是走走形式，培训的内容是否能解决失地农民的实际需要对社区来说无关紧要，这样的培训还不如不办。中村村民小组长 LZZ（男，40 岁）针对就业培训有他自己的看法：

> 我们社区推行技能培训，就是针对村民就业问题。现在的培训主要还是针对最基础的，简单的，计算机啊，物管啊，这些容易上手，但技能培训能解决村民实际的就业问题吗？比如我们组织培训，发了证就能上岗了，可是到现在 3 年以前的证都还没有拿到手。2011 年培训的证到现在还没有拿到手。我们也去帮村民问了，政府那边说，快了、快了，但还是没有办下来。你说上面又要组织培训，又不发证，这不是骗大家吗？于是大家的积极性也就没有了。你搞这种培训，你就要赶快给他们拿得到证啊，人家去应聘什么的，能及时用得上。
>
> 同时，上面（社区）说拿了证就优先推荐包分配，但是不可能，即使包，用人单位也是不愿意。而且即使和用人单位签合同了，也就只是签签，不一定他们会去，因为工作挑你，你还挑工作的，互相挑剔。说白了就是以前自己吃惯了自己家的资产了，突然叫他去打工，观念还是很转不过来的，我们也做小型创业的培训，但是还达不到能够让他具有赚钱那种愿望的状态，一来是村民们没有门路，二来是怕钱被骗。所以，多数人还是愿意宅在家里，而不愿意去参加社区上的技能培训。（访谈材料 51）②

技能培训，不适应村民工作的需求，或者是失地农民的就业意愿不强，有些社区培训是为了"走过场"，完成任务，迟迟不发证给受培训人，这导致了村民对职业培训的积极性不高，并没有实际地帮助失地农民

---

① 访谈资料来源：2012 年 1 月 29 日下午（18:00—19:30），于 W 双村小区，他说了不少的事情。

② 访谈资料来源：2011 年 2 月 20 日下午（14:00—16:30），于 W 中村小区。

解决就业之需，这是许多昆明失地农民的反映。因此，首先，政府应该进一步加大对职业培训的力度，给予社区一定资金的补助并提供相关的教育资源。而社区应该根据村民的实际情况有针对性地进行培训，及时发放相关的证件，并努力帮助他们多方面地寻找就业渠道。其次，应该多层次地开展农民的职业技能培训，使劳动力逐步从单纯的体力型向专业型、技能型转变。同时提高自谋职业、竞争就业的自觉性和能力，积极主动地参与市场就业或自主创业。

总之，要改变失地农民制度化文化资本缺失的问题，就应该强化这部分群体的教育，一方面，改变目前教育资源分布不均、分配不公的问题，让孩子们都能享受到优质资源。因为，失地农民的城市融入是一个漫长的过程，也许要经历一代、两代甚至几代人才能彻底完成；另一方面，多组织实用的技能培训，让失地农民能学到一技之长，提升他们的就业竞争力和社会适应能力，为面临的就业难题和未来的发展打下基础。

二 能力型文化资本的城市融入

布迪厄认为，身体形态的文化资本的获得往往是在耳濡目染中完成的，并且个体早期的家庭教育对这种形态的文化资本影响极大。身体形态的文化资本首先是个体要习得各种知识，其次是要将知识与身体和精神融为一体，最终形成自身的素养和品性。也就是说人的性情及与之相应的秉性和才能是长期内化的结果。布迪厄的文化资本理论丰富了生活方式的研究内容，尤其是在惯习和场域的论述当中，他认为惯习不只是组织化行动的结果，而且还囊括了历史、文化、社会结构等客观因素和个人的喜好、习惯、社会心理，特别是性情倾向等主观个人的因素。从这个意义上来说，生活方式便是惯习的一种系统化的产物，不同场域、不同位置的个体会选择不同的生活方式，并且生活方式与身体形态的文化资本息息相关。

这里可以得到这样一系列递进的关系，即场域的变迁引起惯习的不适和调整，惯习调适的同时又使生活方式发生改变（重塑），继而身体形态的文化资本的体现也发生了改变。也就是在客观的社会结构和主观的心智结构下，作为一种行为模式的个体的生活方式发生了重塑。正如个体生活习惯、价值观念的变化及其在场域变迁中的调适，使"生活方式作为人的一种行为模式，也由此而塑造起来"。①

在此，本书将身体形态的文化资本进一步延伸，用于阐述失地农民在场域变迁中生活方式的重塑。对失地农民生活方式变迁的研究，有助于理解这部分群体在环境变迁中生活质量、行为和思想的变化和调整。

（一）惯习在居住空间变迁中的调适

在城市化进程中，失地农民的安置有两种，一种是就地安置，即在自己原先居住的地方建房，然后使住户回迁；另一种是异地安置，即在离老房较远的地方建房安置，这类安置通常会使失地农民远离曾经非常熟悉的居住环境，不太利于他们的融入和发展。② 在昆明市，采用最多的是就地安置的方式。失地农民"进城"后，生活上比较直观的改变就是居住方式的变迁。原先居住的老宅是独门独院，有着可以养鸡种菜的相对开放的空间。现在的小区新房则是钢筋混凝土建构的封闭环境。

1. W 社区的居住方式——从自建房到回迁屋

W 社区下辖的几个村民小组都经历过或正在经历居住方式的变迁。例如双村村民的居住方式已和现代城市人的居住方式没有两样，而南村和中村两个村民小组由于正处在回迁过渡期，村民目前主要是靠租房生活。

双村在村集体经济最红火的时候，队上出资在草海（滇池伸入昆明市城区的一部分）附近买了一块约 25 亩的地皮，2001 年村里在这块地上集资建起了统建房小区"双村花苑"。这个小区由村里直接招标施工队建设，小区内环境优美，房子质量很好，而且由于毗邻草海，周围又没有高层建筑，视野非常开阔，惹得许多城里人来打听购房的事情。由于是按人头集资，所以每家每户都有几套房子，于是村民们就把多余的房子租出去。社区的张大爷要了一套 100 平方米的房子，他的几个弟兄都在小区买了房子，左邻右舍都是熟人，大家彼此都很熟悉。

> 他说："我们这个小区的房子是自己打桩自己建的，房屋的层高有 3 米，没有公摊，住着很舒服。楼下可以停车，车位很宽敞，家里

---

① 夏建中：《社会分层、白领群体及其生活方式的理论与研究》，中国人民大学出版社 2008 年版，第 106 页。

② 徐琴：《居住安置的空间区位差异与弱势群体的社会适应》，《江海学刊》2009 年第 6 期。

有车的人家都把车停在小区。小区的地理位置很好,我家阳台看出去不仅可以看到整个昆明市,还可以看到草海、公园。这里生活也可以,小区门口的路也打通了,交通也方便了,像我们老年人有时候看个病什么的,坐一路公交直接就可以到医院了。我们住着还是很满意的,(有没有城市人的感觉?)连城里人都羡慕我们。"

在张大爷的热情邀请下,走进了他家里。张大爷的这套房子三室两厅,结构很合理,因为没有公摊面积,所以房子比其他小区同样面积的要大很多,房子两面很通透,采光很好,阳台上围着大落地窗,可以看到草海里的游船、红嘴鸥和草海对面的大观楼。房子的装修和摆设朴素而现代化,看不到云南农村人家常见的四方桌子、草墩座位,也不见了供家谱的供桌。正看着,楼下张大爷的一位亲戚开门出来,也很热情地邀大家进去坐坐。这家的装修比起张大爷家更上档次,地毯、真皮沙发、水晶大吊灯、大平板电视、三开门冰箱,感觉很奢华。

主人说:"80年代以后我们家的装修格局就和以前不一样了。城里流行什么,我们就买什么,大不了么重新买。前两天儿子家又重新装修了一个浴室柜,把原来的浴盆拆了,丢了出去,我说可惜啊,儿子说不可惜,现在小区里家家都这样,过时了就家装改造。"(访谈材料52)①

双村村民的居住条件确实已经和城市人没有两样了,他们的房屋装饰中唯一能让人看出点农村人住房特征的是房门框上挂着的"照妖镜"和门内贴着的符。这说明,生活好了,村民们开始注重品质的追求和享受,他们房屋的格局已和城市小区房完全相同,而装修和摆设既体现了城市流行元素,又保留了他们的传统文化。

而正处在回迁过渡期的南村和中村的村民就没有双村民那么幸福了,老宅被拆后,他们就一直在外面租房子居住,一直很不顺心。一位大爷(ZWJ,男,68岁)自从房屋拆迁以后,他和全家人就租住在村子对面的城市小区房里面,他和老伴租了一套70来平方米的房子。

---

① 访谈资料来源:2011年12月30日上午(9:30—11:00),于张大爷及其亲戚家。

ZWJ 对自己租房居住的现状很不满意:"现在租房子很贵啊,一个 70 平方米的房子要 1500 多元一个月,过渡费都不够用,还要看房主脸色,这样不准那样不准的,有太多的限制。住房还是以前我们的房子好住,方便啊,现在水什么的都不方便,倒水都不知道倒到哪里去。卫生间太小了,打转都转不过来,怎么倒水啊,我们以前的卫生间又大又宽敞,现在的根本不能比,洗衣服也不好洗,又不能晒在外面。以前的房子,有院子,倒水可以随便倒,就当是洗地板,院子里和房顶上晒什么的都可以。现在什么都不好,真是像关在笼子里一样的。还有住在这里老是要轻手轻脚的,声音大了左右邻里、楼上楼下的人家都不高兴。以前我们在队上,一家一户,住着自己的房子,你想咋个(怎么)吵咋个闹都没有人管。现在的生活是比以前差了,我们现在是非农户口,什么都没有,农民不是农民,居民不是居民,什么待遇都没有。以前住在村里,没有事的时候,路上走走玩玩,在这个小区,太小了,活动的空间都没有。"(访谈材料 53)[①]

ZWJ 大爷对现在租别人房子居住的现状很不满意,他觉得租住房子始终没有在自己家里自在,尤其是住进城市小区房后,对他们来说长期以来形成的习惯一下子改不掉,也不适应,所以还是非常希望住回原来的老房子,但是现在房子已经拆了,他的愿望是不可能实现了,所以他很无奈。大爷的想法并非个案,老年人长期形成的习惯不可能在短时间内改变,住惯了宽大、开放的老式院落,一下子搬进城市小区,确实面临很多的麻烦,需要一个学习、适应的过程。社区一位 60 岁的老奶奶 YRL 说:

说实话,我们这么把岁数了,都不希望住城市小区,不适应啊,真是住不惯新环境。说了你别笑,楼又高又多,住几栋都搞不清,坐电梯又按不来,坐不来。我们都亲眼见到的,龙头街拆迁的时候有个老倌(老人),比我们的岁数还大点,天天拿着一瓶水出来,一坐就是一天,问他怎么不回家,他说他不会开门,进不了家。他出来关了门,自己不会用钥匙又进不去,不锁着门么,又怕小偷进去了。所以

[①] 访谈资料来源:2011 年 12 月 30 日上午(9:30—11:00),于 ZWJ 家,他对当前的住房很不满意。

他就天天吃完饭后锁上门出来,来小公园里面坐着,坐到晚上,等儿女回来给他开门再回去。以后我们老了,要是到这一步还是很难受的,我们的想法是我们这些老房子么不要拆了,等我们去了以后么下一代想怎么弄再说。再说老房子是我们这些老倌老奶省吃俭用一把沙灰一把泥土盖起来的,多少是我们苦了一辈子的财产,说拆掉真是有点舍不得啊。国家城市需要建设,我们也支持的,别的我们也没有什么要求,起码留点房子给我们住,我们就满足了。(访谈材料54)①

老年人有自己的担忧,住惯了自家建盖的老房子,自然不太适应小区的新房子,他们觉得不够宽敞、不够自由、额外的费用也出得高,自然很怀念以前农村的房子。和老年人的想法不同,年轻人认为小区房要比老房子好,但应该从省钱的角度多多考虑,他们认为物管和停车费要花费一大笔费用,这是很不划算的。而以前的老房子可以节省很多费用。

2. S社区老房与新房的混合体

S社区的项村早就被纳入了城中村改造的规划,但到目前为止还没有拆迁的动静。项村2010年给村民们建盖了统建房小区,村民们现在两边住,住几天小区新房,又住几天以前的老宅,生活得有滋有味的。一位老大爷(ZZY,男,70岁),他说他家在新小区买了4套统建房,50多平方米的两套,90多平方米的两套,大的两套给两个孩子,他自己和老伴住小的一套,剩下的一套小房子租出去了,老房子和新房子一块出租,收入还是不错。但是住新小区的房子,他还是有些不太习惯,

ZZY说:"统建房盖好后就要搬过去,如果这里的老房子不拆的话还是老房子好住。如果我不省不苦,这栋老房子也是盖不起来的。我建的老房子有500平方米,花了不少钱,我喜欢这里的居住环境,我们这里有植物园、黑龙潭公园,旁边又是大学校区,环境很好的,污染也少,我们这里适合居住。新小区么条件肯定比住老房子要好点的,配套也齐全,环境还可以。但老房子自己想怎么走就怎么走,住在小区,始终是走路要小心点的,楼上楼下都有人,但老房子就不一

---

① 访谈资料来源:2012年1月30日上午(9:00—10:00),于小区广场,该调查对象对住房充满了担忧。

样，老房子更清净点。比如晒衣服，老房子是拉开晒的，在小区晒就很限制，只能在自家的阳台晒。老房子最近几年外地人有点多，环境有些嘈杂，进出的人多，有点不安全。"（访谈材料 55）①

看得出来，项村的居民对于现在的居住状况是比较满意的，有了新房子，就像吃了颗定心丸，即使城市扩建，城中村改造，还是有住的地方，避免了后顾之忧。而且村民们的房子是以很低的价格获得②，这实际上是村里给村民的一笔很大的福利。对于多数失地农民来说这样的住房是较为理想的状态，有新居也有老房子，这样既符合老年人的愿望也符合年轻人的需求。

S 社区北村一位开出租车的大哥（JSJ，男，35 岁）对他现在租住的房子很满意，他说："我们是房屋拆迁以后搬过来这里租房子住的，用国家给我们的过渡费还用不完。我们选择现在这里，主要是考虑这里是大学老师的小区，人文环境好，离原来的村子又不远，这样以后回迁的时候比较方便。不好的地方就是要交物管费，有点不划算。另外，停车太麻烦了，停在外面怕出事，停在小区又没有车位。我原来的老房子有 700 多平方米，有个院子，停个几辆车都没有问题。但总的来说我们还是挺高兴拆迁的，我们喜欢住现在这个房子，虽然没有以前大，但每个房间都有各自的功能，而且各方面都非常方便。现在想想我们农村的房子，每个房间都老大八大（方言"很大"的意思）呢，有些房间么就摆一张床，用又用不完，完全是浪费面积。这次我们家要了 5 套回迁房。到时候我们自己住一套，再留一套，其他的卖掉或者租出去，赚点钱，这样还是比较划算的。"（访谈材料 56）③

---

① 访谈资料来源：2011 年 12 月 30 日上午（9:00—10:00），于 S 社区项村，老人对住房较为满意。

② S 社区所在位置的房价目前约为 5000 元/m²。由于用的是村集体用地，建房时和开发商谈好村民不出购房费，多余的房子给开发商。因此村民买房的时候基本没有出钱，只是象征性地收了几千元的手续费。

③ 访谈资料来源：2010 年 11 月 20 日下午（14:00—17:00），于出租车上，司机很乐观也很随和，说话也健谈。

大哥说得心理乐滋滋的，可以看得出他对房屋的拆迁是理解的，而且对于以后的生活抱有很大的希望。

3. Z 社区现代性的回迁房

Z 社区是昆明市第一个采取"先回迁，后拆迁"模式建盖的回迁房社区，村民先拿到新房，装修入住后再拆迁旧房子，这解决了村民在回迁过渡期外出租房居住的问题，总体来说村民们对这种模式还是挺满意的。ZYH（男，40 岁）是村里第一个签拆迁协议的人，他家老房子有 309.66 平方米，但户型、设计及质量都不理想，签了协议后，他选了 3 套面积分别为 125 平方米、112 平方米、75 平方米的房子。照他计算，老房的建设成本不到 14 万元，而现在的 3 套房子价值 200 多万元，翻了 10 多倍，他觉得"很划算"。另一位回迁户 HB（男，28 岁）住在一期建成的一套 71 平方米的小户型里，二期完工后，他家还能分到 3 套新房。他说，他家原来的房子有 270 多平方米，但是环境、治安都不好。小巷里经常是满地的垃圾和污水。现在住进了小区房，有电梯，有保安，配套设施也很全，住着比较舒心。

老房拆迁后，房产公司又给每户支付了 10 来万元的安置费，所以大家手里都有一些钱，但都很不敢花，因为现在暂时没有房租收入了。由于二期工程尚未完工，他们现在还领取一部分过渡费用，一个月 3000 元左右，有了这笔钱心里又踏实点，但房屋建好后，这笔钱就没有了，到时候就只能依靠房租了。而他们对房屋、居住条件也有一些看法：

> 一位老奶奶（WDY，女，70 岁）说："搬过来以后生活好多了，我家在这里 1 期有一套房子，往后楼房还要盖 2 期的，这样有一套房并建一套房对于我们是比较合适的。虽然房地产公司是按 1∶1 的比例回迁了房子，但是公摊的面积太大了，几乎每套房子都有二三十平方米的公摊，3 套房子就七八十平方米了，太大了，我们很吃亏啊。另外物管费用也高。现在不方便的就是买东西，老是要走好多路去菜市场买菜，以前在老房子生活很方便，买什么都可以，菜市场就在家门口。不过我们老年人闲着也是闲着，不如多走点路锻炼身体。"（访谈材料 57）①

---

① 访谈资料来源：2011 年 11 月 30 日上午（10:00—12:00），于 Z 小区门口的小河边。

相对来说，Z社区回迁的失地农民对新的生活环境和居住方式普遍还是比较满意的，但也觉得城市小区的生活成本偏高。当问起有没有向业主委员会申诉、维权，他们听后一脸的茫然。在他们的观念中，只有村委会或者村民小组，没有业主委员会的概念，他们认为有问题就是政府和村干部没有为他们做好，所以一有事情就找队上解决，但现在这种做法已经行不通了，队上已经管不了多少事情……

由此看来，失地农民回迁，他们矛盾的中心也就随之转移。当他们成为城市小区住户那一刻，矛盾和不满也和城市居民一样围绕着小区生活展开，从这一点上我们还是能够看得出Z社区居民生活空间的转变，推动了他们对城市生活的融入。但是解决由此产生的各种矛盾，还需要他们不断提升城市社区意识，更好地维护自身的权益。

总之，生活环境的改变和居住方式的变迁是失地农民进城后在生活方式上的一个比较直观的变化。对他们来说，适应这个变化需要不断磨合和调整。正如布迪厄所说的"场域形塑着惯习"，在特定的场域中，主体原有的惯习就要做出调适，以适应当前的新场域。[①] 失地农民对新环境和新居住方式有一个适应的过程，这个过程对年轻人来说相对容易，但对老年群体来说，长期养成的生活习惯并不是在短时间内能改变的，有些甚至一辈子都无法改变。他们在原场域中形成的一些惯习对于新场域是"不合拍"的，而要对惯习进行重塑又让他们感觉颇不顺心，这也就不难理解为什么有些老人更愿意回到自己的老房子生活了。

（二）行为方式在变迁中的转变

高宣扬在《布迪厄的社会理论》一书中认为布迪厄所指的"惯习"和"习气"是一种"生存心态"，除此之外还描述人的仪表、穿着、状态以及"生存样态"。由此他延伸了对人本身"惯习"的理解，认为惯习不只体现在内在的心态中，也体现在外在的仪表和状态中，如人在日常生活中的行为、习惯、生活状态就是一种"惯习"的体现。

农村的"城市化"不仅仅意味着当地经济模式的变化，同时还是城市文化和生活方式向农村扩展的过程。西方社会学家通过对欧美农民进城

[①] [法]皮埃尔·布迪厄、[美]华康德：《实践与反思——反思社会学导引》，李猛、李康译，邓正来校，中央编译出版社1998年版，第172—173页。

并实现市民化过程较为抽象的思考,从而形成了社会学领域较为经典的二元性分析概念。具有代表性的有:19世纪末20世纪初的滕尼斯,对"礼俗社会"和"法理社会"进行了描述和比较,认为礼俗社会是乡村社会的特征,人的情感是建立在自然和传统基础上的。而法理社会是城市人生活方式的展现,在这里人们彼此自私自利,习俗和传统变得软弱无力,人们彼此淡漠,不相信共同的利益。① 由此,滕尼斯对于城市生活抱有悲观的态度。迪尔凯姆的"机械团结"和"有机团结"理论,认为农村传统社会之间的联系以共同的信仰、风俗和仪式为基础,社区中的人在主要方面几乎是一致的,无意识地结合在一起。而有机团结是一种建立在社会成员异质性和相互依赖基础上的社会秩序,因此更像城市人的关系网络。德国社会学家韦伯指出了乡村和城市之间的差异,即前者是传统型的社会,后者是理性化的社会。当传统性的乡村向城市社区转变的过程就是人们理性化不断提高,传统的价值观和情感不断被社会化程度整合的过程。后来,美国社会学家英科尔斯对6个发展中国家的农民的人格现代化进行了定量分析,他认为,发展中国家实现现代化实质上就是实现人自身的现代化,人的现代化是国家现代化必不可少的因素。美国社会学家帕克在研究跨境移民的过程中发现,移民融入主流文化群体要经历"竞争、冲突、调整和同化"四个阶段。② 失地农民虽然不是跨境移民,但帕克的理论仍可用于解释其文化适应过程。基于该理论基础,失地农民对城市文化的适应要经历文化冲突、文化反思和文化建构三个过程。

1. 从传统农耕生产方式向工商业生产过渡的文化冲突

学者叶继红认为农民失地后,需要适应全新的、与土地隔绝的现代化背景下的工业文明,这对于他们来说是一个新的尝试,需要一定的适应和磨合。③ 他们住进高楼,再也不可能开地种菜自给自足了,也不可能随地泼水随手扔垃圾了。他们的思维意识不断被现代性的元素所取代,并与传统的农民意识观念形成冲突。

---

① 陈立旭:《都市文化与都市精神》,东南大学出版社2002年版,第21—22页。
② Robert E. Park, *Raceand Culture*, Glencoe, Illinois, The Free encyclopedia Press, 1950, p. 150.
③ 叶继红:《城市新移民的文化适应:以失地农民为例》,《天津社会科学》2010年第2期。

S 社区乡村联防队的 L 大叔（男，55 岁）很形象地说："我们变成城市居民后，裤脚放下来了，我们从农民变为居民还是需要一个慢慢的过程。比如，以前村子里随地吐痰没人管你，现在不一样了，被抓到要罚钱；以前我们只要家里有人，门都开着，你可以这家出来那家进，随便串门，现在家家户户锁着门，也不好随便串门了；以前我们自己种地，自己吃，现在要拿着菜篮子进农贸市场买菜了。以前可以挖个鱼塘啊，养猪啊，现在什么都要到街上去买，很不习惯。你说多花点钱就算了，但是买的那些菜和肉我们不放心啊，现在都是农药化肥打出来的绿菜，不敢吃；又是化学饲料催出来的肉，我们不敢买。还有啊，我们现在的生活方式比原来要得闲点，但是不习惯啊，我们宁愿到好远的农贸市场去买菜，走着去，走着回来，相当于锻炼身体。没有事情做了，就靠这样的方式来锻炼身体。我们这边也有农贸市场，但要比原先大的那个农贸市场贵好几元钱，出于价格和锻炼身体，我们宁愿选择到远的那个农贸市场。"（访谈材料 58）①

离开土地，生活的方式自然也发生了变化，这是多数失地农民在生活中遇到的最现实的问题，不能养鸡种菜、不能随便串门子、不能随地吐痰等这许多的"不能"冲击着农民们传统的意识。长期以来，农村人形成的文化特征表现出来的审美观和城市人的审美观是不一样的，可能失地农民已看到了自身这个群体的观念和外来文明之间的差距，因此开始对自己做出反思。但就像村长说的，要一下子改变自己一些旧的生活习惯和日常行为还是不太容易的，这主要也是因为身体内在惯习在影响他们的行为。

一位在 Z 社区买了房的女孩 LYY（27 岁），对于这个社区里村民的行为很不习惯，她说："现在的生活肯定是比以前提高了，但是这里的人文化素质普遍都很低，农民的生活习惯有一些，比如，好多人现在还是比较节省的，小区对面有条河，水很脏，但他们扫地、拖地的水都是去那里提。这样的行为无可厚非，但实在很有损形象。进入小区后，感觉很嘈杂，会遇到很多的亲戚和熟人，大家说话的嗓门也

---

① 访谈资料来源：2010 年 11 月 20 日下午（14:00—17:00），于 S 社区项村联防队，L 很随和，也很健谈。

很大，乱扔垃圾，乱吐痰，一点都没有城市小区中文明、安静、整洁的环境。"（访谈材料59）①

从女孩儿的话语中能听出失地农民的一些生活习惯让住在同一个小区里的城里人很看不惯。据了解，尽管大家都居住在同一个小区，但回迁户和其他城市住户大多互不理睬，似乎有一道无形的鸿沟挡在了彼此之间，淡漠了彼此之间的情感。在小区里走了一圈，发现这里要比别的小区热闹，住户们三五成群地聚在一起嘀嘀咕咕地讨论着什么，突然又哈哈地大笑起来。尤其是小区门口的小河边，坐满了人，三个一群两个一伙的一块聊天、抽旱烟、打牌，享受着午后悠闲的时光。

小区物管说（QL，男，35岁）："这个小区里，张村回迁的村民有一部分，买商品房的城里人有一部分。两群人互相之间都看不惯，城里人觉得回迁户不讲卫生，不注意形象。回迁户又觉得这块地本来就是他们的，你城里人要有本事为什么不到高档小区去买房，还这里看不惯，那里看不惯的，多管闲事。"（访谈材料60）②

失地农民虽然身份变成了城市人，但他们各方面的意识还没有改变，不能马上适应新环境的文化要求。这和布迪厄提到的阿尔及利亚前资本主义的农民在城市现代化的变迁中面临的处境有点类似，即难以适从，变得和环境格格不入。当然，失地农民的处境比后者要好得多，还没有到与城市环境"格格不入"的地步，他们只是因为场域的改变，自身的惯习不能马上作出调整而已。从另一个角度来看，失地农民自身未必觉得自己不适应城市环境，住在回迁小区中的大部分人都是熟人，大家都还是和以前一样，所以也就习以为常了。这样的情况估计村民们也没有意识到。但是由于在长时间的居住中表现得很集中，影响到了周围邻居。也就是说，村民们长期沿袭的传统生活习惯具有巨大的惯性，甚至表现为一种"抵制

---

① 访谈资料来源：2011年10月21日上午（9:00—10:00），于S社区花园，LYY受城市文化影响很深，看不惯村民的一些行为和习惯，尽管她是"农二代"，但明显在素质方面和这些人不相匹配了，她身上代表了一种年轻人文化的趋向。

② 访谈资料来源：2011年10月22日上午（9:00—10:00），于Z社区物管。

变迁的心理特质"。① 就比如大家在公共场合乱丢垃圾、随地吐痰这些不文明的现象，若大家相互没有监督反而相互模仿，便助长了乱吐痰的习气，从而影响环境卫生。

2. 文明素质的进一步反思

失地农民生活习惯不适应的地方还表现在日常行为的规范上面，具体来说就是平日的言谈举止、文明素质是否达到城市要求的标准。总的来看，失地农民在这方面还没有很大的改观。S 社区项村原村长 LCK（男，65 岁）说：

> 我觉得我们这些"非居民"的素质还不是很高，像说话、谈吐，我们这里的人很随便。再比如我们这里的环境很脏很乱，我们这样的意识从小就有了，不可能马上改过来。如果要和香港那些地方比起来么我们这里就更差了。我们上次去香港，那里的环境卫生真的是好啊，人家单位上（城里）老人都穿得整整齐齐、清清秀秀的，即使那些单位上没有钱的那些人穿得也很干净。我们怎么一眼就望出来是农村人啊。我们还有很多要提高的地方，就像随地吐痰，以前在村里么谁会管，现在住小区了，还是要注意点形象呢。（访谈材料 61）②

布迪厄认为，惯习来自行动者长期的实践活动，经过一定时期的积累，生活经验就会内化为人们的意识，进而去指挥和调动行动者的行为准则，成为行动者的社会行为、生存方式、生活模式、行为策略等行动和精神思维中的强有力的生成机制。"惯习是含混与模糊的同义词。作为一种生成的自发性，于不断变化的情境的临时遭遇中确定自身，它遵循着一种实践的逻辑，这种逻辑虽然含糊，带有大约的性质，但却确定了与世界的联系。"③ 但尽管这样，作为城市中的农民，他们还是努力适应着，在传统与现代两种文化的不断冲突下，他们的市民意识也逐步建立了起来。

---

① ［美］威廉·费尔丁·奥格本：《社会变迁：关于文化和先天的本质》，王晓毅等译，浙江人民出版社 1989 年版，第 96 页。

② 访谈资料来源：2011 年 9 月 20 日上午（8:30—10:00），于 S 社区项村村民小组办公室，原村长和生产队队长都在，大家都不忙，因此有时间聊了许多。

③ 布迪厄：《科学的社会用途——写给科学场的临床社会学》，南京大学出版社 2005 年版，第 19 页。

W 社区中村的 LYR（女，30 岁）讲述了她们村民在思维和行动上的一些变化："原来老百姓都是种菜的，等到没有了地发现不但要买菜，买的东西太多了。经济压力就大了，一下子发现钱的重要性。早以前我们的房子是隆火（生火）煮饭，都要在房子外面做，后来慢慢的城市化，也就会自己搭厨房了，然后慢慢地发现卫生间在家里也是很方便的，于是大家都在房子里弄了卫生间；听说'城中村'改造了，我们这些老楼房拆了以后能像电视里那样住上整洁舒适的小区房，谁不向往呢？而且政府说我们房屋回迁后有产权证，这是多么难得的好事情啊，也可能是在这些好处的驱动下就愿意支持旧城改造的问题。后来等到房子快盖好后，房地产公司和我们说有公摊，原来我们的房子还有个'公摊'，从来没有听过这个词，什么是'公摊'？这是我们听到的新名词啊，还有物业管理费，一些从没听过的名词'噌、噌、噌'地冒出来，我们有些人不懂，只能慢慢接受吧，在变化中不断更新自己的思维，我们这些老农民的意识还是需要变一变的。"（访谈材料 62）①

　　城市的现代性和农村传统性的不断冲突，使失地农民的不适应性更强烈，但他们仍然积极地在这种不适应中积极调整着自己，努力跟上时代发展的步伐，并做出有利于自身发展的策略选择。从这点上来讲，这种文化冲突使失地农民的观念意识和生活方式向城市人更进了一步。但另一方面，失地农民的一些生活习惯未必都产生负面的影响，有些习惯，如勤俭、节省、朴实的作风是很值得城市人学习的。

　　Z 社区村民搬进新房后，对一些旧物的情感和不舍真是很让人感动，社区主任（MYH，女，38 岁）这样描述她所见到的场景："搬迁以后，这里的生活习惯还是和正规的居民有不一样的地方，比如说，我们看到好多居民搬着一些大咸菜罐子出来，感觉是他们家里很用不着的东西，都要扔掉，但村民们都搬到新房子里。村民们说他们也不知道这些罐子还有没有用，但这么多年，已经不习惯丢掉了。当

---

① 访谈资料来源：2012 年 7 月 20 日下午（14:00—17:00），于社区居委会办公室，LYR 很直爽，因为做基层社区工作，对大大小小的事务都很熟悉，很有自己的一些想法。

时的场景还是挺让人感动的,因为他们世世代代生活在这里,一下子拆掉,感情上还是非常不舍的。你当时没有看见,要拆的时候他们不准开发商先来拆,你可以先去拆别栋,但我这里后面来拆,真是很有感情的。

还有我家妈妈,土生土长的就是农民,他们就很节省,有时候你都会看着很奇怪,比如那个洗手水和洗菜水还留着舍不得倒掉,用来冲卫生间。年轻人认为生活好过点,吃好的,玩的舒服点多好。比如说买点贵点的海鲜吃,这在以前是很难吃到的,现在也有条件吃了,能吃了,可老人们总是很舍不得买来吃,除非子女给带来吃,因为他们总觉得钱花在这上面不值得。"(访谈材料63)①

在社区书记看来,老一辈一些传统的观念和思维已经固化了他们的行为。现在生活条件好了,搬进了新房,各方面都发生了变化,但事实上行动惯性已经把行为模式化,他们的思维模式也不能从中转变过来,就像他们身上节俭的优良传统是不可能丢弃的一样。这一点,我们可以引用吉尔兹的地方性知识来说明,克利福德·吉尔兹认为:"地方性知识包含着地方性的传统与惯习,而地方性知识也能够把传统与惯习表现出来。"② 当遭遇现代化影响的时候,老人们身上一些传统的观念就会显现出自身一些存在的价值,而并不被现代化的行为方式所吞没。

3. 惯习行为的重新构建

马克思曾经说过"不管某一时代的人们自认为自己与传统相去多远,传统的文化心理结构总是深深地印入人们的心灵中,并且总是'像梦魇一样'纠缠着活人的头脑"。③ 有人说一种行为会养成一种习惯,一种习惯会形成一种性格。如果要把这种惯习去掉,换之以新的适应环境的惯习,那就等于说要改变一种性格,而这往往很难。俗话说的"江山易改,本性难移"就是这个道理。即使真要改变,也必须经过长时间的驯化。当然,这也因人而异,对年轻人来说,可能会比较容易,改变得会快一

---

① 访谈资料来源:2012年4月20日上午(11:00—12:00),于Z社区居委会,社区主任总是会谈到一些有趣的事情。
② 克利福德·吉尔兹:《地方性知识——阐释人类学论文集》,中央编译出版社2000年版,第37页。
③ 马克思:《马克思恩格斯选集》第1卷,人民出版社2012年版,第603页。

些。而对老年人则不一样，需要的时间会很长，也有可能一辈子都改变不了。昆明市的年轻失地农民，尤其是二环以内没有种过地的年轻农民，他们的转变就非常快，而老年人的转变要慢得多，或者他们就不愿意去改变。S社区的MYH主任还介绍了社区里不同年龄层次的人的生活状况：

> 像二三十岁的，他们这一代已经是城市人了，不像50来岁的人，他们还吃过苦。20多岁的孩子他们的想法、衣着和城市里的人没有区别了，40多岁的已经在慢慢地改变，五六十岁以上的就难了。你说我们这个社区的人，要是现在让他们去种地么，怕只有老倌老奶（老人）愿意了，要年轻人去种地的话就根本不可能的事情。对未来的考虑，老年人可能要更焦虑点，他们认为有块土地，能留给子子孙孙，要是没有土地，房子也被拆掉，以后收入靠什么呢？但年轻人就不一样，他们不会考虑这么多的。（访谈材料64）①

虽然生活习惯暂时不适，但这只是暂时的，失地农民从乡下人生活过渡到城市人生活，肯定要有一个过程，这个过程的长短会因年龄层次不同而有所不同。对年轻人来说，这种过渡或者转变是自然而然的事，不会有什么特别不适应的问题，最多就是居住成本上升了。他们中的大部分人没有下过田，也不知道怎么种地，所以也不愿意回到老辈人种地那样的生活。对他们来说，城市生活是必然的选择；而老年人不一样，他们怀念过去的田园生活，特别是那块他们曾经挥洒过汗水和青春的土地，依然让他们魂牵梦绕。

> S社区联防队的L大叔（55岁）一直希望能回到过去："如果要能选择，我更愿意当农民，那样我更充实的。虽然赚不了多少钱，但很实在，心里很踏实，身体比现在更好。现在闲下来就会有这样病那样病的，什么三高：血压高、血脂高、血糖高的很多。过去我们一天干劳动流汗很多，身体好得很，以前我戴草帽很辛苦，耪了5、6亩地，人家不种的地我也拿过来种。看着有自己的土地，感觉再辛苦再

---

① 访谈资料来源：2012年4月20日上午（11:00—12:00），于Z社区居委会，社区主任总是会谈到一些有趣的事情。

累也值得，心里很充实，吃完饭后地里转一下，去哪家吹吹牛（聊天），哪里好玩去哪里玩一下，很开心。现在你就是拿一万元钱的工资，也没有以前当农民时候的心情好，那种快乐不是用钱能够买来的。"

现在不行，现在闲下来了，一把一把的药买着来养身体。如果要我选择，我还是会回去当我的农民，我要选土地，我并不是说现在的土地增值有多快，而是觉得土地是一种永久性的象征，我以前种的那块地很好的，依山傍水的，为什么我当兵的时候领导让我上军校我都不去？领导让我上军校，我说我文化低了，谢谢了，我就是想我死也要回来我的土地上。我回来以后有我的地，我的房子，重要的是我的根在这里。我和以前的战友经常有来往，他们说我不去上军校憨了，但我一点也不后悔，他们不懂的。（访谈材料65）①

虽然过去的日子辛苦，但是村里老一辈的人还是很怀念过去，甚至希望能回到过去。他们觉得种地虽然辛苦，但却能在忙碌而自由的生活中找到乐趣。Z社区的几位奶奶回忆起以前的生活时说：

以前啊，这里全是菜地，我们每天起早贪黑地出去干活，种地、挑水、挑大粪……以前啊，这里全是菜地，有白菜、葱，你知道吗？我们这里的葱以前是全市最好的，这里曾经是全市的蔬菜种植基地，我们天不亮就收一车的菜拿去卖……（访谈材料66）②

可以看出，老一辈失地农民的行为取向与年轻一代有着很大的差异。他们的身份虽然已不再是农民，但身上依然保留着农村传统的一些思维和生活习惯，甚至仍然希望回到以前耕田种地的田园生活中去。这源于他们对土地的那份长久的依恋，实际上也是惯习作用的结果。

---

① 访谈资料来源：2010年11月20日下午（14:00—17:00），于S社区项村联防队，L很随和，也很健谈。

② 访谈资料来源：2011年11月30日上午（10:00—12:00），于Z小区门口的小河边，老人们已经完全陶醉在对过去的追忆中，他们很乐意和年轻人讲他们以前如何辛苦种地的事情。

(三) 文化价值观在变迁中的适应

价值观在文化体系中占有重要的地位，文化体系的差异性很多时候是通过价值体系的差异性表现出来的。失地农民的价值观和城市人的价值观存在一定的差距，市民思想观念中积极、进取、拼搏的价值观与农民身上顽强保留着的依赖、被动、宿命等乡土人格形成了鲜明的对比。这些价值观的差异和冲突也常在日常生活中有所体现。

1. 惯习中的金钱观

布迪厄的文化资本概念包含着"消费实践"，文化消费是"有倾向性的、有意识的……来履行将社会差别合法化的社会功能"。[①] 布迪厄认为一个阶层的消费观能反映出该阶层处于什么样的意识状态，对金钱的消费和投资能够从一定程度上反映出个体对待生活的态度和意识观念。并且布迪厄强调教育地位在联系社会地位和消费之间的作用是很重要的，受教育程度越高，获得的文化资本就越多，品位也就越好，消费能力也越强。

(1) 务实性消费与奢侈性消费的反差

每个群体都有自己的消费观，消费观念能体现出一个群体的审美观和意识观念。城市人和农村人的消费观念是不一样的，城市人的消费选择往往更注重享受、品牌，注重生活的质量和身心的舒适，大型繁华的购物超市、百货商场是他们经常光顾的地方；农村人则不同，农村人往往比较注重实际，他们简朴、务实，购物也以便宜、实用为原则，所以在农贸市场能买到的东西他们是绝不会到大型超市去买的。即使身份变成了城市人，但他们大部分人的消费观念依然保留着生活在农村时的状态，日常生活必需品的消费支出仍然是大多数失地农民家庭或个人的主要消费支出。S 社区的项村，门口就有个农贸市场，村民们爱来这里买菜和日用品，价格便宜，也很方便，S 社区北村村民小李（LF，女，37 岁）经常带着孩子来这里，

> 她说："我每天都会带着孩子来这里买菜，买点日常的生活用品，甚至宝宝的衣服和小玩具都会在这里买，这里方便，离家近。我

[①] Pierre Bourdieu, *Distinction: a Social Critiqu of the Judgment of Taste*, Cambridge, Mass: Harvard University Press, 1984, pp. 170—171.

和老公有时候也会去逛沃尔玛、家乐福,但太远了,麻烦,而且东西也贵,有些东西也不适合我们。这个农贸市场还比较适合我们,便宜、实惠,你说一把梳子在大超市卖 10 来元钱,这里地摊上只卖 2 元钱,梳子嘛,能梳头就行了,我们为什么要追求那么好的质量和功能呢?而且我们喜欢砍价,把价钱讲下来很有成就感,还省钱。还有,你听着菜市场里叫卖、砍价、人来人往的声音,心里面就特别舒坦。"(访谈材料 67)①

小李选择在农贸市场买东西的想法代表了多数失地农民的消费观和金钱观,他们的消费原则还是以实用、便宜为主。而且他们习惯于农贸市场带来的朴实、自然、熟悉和乡土的感觉,因为他们也曾经是农民,也曾在这里卖过菜……

然而失地以后,一夜之间有了钱,他们中一些人的金钱消费观也开始发生变化,有些人甚至彻底抛弃了原来质朴的个性,变成了奢华浪费的"暴发户",有了钱不知道怎么花,于是就买房子、买好车,肆意挥霍。多数人在分到补偿款的时候首先会到城里面去买商品房,而且大部分是一次性付清。对于他们来说土地和房子是最踏实的资产。同时,他们会把钱用在生活奢侈品上,最直接的选择就是买豪车。

> S 社区兴村的村民 RYB(男,42 岁)说:"我们村子 90% 的都有车子,有些家都有 2、3 辆,像奔驰、奥迪、宝马这些豪车都有的。村里人分了钱以后,这些好车一下子多了不少。而且在外面买房子的人也不少,有些人一口气就买了好几套。感觉是以前过节衣缩食的穷日子穷怕了,现在一下子有钱了,就暴发得不可收拾了。"(访谈材料 68)②

为什么农村长期以来的节俭观念没有影响到这部分村民消费的意识呢?在调查中发现,多数人还不太适应突然有钱的现实,不知道该怎么

---

① 访谈资料来源:2011 年 4 月 13 日上午(8:30—10:00),于 S 社区项村农贸市场。
② 访谈资料来源:2011 年 10 月 20 日下午(14:30—16:00),于 S 社区兴村 B 商店门口,店主很健谈,能感觉得出是有些经历、见过世面的人。

花，看村里其他人买车、买房，自然也就跟风地去做。当然这其中也有他们的虚荣心在作祟，买车本来是为了出行方便，但在攀比心的作用下，买车的初衷也就变了味，变成了一种竞赛，变成了这些村民炫耀有钱的一种必需的消费行为。一些人整天关注的就是"谁比我更有钱，或者是我比谁更有钱"。

W社区双村的守门的ZZB大叔（男，65岁），是土生土长的双村人，但年轻时候就出去参了军，复员后户口转到了工作单位，因为这个原因他不能享受村里各种福利。单位倒闭后他成了下岗工人，领取很低的生活费，不够维持生活，于是队上就让他做包工，也守守门，每个月六七百元的工资。他觉得自己和村里其他人已经基本没有共同语言了，

> 他说："我上班就过来，有事了就做一下，没事就看看报纸，听听收音机。下班我就赶紧回家，很不和他们（队上的集体经济上班的人）来往。我是打工的，他们工资各方面的收入都比我高，他们去办事处静坐都发补贴的。我们的收入低，一个月就六七百块，我老妈妈（老伴）也是队上呢，她不用上班工资都比我高。以前年轻的时候村里还穷，那时候还能和他们谈得拢。现在聊不起来了，你看他们要么就不来上班，来上班也是上午来打打牌、搓搓麻将，中午么免费吃一顿饭，然后就回家去了。他们随时说的都是哪里哪里好玩，哪个牌子的车好开，哪个饭店又有什么好吃的了。我真是不敢和他们侃，和他们没有共同语言，我们吹什么呢？吹也拿不到钱，还不如做些实际的事情，队上额外多给我200元钱，让我给他们出出黑板报。"（访谈材料69）[①]

大叔很不屑和队上的人聊天，一方面，他觉得队上的人就是吃闲饭的，没有什么真正的本事，这些人的钱不是靠工作、奋斗得来的，但却比他拿更多的工资，所以不值得他佩服和尊敬；另一方面，村民想法简单，说话粗俗，村民有钱后就讲吃讲穿的，生活浮躁，没有什么人生追求，张口闭口就是钱，很让他反感。这多少还是带了点当代社会旁观人"仇富"

---

① 访谈资料来源：2013年1月10日上午（10:00—13:00），ZZB有些"羡慕、嫉妒、恨"的情怀在里面。

的心理。

还有个别农民有钱以后，不把钱当回事，拿着大把的钱去赌博，赌输了想赢回来，越赌越输，越赌越大，一年半载就把分到的钱输得一干二净，但这样的人毕竟是少数，大多数人还是能把钱存下来，省着用，为以后做长远的打算。

由此看来，农民被征地后有了钱，他们的金钱观念也会随着改变。一部分人在金钱的炫目中迷失了自己，产生"炫富、拜金、攀比"的心理；而另一部分人也会在传统的"节俭务实"的金钱观中延续着原来的生活方式，金钱观呈现出两种极端的方式。而对于个别人来说，他们的金钱观也呈现出两面性，一面为了攀比追求名牌，对自己进行外在的装点，一面对日常生活中的点滴坚持节俭实用的价值观，这说明他们对名牌的消费动力并非来自自身的品位和审美的情趣，而是来自虚荣。也说明他们的消费观与品位还没有达到合一的境界，他们在"金钱观"融入方面还处在一个不成熟的状态。

（2）小农思维的理财观

从经济投资的长远眼光看，失地农民的投资理财能力相对较弱。一方面是他们缺乏相关知识，不知道如何投资理财；另一方面，受长期以来小农经济意识的影响，怕承担风险，不愿意吃亏的思维在他们的意识中根深蒂固。因此我们就很容易理解失地农民中一些现象。

> S社区兴村的MT大叔（男，55岁）不懂投资，他觉得把钱存在银行里比较可靠："我们现在房子快拆迁了，我算算我家大概能分个百八十万块钱，到时候我就拿到银行里存起来，我分散地存，这样把稳点，一家银行存个十多万，吃吃利息，本金动不着，一年我也有不少纯收入，这样我就可以什么都不用做，现成吃利息就可以，以后孙子要是能干点的话就把钱拿出来个几十万给他做投资。"（访谈材料70）[①]

[①] 访谈资料来源：2012年4月10日上午（10:00—12:00），于昆明市大花桥上，他的摩托经常在这里拉客。大叔觉得有人和他聊天挺开心的，他越说越起劲，半天下来没有人搭他的车，但他似乎一点也不在乎。

大叔家房子多，拆迁后可以为他们带来了高额的补偿款，和多数人一样，他选择把这钱老老实实地存在银行里，吃利息，他觉得这样既可靠，又可以有固定收入。对于投资，他觉得那是下一代人做的事情，自己是不会去做的。有些家庭的拆迁补偿款要少些，但也都不愿意拿钱去冒风险。

居住在 Z 社区的女孩 LYY 对她这些邻居意识的落后深有体会，她说："生活在这个圈子里的人的观念就是：有点钱，拿了存在银行里面，吃点利息。绝不会把这些资源和资金拿出来做投资，把钱拿出来送孩子出国的人肯定是不会有的，他们这里的人的意识都很狭窄。他们坐享其成，闭着眼睛一夜之间就来好几套房子，他们就觉得有这二三百万做保障，就不需要再去奋斗了。要是其他人，社会变了，思想也会跟着变。而这些人就是圈在一个圈子里面，看不到外面的世界是个怎么样的变化。现在你看：每家有点钱就拿来买一辆私家车，到处去玩。现在有个车是正常的，但他们也没有想过养车和交物管这笔费用也会逐年在涨，2—3 年内生活会好过点，但是 2—3 年后生活就是另一种景象了，能勤俭持家的人可能还能过得走（过得下去），但对于那些爱乱花钱，尤其是有些人爱赌博的就不好说了，他们几乎 70% 的人都打麻将。这里的人把房子拿出来改造成麻将室，他们的秉性就是这样，城中村拆迁后也没有什么事情，不求上进，就在家里面打麻将。"（访谈材料 71）[①]

"满足、稳妥"是当前失地农民思想的一个写照，他们之所以这样选择也不是没有道理的，虽然有这些拆迁补偿款，但他们对自己未来的工作和生活没有一个预知，比起城里人拿固定工资，有社会保障，他们更需要用资金为将来买个保障，所以大部分人都不会轻易把这笔钱花出去。虽然城市人认为他们缺乏远见、没有长远眼光。但对他们来说，这其实就是一种有远见有长远考虑的想法。面对当前经济环境的不确定性，他们这样的行为是合理的，也是出于理性选择的考虑。

---

① 访谈资料来源：2011 年 10 月 21 日上午（9:00—10:00），于 S 社区花园，LYY 受城市文化影响很深，看不惯村民的一些行为和习惯，尽管她是"农二代"，但明显在素质方面和这些人不相匹配了，她身上代表了一种年轻人文化的趋向。

美国经济学家斯科特（J. C. Scott）在研究小农的经济基础上提出了著名的"道义经济"命题，他认为，小农经济坚守的是"安全第一"的原则，具有强烈生存取向的农民宁可选择避免经济灾难，而不会冒险去追求平均收益的最大化[1]。从斯科特的理论出发，我们就不难理解为什么多数失地农民会选择相对保守的经济行为。他们的这种选择和长久以来小农观念中的金钱观有直接的关系。在"道义小农"这个研究取向中，农民被指责为"由宁愿贫困的人组成的亚文化群体""宁愿选择闲暇而不愿意做额外工作以增加生产的游手好闲者"和"无效率地使用所支配之资源的落后与保守分子"[2]。对于这部分失地农民，从他们的就业观中就很容易看出，他们延续的还是一种农民式的"保守经济"，不愿意去争取更大的发展空间。但是，既然他们已经被无条件地选择为"城市市民"，那么他们还是要改变一下原先固守的农民式的经济行为，也许维持现状也没有什么不好的，生活各个方面都挺有优越感的。但如果从长远考虑，那他们发展的空间将会越来越狭窄，久而久之就会有被抛弃的感觉，到那个时候就为时已晚了。因此，只有不断去接纳和学习市民化的一套经济思维模式，对现有的资金做一个长远的规划和投资，积极有效地抓住发展的机遇，才能为自己的未来争取更多的财富和资本。

2. 家庭利益策略的选择

乡村城市化不仅仅是经济模式、外在的物质模式的变迁。从更深层次讲，还可能带动家庭结构的变迁。家庭是以婚姻关系、血缘关系或收养关系为基础的人组成的相对稳定的单位，是人类社会中最基本的社会单位。[3] 因为家庭是社会的一个最小的单位，是社会的一个小细胞，因此家庭也是社会的一个小缩影。社会的大变迁会带动家庭的小变迁，正如一些学者所指出："离开了几千年来传统模式的轨道，走上了由工业所开辟的新路。由此而来的农村家庭变迁既然是为了适应新的生产方式与生活方式，同样具有质变性质。"[4] 随着失地农民的进一步市民化，他们的思想

---

[1] ［美］詹姆斯·斯科特：《农民的道义经济学：东南亚的生存与反抗》，译林出版社 2001 年版，第 1—43 页。
[2] 秦晖、苏文：《田园诗与狂想曲》，中央编译出版社 1996 年版，第 18—19 页。
[3] 乐平：《现代社会与我们的生活》，中国商务出版社 2006 年版，第 120 页。
[4] 沈崇麟、杨善华主编：《当代中国城市家庭研究》，中国社会科学出版社 1995 年版，第 77 页。

观念也将随之发生改变。与其说农村人变得不像以前，倒不如说是环境改变了人的意识，农民只是顺着这个潮流在变，是一种与时俱进的选择，一种理性的选择。这样的选择符合一些学者提出的"家庭策略"理论①，即家庭不是被动地受社会变迁的影响，而是根据自己原有的特点对社会做出反应，体现出家庭对于社会的反作用。

(1) 家庭啃老现象普遍存在

奥尔卡·朗（Olga Lang）曾把汉人的家庭分为三种主要的形式，即核心家庭、主干家庭和扩大家庭，按照人口学理论的观点，失地农民的房屋拆迁，使得原来的"主干大家庭"被打散开来，变成了一个个核心家庭，成员之间的关系将会变得更松散，情感将会越来越疏远。但实际上，这种外在的力量并没有把内在的情感联系打散，主干家庭的形象依然很多，很大一部分原因是"啃老现象"的普遍存在。由于被征地后，失地农民中年满60岁以上的老人基本上都能领到养老保险，而且还有一笔安置费用，这样老人就不用担心往后的经济问题，重要的是能够给家庭减轻一些负担。另外，在多数家庭里，老人是拆迁房的户主，各种补偿和利益都落在老人的头上，在家里老人有经济基础，因此子女争着和老人住在一起的做法，在很大程度上是为多占点老人的好处。

W社区中村的村民LYR（女，30岁），谈到了该村的一些现象："我们这里'啃老的'比较多，说实话我们这些年轻人单是'养娃娃'自己都没有能力，以前么租房子，现在房子没有了，经济更是紧张，像我这样年龄段的人（30—40岁）上面养不了老人，下面还要靠老人来养孩子的。"她对于"啃老现象"是这么解释的："说到家庭里虐待父母的人基本上很没有，甚至大家都要争着养老人，为什么呢？因为现在房子还是在老人头上，还没有分到子女的头上，这样也只有老人是凭着房子拿过渡费的，而且还拿着村上的生活费，老人有钱，说话有分量，说难听点的话就是村上居民的这些生活费，就是养老金（1500元/月），不靠着点老人生活，单靠年轻人打工赚的钱怎么可能养家，真是没有办法。即使房子分到自己名下了，转过来

---

① 沈崇麟、杨善华、李东山：《世纪之交的城乡家庭》，中国社会科学出版社1999年版，第6页。

还是要吃老，啃老。

现在老人的想法还很超前，他们认为我们现在有钱，不用子女管，我首先把自己管好，我有点钱就去养老院里面待着，不给孩子拖累。我不知道别的村是什么样子，我们村好多老人都不会给子女带孩子，因为第一，年轻人找不到工作，自己有的是时间，就干脆自己在家里带孩子，省事；再一个我们这里的年轻人都不放心给老人带孩子，认为老人带出来的孩子娇气。现在很多年轻父母，他们更愿意把精力放在对子女的教育上，所以老年人更有自己的生活安排，在思想方面的转变要更朝前点，甚至超过城市里面的人。这其实对大家都挺好的。"（访谈材料72）①

事实上，不少有养老金的老年人因为孩子没有工作、没有收入，还不得不拿出来一部分钱来补贴孩子，这造就了现在的"啃老"一代，而且这种"啃老"现象比较普遍。失地农民中的年轻一代与城市同龄人相比一无技能，二无学历，就业竞争力更弱，因此，"啃老"的人要更多一些。实际上，"征地"这一城市化进程中的重要措施并未在很大程度上改变传统中国农村家庭代际之间的依赖关系。相反，由于子女成年后，不仅不能赡养父母，甚至连自己的生活还需要父母的资助，因此"啃老"在一定程度上加剧了代际之间的反向依赖关系（这里说的反向主要是指子女对父母的依赖）。而当"养老金"在实际中的功能由养老保障变为家庭生活保障时，老人们也就在一定程度上降低了自己原本可以达到的生活水平。②

（2）家庭情感与利益的处理

在城市化进程中，这种抉择多数情况下体现为征地后家庭成员之间情感的淡化。市场经济的介入，农村传统价值观或多或少受到了某种程度上的冲击，受一些现代不良价值观的影响，人们判别好坏的标准有时也会受到金钱的左右。在失地农民家庭，成员之间因为一小点利益斤斤计较，甚至大打出手的事不少。学者王思斌通过研究认为，经济上的互利可以使亲

---

① 访谈资料来源：2012年7月20日下午（14:00—17:00），于社区居委会办公室，LYR很直爽，因为做基层社区工作，对大大小小的事务都很熟悉，很有自己的一些想法。

② 陈映芳：《征地与郊区农村的城市化——上海市的调查》，文汇出版社2003年版，第162页。

属关系更加紧密，同样经济利益上的矛盾也可以使亲属关系更加疏远，人情关系也受到巨大的挑战。[①] S 社区一个家庭的几兄妹为了争夺家里过世老人的村集体经济股份所有权闹得不可开交，最后不得不通过法院来解决，但从此几兄妹再也不来往了。Z 社区因为房屋拆迁权益的归属问题，或者为得到更多的补偿，夫妻离婚，回迁后又复婚的不在少数。像这样的例子在征地和房屋拆迁改造中挺常见，并且严重地影响了家庭成员之间原本亲密和睦的关系。在利益面前，亲情便如同一张纸，伦理道德在个人工具理性面前一撕就破。正如齐美尔所认为的，城市化以后人的生活会趋于冷漠、理性，人与人之间的关系也会变得冷冰冰。从农村转型到城市人的过程中，这样的情况也不可避免。

W 社区的张老爹（ZZY，男，76 岁）祖上就是双村的人，他早年在外求学，后来进单位工作。20 世纪 90 年代初，张老爹的老父母相继去世，老人给几个子女都留了点宅基地，张老爹也有一份。于是在 2000 年退休后，他带着老伴回到了村里，想用自己的那块地盖个小楼，但是事情没有他想象的那么简单。

> 张老爹说："回来以后，我以为我可以顺理成章地继承我父母留给我的那块地，却发现事情并不像我们想象中的那么简单。我大哥家一直把那块地占着，说我在外面那么长时间了，凭什么又回来分家里的财产，我说这是父母留下来给我们子女的，我也有一份的，是合理合法的。但是大哥家就是死死地霸着，硬是不给我。我们就到法院去告他家，法院还算公正，把那块地判还给我。可是，大哥家的人就是不依不饶，无理取闹，我们家实在没有办法就请法院强制执行，没想到法院警车开来的那天，大哥家带了外面的几十号人手里拿着棒子、铁锤的，气势汹汹地说：'谁要敢动这块地，就跟他拼命。'法院的法警也被吓着了，跟我们说：'你们是兄弟，还是好好商量着办吧，这事情我们真是不好管了。'说完就开车走了，剩下我和三个儿子和他们对抗，自然是不行的。于是我们只能选择和解，我大儿子和他家大儿子去谈判，最后他儿子从队上盖的新房里弄了一个买房名额给我们，这块地就给他们家了。这事上我们是很吃亏的，我们还要自己出

---

① 王思斌：《经济体制改革对农村社会关系的影响》，《社会科学研究》1987 年第 6 期。

钱买那套房，但也是没有办法的选择。他家太霸道，太不讲理了。其实我大哥家不只霸占了我们家的份，连着我三弟、四弟的份都给占了许多，三弟、四弟家也特别恨他家，一直都不和他们家来往。唉，亲情在利益面前薄如纸啊。

后来大哥去世了，他的几个儿子又因为财产的事情互相争执，大嫂又特别偏袒小儿子，把家里的财产都归到他的名下，自然其他几个儿子就很有意见，为了这个事兄弟几个都闹翻了，打了几次，还把我请去主持公道，你说这种事我怎么好管。唉，我们这里发生这样的事情很多啊，亲情是非常淡薄的。我家三个儿子他们小的时候我们就管得很严，现在都在外面单位工作，不会卷到这些利益纠纷当中，我们家相处得还是很融洽的。"（访谈材料73）①

利益矛盾，引起家庭纠纷，影响家庭和睦，这些问题都值得去反省和深思。常常听农村人说城里人小气、势利，实际上农村人在利益面前也摆脱不了这种劣根性。他们在追寻城市现代化文明的同时，也在遗失着自己，人性的一些美好的东西也随着慢慢地消失……总之，家庭生产策略具有很强烈的理性色彩，它基于一种趋利避害的考虑，也是家庭在面临社会变迁时，其能动性反作用于社会的一种体现。但是过于工具理性而忽视价值理性的策略，往往忽视家庭情感的联系，正是利益认同的加剧和自我中心主义的强化，在两者互动共同作用下，导致了血缘认同的下降，经济关系地位的提升，而这体现出的正是人们由价值理性向工具理性的衍化。②这也是非常可怕的事实，失地农民在利益面前，轻易放弃家庭情感，将农民长期以来的仁爱、友善、和谐的传统抛之脑后，实在令人惋惜。

3. 现代意识观念的缺乏

农民和城市人在意识观念上的确是有不同的，城市人在以"地缘、业缘为关系纽带"的生活场景中逐渐建立了一套"理性思维"来应对生活，例如办事效率高、做事情以经济理性来衡量，讲究诚信等注重实际、追求财富的功利主义。在城市化的市场经济中能够游刃有余，并具有学历

---

① 访谈资料来源：2011年12月30日上午（9:30—11:00），于ZZY家，他谈起这些事情总是记忆犹新。

② 贺雪峰：《村庄精英与社区记忆：理解村庄性质的二维框架》，《社会科学集刊》2000年第4期。

和知识能够为自身争取更多权利，具有很强的民主和法律意识，在这些方面，来自农村背景的失地农民是非常缺乏的。

第一，市场意识缺乏。失地农民普遍被认为缺乏市场意识，在小农意识依然根深蒂固的状况下，农民对市场的发展是不感兴趣的，也是不了解的。那些原来在村子里乡镇企业中工作的人，或者是自主创业者，也许能够克服一些小农意识，表现出很好的适应能力，但是大部分农民对市场的敏感性和积极性不高，"小富即安，知足常乐"也是他们生活的写照。例如在征地和房屋拆迁的过程中对市场价格的不了解，看到有很多的补偿款，就容易满足，不太过于计较，但在后来才发现补偿过低，吃了大亏，但悔之已晚。

第二，民主法律意识淡薄。由于失地农民普遍的文化程度不高，所以相比较城市人法律意识是比较淡薄的。具体表现在：法律意识淡薄，不懂法，失地农民的守法意识较薄弱，很多时候选择的方式都是通过个人行为"私了"，而非通过正归的理性途径，诸如法律、沟通手段等来解决，尤其是他们在征地合约、合同签署、保险意识和维权意识不强的情况下是很容易吃亏的；缺乏依法维权意识，在自身的权益受到侵害的时候，不会运用法律手段，要么默默忍受，要么通过暴力手段和过激行为来解决，因此导致了违法犯罪事件。这一点，在很多地方的征地补偿、房屋拆迁的过程中表现得比较突出一些。同时，在现代意识中，失地农民的民主意识是比较缺乏的，在农村的小农意识观念下，使得他们在处理问题的时候多数是集体意识，谁有权说话，就听谁的，或者长期以来已经适应了领导怎么说就怎么做的生活模式，以至于很少去考虑一些问题的正确性和可行性，这容易造成农民思想僵化，久而久之，丧失了自身应有的一些权利，失去了发出自身的声音的机会。由此可见，目前许多失地农民法律意识方面的问题在昆明市的失地农民中也是普遍的，他们的法制素质与公民应具备的基本民主法制素质之间还存在一定的差距，有待进一步提高。

总之，在三个社区的失地农民文化融入的过程中，着重从文化资本的制度化形式和能力型的文化资本来进行论述，即包括对于制度化的文化教育资源的获得，以及能力型的文化资本的调整和获得。具体包括居住方式、生活方式、价值观等方面的调整和适应。

第一，从文化教育程度及获得的人力资本方面来看，老一辈的失地农民由于观念狭隘以及现实的需求，普遍的学历层次不高，进而影响了他们在失地后找工作及进一步发展的诸多不便，由此，在生活得到改善的"后土地时代"村民无一例外地重视对下一代的培养，并从多个渠道获得更多的文化资本，参与到对制度文化资本的争夺中来，彻底改变了老一辈对于教育不重视的狭隘想法。但是失地农民的职业能力培训还有待进一步提升和扩展。

第二，文化融入的另一种体现是有关生活方式的转变。首先是居住环境的变迁，所调查的三个社区的变迁都比较大，他们的生活空间由原先的开放式的庭院大空间转变为城市小区内狭小私密的空间，小区楼房环境优美、舒适、方便，是能够为村民所接受的，而对于居住新小区增加的物管费用及其相应费用是有些不能接受的，愿意居住新小区与不能承受的相应费用形成了一对矛盾；从生产方式、文明素质、行为习惯上看，他们正在朝着城市人的生活方式转变，却依然受农村传统行为方式的"惯习"所左右，尤其是老年人，有着诸多不相适宜的习惯，一方面阻碍着他们对于城市生活的适应，但另一方面在某些地方也是优良传统的发扬。年轻人转变得相对要快些，他们也乐于接受新事物的"洗礼"，但过于追求城市物质东西的"炫目"而迷失自己。

第三，价值观念的转变是文化融入中一项重要的内容。不论是从金钱观、家庭观和民主法制意识的观念上看，失地农民无不体现出了一种"农村传统小农价值观"的特点。他们节省、实用的小农金钱观与攀比、炫富的金钱心理形成鲜明的对比，容易走向两种极端，外在丰富的经济条件，不能与内在素质、品位和涵养成正比地提高。而从经济投资观上看，失地农民总是力图求稳和利益最大化，但是又固化于"保守"的传统思维，不愿做更长远的投资，只求当前经济的投资的稳定性；在家庭观方面，"家庭策略"理论认为，家庭观的变迁，是在利益的驱动下，进行的理性权衡，因此失地农民家庭观的改变有其趋利避害的初衷，但由此对家庭带来的负面影响也将是深远的。另外，失地农民在民主法律意识观方面还很欠缺，更有待进一步加强。

因此，用文化资本的内涵来谈失地农民的文化融入状况未免有些牵强，但是农民对文化资本占有的多少，确实是能从文化这一方面来说明融入的好坏。在制度型的文化资本方面，失地农民尤为重视，并不惜一切代价让子女获得更多更好的文化资源；在能力型文化资本方面，偏重于阐述"惯习"对于场域变迁的不适应，从传统的农耕方式生产过渡到工商业生产的文化冲突，到对自身言谈举止、文明素质的进一步反思，再到年轻人与老年人对于惯习行径的构建中一步步从冲突、反思到行为的行动建构中融入城市生活中的。但是惯习要在场域中被"形塑"，并非一帆风顺的，惯习总是受到先前思维模式和结构的影响，并在某些方面体现出它的"滞后性"。失地农民文化融入的过程中，由于受到农民本身传统文化的影响，在文化素质、生活方式、思想观念上还是依然会有不适应或者不符合"市民化"发展的方面。但是场域的变迁也推动着惯习在不断的"调适"，在城市化的"新环境"面前，失地农民并非一无是处，他们总是以自己积极的方式来面对各种"调整"，不断地朝着市民化的脚步形塑着自己，相信他们能够自我调整到最佳的位置。

第四章

失地农民社会融入中的建构

社会支持网络的意义在于对失地农民寻求帮助、内心归属感以及心理认知的支持;社会参与也可以说成是社区参与,即社区成员自觉自愿地参加社区各种公共活动或公共事务的决策、管理和运作,分享社区建设成果的行为和过程。[1] 失地农民社会融入主要是从社会支持网络、社会参与、社会资本三个方面来说明。

一 社会支持网络的功能

社会支持网络主要是指镶嵌于社会结构中的人与人、团体与团体等之间的关系构成的复杂的网络。布迪厄这里的社会资本是指"当一个人拥有某种持久性的关系网络时,这个由相互熟悉的人组成的关系网络就意味着他实际或潜在所拥有的资源。社会资本赋予关系网络中的每一个人一种集体拥有的资本。因此,一个人拥有的社会资本量,就既取决于他可以有效调动的关系网络的规模,也取决于与这些网络相关联的各种人拥有的(经济、文化、符号)资本的数量。"[2] 处于社会关系网络中的成员相互认同,为了共同的目标和利益达成一致的行动。网络能够给个体人以支持和帮助,使其更好地发展,进而个体对所处的关系网络产生荣誉感、信任感和归属感。这里的网络关系分为初级关系网络和次级关系网络,初级关系即是使个体自然形成的关系,如亲缘关系网络、邻里网络等;次级网络是人后天有意识的建构的,如朋友网络、职业网络

---

[1] 王刚,1998;张亮,2001;陈雅丽,2002;王骥洲,2002;杨荣,2003 等相关学者的论述。

[2] 姜振华:《社区参与与城市社区社会资本的培育》,博士学位论文,中国人民大学,2007年,第20页。

等。这样的网络特征和布迪厄笔下的社会资本特征①有相似之处，却也有不同之处，社会资本能够从社会关系中直接或者是间接地获得潜在的资源，这些资源可以是原先自身固有的关系网络，如以"血缘和业缘"为基础的初级关系纽带，也有后来通过"业缘"关系进一步延伸和扩展的网络关系。要获得更多的关系资源，失地农民需要进一步扩展更大范围的圈子和网络关系。事实上，失地农民的社会关系网络在很大意义上决定了他们未来的发展以及更好地融入城市生活中，这一相关的"隐性"因素值得关注和探究。

长期以来农民的生活圈子都是围绕着血缘、地缘和姻缘关系展开的，他们习惯了对于亲友物质的帮助和精神上的寄托，古往今来，农民在自己固守封闭的空间中自得其乐，相互依存。王沪宁认为"中国乡村社会是由以家族为网络的社会构成的系统"。②而当现代化的脚步席卷过来的时候，当社会关系被从亲缘关系上剥离开来，社会关系结构出现断裂的时候，农民又如何重建在非亲缘关系上的社会网络？还是依然保持着原有的交往方式呢？

（一）初级关系网络的回归

对三个社区在生活网络关系进行的调查中了解到：S 社区的村落是城中村比较集中的社区，村民居住的空间整合得相对紧密，物理空间的紧密度决定了心理空间的联系。所以，S 社区村民的关系，总的来说还是联系得比较紧密的。谁家有事情大家都会聚在一起，帮帮忙，请客时一起做饭。村里有一个公共的食堂，这为村民的联系提供了必要的场所和活动的空间，成为村民彼此交流的一个集中场域。一次去访问的时候，几个村民很热情地邀请笔者去吃饭，饭菜都是村里人自己做的，当地的人叫做"八大碗"，村民说在村上做饭较省钱，重要的是大家能聚在一起说说话，聊聊家常，是件很愉快的事情。

W 社区有部分村子的房屋由于前前后后的拆迁，村民居住的地方都被打散了，来往就不如以前在城中村住时紧密，自然彼此之间就没有多少联系了。

---

① 杨善华：《当代西方社会学理论》，北京大学出版社 2005 年版，第 285 页。
② 王沪宁：《中国村落家族文化》，上海人民出版社 1991 年版，第 45 页。

社区主任 LY 说："现在几个村村民的管理不是很容易,他们拆迁的拆迁,搬家的搬家,原来居住的环境都被打散了,想找个人都不是很容易找到。只有等回迁房建好后,大家再搬回来,到时候才会好管理一些。"(访谈材料 74)[①]

学者阎云鹏把这种社会关系网络视为一种社会资源,是获得社会资本的一个重要的来源,包括信任、互惠以及资源的提供等。关系网络不仅涉及工具理性与理性计算,也涉及社会性、道德、意向和个人感情,它既是权利游戏,又是一种生活方式。[②] 以此能看出社会网络关系是一种社会资本的体现,空间的变迁直接影响着村民之间的联系,而当农民空间联系的格局被城市化的进程打乱以后,他们这种天然的联系将会逐渐减弱吗?

W 社区中村的村民小组长(LYR,女,30 岁)说到这样的情况:"虽然我们村现在拆迁,村民的居住被打散了,在外面找房子住,但是他们不会选择到陌生的环境里去居住,多数人是投亲的投亲,靠友的靠友,能蹭着住房子就蹭,这样可以节省点出租房屋的钱,关键是和自己熟悉的人在一起,踏实!你说为什么我们村多数人会选择'就地回迁'?一栋楼左邻右舍都是村子里认识的人呢?关键也就是大家相互之间已经很熟悉了。为什么我们反对'万人社区',集中和城市的居民住在一起?或者是和别村的回迁户住在一起,原因还是我们彼此熟悉,有一种安全感,谁要不见谁好像还是缺点什么似的。"(访谈材料 75)[③]

过去,农民在日常生活中,频繁的互动,形成的初级社会关系网络是很深厚的,因此,在新环境中,他们更愿意把这种关系进一步在新的小区里延续下去。Z 社区的回迁户自从搬到新建的回迁房里,社区里村民之间

[①] 访谈资料来源:2012 年 7 月 20 日下午(14:00—17:00),于社区居委会办公室,LY 很热情,当天下午事情不多,还是聊了不少内容。

[②] 阎云鹏:《礼物的流动——一个中国村庄中的互惠原则与社会网络》,上海人民出版社 2000 年版,第 85 页。

[③] 访谈资料来源:2012 年 7 月 20 日下午(14:00—17:00),于社区居委会办公室,LYR 很直爽,因为做基层社区工作,对大大小小的事务都很熟悉,很有自己的一些想法。

的感情并没有因此而疏远,大家相互之间的关系依然和谐、质朴。不同的是小区的居民更多了一层现代性的意识,交往的空间在原来的基础上进一步扩展,并添了一些理性的行为。一位大姐(YYP,女,45岁)说:

> 普遍大家是很和睦的,现在关起门也就一家不管一家的事情了,你吃你的我吃我的,以前也不怎么来往,因为这里以前是蔬菜基地,各家一早起来就去蔬菜地里干活去了,天黑才回去睡觉,也不会到谁家串门,最多就是亲戚之间的走动,我们都很忙很累。但现在大家都闲下来了,反而会比以前还聚得更多,打麻雀呗,天天吃完饭后都邀约着左邻右舍的人出来打麻雀,天天联系天天见,反而让大家的关系更紧密了。(访谈材料76)①

社区里多数中年人,平常没有事情的时候经常在社区外河边对岸晒太阳、聊天、打牌,直到下午太阳落山的时候才回家,因此他们形象地自称为"太阳族",也经常自然而然地闲在一起。

> 我们是经常往来的,都是一个村搬迁来的,大家都是非熟悉的人,住得也近,以前么(失地前)谁家有事情,都会去帮忙,闲着的时候,就经常串门、聊天。现在么,不劳动(种地)了,我们还更有时间玩了,我们会邀约着,开着车一起出去钓鱼;谁说:"走,克(去)吃饭!"大家就去了,谁请客,AA制也无所谓。现在我们都有车,经常去省内各个地方旅游的,开着车就去了,省里哪样好吃好玩的地方都知道。玩腻掉了,现在也不怎么出去玩了,所以我们就经常来到小区门口的河边,有事没事大家一起吹吹牛,聊聊当前的社会形势以及我们小区的一些事情,这样也挺好的。(访谈材料77)②

由此能看出,初级社会关系网络在农民的发展过程中并没有因为外在环境的变迁而有所改变,农民处于"城中村"时期,这种网络关系纽带

---

① 访谈资料来源:2012年1月29日下午(14:00—16:00),于Z社区小区花园中,该对象经常出来遛狗,所以常常碰面,几回见面就熟起来了,她也愿意将想法说出来交流一下。
② 访谈资料来源:2011年11月20日下午(14:00—18:00),于小河边,几位聊天的人很乐意接受访谈。

就一直是延续着的，如 S 社区；W 社区的村民即使房屋拆迁，他们选择一起回迁居住的意愿也是很强；尤其是 Z 社区，在新社区中，村民又重新居住到一起，大家有了钱也有了时间，反而联系还更加紧密。事实上，失地农民社会关系网络的发展并非随着城市化的推进，成为城市居民后变为现代意义上的"次级关系网络"，相反，这种以血缘、地缘、亲缘为纽带的初级关系网络更显突出和强化。

初级关系网络选择的意义

失地农民在城市融入的过程中，之所以更加选择以"亲情"为纽带的社会关系网络，是从其实际利益需求考虑的。主要表现在以下几个方面。

第一，在失去土地初期，村民的关系表现为亲戚邻里的相互照顾和依存。一直以来，土地是承载农民社会关系的主体，从土地中衍生了"乡土文明""乡土关系"，正如农民本身认同的"土地情结"，在历史的长河中是源源不断地加深的，并不会随着环境的改变而一下子消失。而当环境真正改变，农民对未来无法预知的时候，便会对之产生恐惧和焦虑，他们往往更愿意通过亲缘关系网络寻求心理上的庇护和帮助。从某种意义上讲，也是对城市里次级关系网络风险性的担忧，在不能确定新建的社会关系网络可能带来的收益时，多数人还是选择了"保守"的态度。

W 社区中村，因为拆迁，村民都搬了出去，大部分人都在外面找到了住处，而村里的一位孤寡老人（ZJ，男，84 岁）因为外面没有什么亲戚朋友可以依靠，又加上岁数大的问题[1]，一直没有租到房子。老人心里很着急，村民知道此事后都主动过来帮助，给老人找到了房子，并在生活上对老人体贴照顾。老人的身体一直不太好，行动也不方便，于是几个村民自发组织起来轮流帮扶老人，每天给老人做饭、打扫卫生，并不计任何报酬，使老人晚年得以安度。见到老人的时候，他激动地说：

> 还是村里的这些乡亲邻居好啊，帮了我这么多的忙，不然我这老骨头是挺不过来啊！（访谈材料 78）[2]

---

[1] K 市的居民非常忌讳给孤寡老人租房。
[2] 访谈资料来源：2013 年 1 月 17 日下午（16:00—18:00），于 ZJ 老人家里。

由于乡里乡亲的情谊及帮助，老人才得以生活下来。亲缘关系网的积极作用得以彰显。而在日常生活中，村民之间相互帮助和支持，也是得益于这种初级关系网络的存在。S社区的兴村，村民们相互之间的关系特别好。一旦谁家有事情，大家都会一起帮忙，相互照顾的。一次一位年轻妈妈（SML，女，25岁）讲到了她们家亲戚"老五爷"家失火的状况：

> 有一天下午，我往楼上看，见到在2楼老五爷家窗户冒着烟，我觉得有点不对头，然后我赶快给我妈打电话，告诉她赶快去找老五爷，我妈赶快去看，原来老五爷在熬药，他去看电视了，结果锅都烧通掉了，好危险啊，我的脚都吓软了。还好我们发现得及时，避免了一场火灾。要是不是我熟悉的人，我才不会去管别人家的闲事的。如果要真那样的话，真是后果不堪设想啊。（访谈材料79）①

日常生活中，村民们已经习惯了彼此之间的熟悉和依赖，他们相互帮助、支持，建立起一张强大的支持网络，个体及群体在这张网络中避免了风险的产生，也增强了彼此之间的情感。可以看出，这种按照血缘、亲缘关系连接起来的纽带并没有随着时间的流逝而疏远，这种纽带寄托着村人一种情感的归属，在城市化变迁的时代，在现代人理性评判价值标准的时候，这种以失地农民通过群体情感而获得帮助的现象，在今天看来就显得异常的真实和可贵。而失地农民这种以地缘、血缘关系为核心的初级关系，从经济学的角度上看，也是出于一种可以降低交易费用、节约成本安全的考虑，应该说是一种理性行为的选择，血缘关系永远是最初、最直接、最实际的社会关系网络。

第二，在失地后期，初级关系是找工作的重要渠道。对于多数失地农民来说，刚从土地上脱离出来，还没有真正从事城市职业工作，并建立起自身城市异质型社会关系网络的时候，"初级网络关系"便是他们重新寻找就业机会的重要途径。1973年美国社会学家格兰诺维特发表

---

① 访谈资料来源：2013年1月20日下午（16:00—18:00），于S社区兴村小卖铺前，几位妇女平日里没有事情的时候总是会来小卖铺闲聊。

的《弱关系的力量》的论文①作出了"弱关系假设",他认为"强关系"是群体内部的纽带,个体由此获得的信息重复性高,而"弱关系"是群体之间的纽带,它提供的信息重复性低,充当着信息桥的角色,大部分人主要依靠强、弱关系获得就业机会。后来学者边燕杰对天津地区和新加坡职业流动进行了调查,得出的结论是:在华人社会的关系圈中,强关系对就业有着重要的影响。②即我们现在所说的"熟人"关系网络,这样的网络实际上是可以理解为依靠个体内部之间的关系——强关系建立起来的。相比城市居民,失地农民更多是通过"强关系"获得就业机会的。因为在市场体制不完善、制度缺失以及规范真空存在的情况下,农民还没有完全融入城市生活的环境中,以内群体的强关系为核心来获得就业机会也是多数失地农民的必然选择。这里的强关系主要包括亲属关系、同乡关系、朋友关系等乡土性社会网络。但依靠这种关系网络选择的工作的同质性就比较高。S社区兴村的村民就业的同质性就比较高,选择就业的种类也很相近。

> S村北村的社区主任(CZM,男,52岁)这么描述本社区就业状况:"我们社区就业的人群比较相近,年轻点的除了出去外面打工的以外,大部分人是在物管里面做管理,因为最近村附近建了好多楼盘,大量需要物管方面的人,所以我们就配合地产公司给村民进行培训,并安排他们进物管工作,年轻点的在办公室做管理,年老点的做点勤杂工,村民做得还是挺带劲的。"(访谈材料80)③
> Z社区的多数人就业主要是开出租车,Z社区一村民(ZGB,男,46岁)失地后一直以开出租车为生,他说:"我们失地后分了点钱,有些家拿着钱买了车子,就去开出租车,那个时候(2000年左右)办出租车证不是那么贵,开的人也不多,还是挺赚钱的。加上干这行门槛低,学历要求不高,好多人家也看好这条路子,都纷纷参

---

① Mark Granovetter, "The Strength of Weak Ties", *American Journal of Sociology*, Vol. 78, No. 6, May, 1973.
② Bian, Yanjie, "Bringing Strong Ties Back In: Indirect Ties, Network Bridges, and Job Siarches in Ch-iNa", *American Sociological Review*, Vol. 1, No. 62, 1997.
③ 访谈资料来源:2011年10月5日上午(10:00—12:00),于S社区北村社区居委会办公室,该村主任很直爽,有什么说什么,从他那里得到不少信息。

与进来,当时差不多变成我们社区的主要职业了。我们还是很庆幸这出租车开得早,还是能挣点钱。现在,开车的人也越来越多,这行业也越来越不好做了。"(访谈材料81)①

可以看出,社区中多数人工作的性质和种类具有同质性。村民之所以有这样的工作选择也都是出于避免风险和自身的实际出发,当他们看到同村人干一种职业能赚钱,门槛不高,并且风险小,是很乐意相继去效仿的,从中也能体现出一种"搭便车"的行动逻辑。奥尔森提出的"搭便车"理论假设认为,"实际上,除非一个集体中人数很少,或者除非存在强制或其他某些特殊手段以使个人按照他们的共同利益行事,有理性的、寻求自我利益的个人不会采取行动以实现他们共同的或集团的利益。"②换句话说,参与集体行动的个体,不需要花费太大的成本,便能够从中受益,这才是他们愿意选择集体行动的原因。村民在还不知道自己工作去向的时候,顺应大流,也许便是一种暂时不知选择的"明智选择"。

对于这样的一种职业现象 W 社区的负责人(LYR,女,30岁)说得很形象:"我们常有一句话是说'读书靠自己,工作靠爹妈'你说我们祖宗多少代都是农民,你哪有那样的关系去找好的工作呢?找工作渠道主要是依靠亲戚和朋友介绍。因为他们对工作环境要比较了解,看着都是熟人,就愿意去。其实也不是说我们没有能力,是说他们生活的那个时代能力培养的机会比较少,社会经验薄弱,思想单纯,抱着热心去,人家未必会要你,时间长了还是受气,于是干脆就只等着家里人的安排了。"(访谈材料82)③

失地农民依靠亲戚和熟人关系网络找工作的原因,更进一步说,是失地农民对于信息资源占有的不平等,和城市拥有较多社会资源的居民相

---

① 访谈资料来源:2011 年 9 月 17 日下午(16:00—18:00),于出租车上,司机就是个本地的失地农民。

② [美]曼瑟尔·奥尔森:《集体行动的逻辑》,格致出版社、上海三联书店、上海人民出版社1995 年版,第 2 页。

③ 访谈资料来源:2012 年 7 月 20 日下午(14:00—17:00),于社区居委会办公室,LYR 很直爽,因为做基层社区工作,对大大小小的事务都很熟悉,很有自己的一些想法。

比，他们获得的社会资源和关系也是非常有限的，而且找到的工作主要局限于"次要劳动力市场"，即按照克拉克（Kerr Clark）认为的"二元劳动力市场"中属于工资低、工作条件差、就业不稳定、管理的随意性大、晋升机会少的特征。

不论失地农民从亲情归属上讲还是从找工作的渠道上讲，这种以亲缘和血缘为主的交往方式，可以说是中国几千年来以村落为主要生活圈子的集中体现。学者陆益龙认为，在村落中，村民彼此之间的关系以及他们在社会互动中形成的知识、习俗、规范、制度和组织等使得村落之间的人与人之间有着高度的同质性，而相对于外部来说，又具有显著的地方性和异质性。[1] 这种村落成员之间的关系是以熟人彼此信任为关系纽带的，正如迪尔凯姆用来表述的"机械团结"关系，这种关系不同于城市人的"有机团结"，建立在理性和社会分工基础上的以物质利益为根本内容的关系。实际上，原本生活在村落里的人，彼此熟悉，有亲密感，容易在行为规范上达成默契，并有很强的信任感，因此在村落当中，这种熟悉的亲密感自然让人有一种心情寄托和归属，即使在外部环境改变的情况下，村民被打散居住的状态当中，这种亲缘关系是不容易被打散的。费孝通很好地把这样的特征称作"乡土特征"，当村民"被"城市化，生活被迅速推进市场环境当中时，这种"乡土特征"在他们还没有重新建立起自身更广阔和复杂关系网络的时候，即在"有机团结"关系建立之初，能够依靠这种"亲缘"关系网络避免当前的"生存危机"，起到一种"缓冲"的作用。[2]

应该说，失地农民在融入城市社会之初，在相关社会政策还相对不完善的时候，强关系还是他们主要的联系机制，他们在原有的熟人圈子中寻找社会关系支持，熟人关系对于他们生活具有重要的意义。但是如若长期依赖这样的关系，发展的空间就会很狭窄。城市化的一大特征就是将人不断地推向市场经济，在这样的趋势中，只能不断调整着自身交往的圈子，在原有以"血缘"关系为纽带的基础上，不断扩展和培育更大范围内的关系网络，才能适应城市"有机团结"的网络，并有效融入城市生活中。

---

[1] 陆益龙：《农民中国——后乡土社会与新农村建设研究》，中国人民大学出版社 2010 年版，第 96 页。

[2] 费孝通：《乡土中国　生育制度》，北京大学出版社 1998 年版，第 3—5 页。

（二）业缘关系网络的排斥

传统农村社会关系网络具有简单化、人情味浓、人与人之间的心理距离较近、私人空间较小等特点，而城市市民化的交往则与之相反，这源于现代市民的社会关系网络是以"业缘为基础的、正式的、契约性的、非人格化的、专门化的。人与人的关系基础不再是感情和信任，而是理性和利益"。[①] 失地农民向市民化的转变过程中，面临着各种关系的调整，他们的网络关系将会断裂并重新组合，并向着城市"理性人"选择的方向发展：生活圈子更复杂，人情味淡薄，但做事情更加理性。他们交往的空间也进一步扩展：除了原来和亲戚邻里之间的交往以外，还包括和城市里的人、外面来的人打交道。

从理论上讲，失地农民既然已经成为市民身份，那么就要逐渐培养起市民的一些精神，从而来适应这个市民化的社会。从思维方式上说，中国几千年来的小农意识，在失地农民身上是时有体现的。中国人勤劳、淳朴、节俭但思维传统封闭，不太容易从现代化的社会变迁中解放出来；从工作方式上讲，农村人长期以来"面朝黄土，背朝天"，祖祖辈辈耕耘土地，汗水洒在土地上，悠然享受生活，没有高强度的生产，早上扛个锄头悠闲地走在"乡间的小路上"，不会有像城市里拥堵的马路也不会因挤公交而疲惫不堪，但这样就很不容易跟上城市工业化发展的脚步；从考虑事情方面，农村人思维简单、淳朴，待人热情，但容易上当吃亏，城市人心思细密，考虑问题周全，而且视野开阔，创新能力强，这些方面是值得学习和借鉴的。

1. 失地农民眼中的城市居民

城市的社会是一个多元化的社会，人口来源比较复杂，职业五花八门，意识观念多元化。近些年来，由于生活环境的变迁以及工作的需要，和城市里的人打交道也是在所难免的。但据调查，多数失地农民反映，他们是不喜欢和城市人交往的。他们认为，城市人小气、势利，农村人要"老实"点，而且和他们打交道，农村人容易吃亏，这一点，农民普遍都有这样的感觉，所以讨厌城市人也是大部分人的想法。

S社区北村的小卖铺的大叔（RYB，男，42岁）说：

[①] 江立华：《城市性与农民工的城市适应》，《社会科学研究》2003年第5期。

> 我们不喜欢和城市人交往，农村人要耿直点，没有什么心机，城市人要狡猾点，有些城市人口还看不起农民。我们村的人虽然有了城市户口，但都觉得这种身份还是属于市民，我们是非农业户口。（访谈材料83）①

又如W社区的中村村民，自从房屋拆迁之后，就暂时搬到了附近的城市小区居住，左邻右舍都是城里小区的居民，不熟悉，相处起来特别不踏实，也感觉到自己不受欢迎。老大爷（ZWJ，男，60岁）说：

> 我们虽然租住在小区里，但不怎么和城里面的人打交道，人家不理我们，人家觉得始终是有点区别的，坐在凳子上，人家都会起来走掉的，怕我们这些"乡下人"把公共场所的椅子弄脏了。我们无所谓，可人家就觉得有所谓的。村里边吃顿饭大家都会叫上你，城里面的人才不会管你的，有点势利。（访谈材料84）②

失地农民本身是"城市人"的身份，但长期以来"农民"的出身，使得他们对于城市人还是有排斥和不喜欢的情绪。在以前，生活条件没有城市人好的时候，他们觉得城市人小气、势利、狡猾，但现在生活比城市人好了以后，他们觉得城市人穷酸。总之，他们是没有把自己认同成为城市人的一员，包括在婚姻方面，他们也不愿意和城里人联姻，反而更愿意去找那些更有"升值潜力"的城乡接合部地方的失地农民。

> Z社区的LXS（女，32岁）开玩笑地说："在找对象方面，年轻人更愿意找村子里的人，因为什么？城市里的人没有房子，一家人就一套房子，而村子里的人一家人就一栋房子，城市里的人很喜欢找我们村子里的人作为对象。一听到城中村被拆更开心，巴之不得了（非常乐意）。现在我们是村子里的人还要找个外面的人，因为那边的人还有土地，现在你看，找城市里的人太少了，都是越往城外找去

---

① 访谈资料来源：2011年10月20日下午（14:30—16:00），于S社区兴村B商店门前，店主很健谈，能感觉得出是有些经历、见过世面的人。
② 访谈资料来源：2011年12月30日上午（9:30—11:00），于Z社区楼下的座椅旁边，该访谈者总是一副忧心忡忡的样子。

了。那些比我们小的小孩找姑爷（对象），听说是'大坝村'的、'小板桥'（都是城市规划中准备拆迁的城乡接合部）的巴不得马上嫁过去，人家那里更好，家里有几栋房子，开着些工厂的。我们不找城里人，一幅穷酸相。"（访谈材料85）①

W社区居委会书记LY是失地农民出身，和我谈到刚接手这个社区的时候对于城市人一些做法是看不惯的，但时间一长她觉得城市居民的做法也能接受：

> 以前我们还没有来接管这个社区的时候都是管理我们村上的几个人，自从接管了这个社区，有许多城市的小区也归属在里面，我们刚开始和他们打交道，真觉得他们很小气，他们请我们吃饭就随便吃点小锅米线（当地的小吃，5元一碗），我们一看都傻眼了，要是平常我们请别人吃饭，或者是请城里面的人吃饭都是吃大鱼大肉什么的，真觉得城市人真小气啊。不过在后来打交道的时候他们还是很客气的，而且也觉得这是他们一种节省的好习惯，反而村上的一些村民乱吃乱花的太浪费。（访谈材料86）②

由此看来，城市人"势利、小气、狡猾"的特征已经深入人心，很难有多少的改观。即使他们现在已经和城市人一样了，具有了居民户口，与城市人接触更多以后，这种偏执的看法就愈加明显，而他们与城市人"划清界限"的立场也愈加坚定了。

2. 城市居民眼中的失地农民

作为城市中的居民，他们生活的环境具有多元化，他们会理性选择交往的人群，他们在交往中讲究礼仪和分寸，对于农民本身具有的交往观念及生活习性是很看不习惯的。W社区回迁后和多数城市居民一起居住在小区中，但时间长了，小区的业主逐渐对他们产生了反感，一来觉得他们文明素质不高，二来生怕自己家的"孩子"被这些"邻居"带坏了。

---

① 访谈资料来源：2012年7月20日下午（14:00—17:00），于社区居委会办公室，LXS很直爽，因为做基层社区工作，对大大小小的事务都很熟悉，很有自己的一些想法。

② 访谈资料来源：2012年7月20日下午（14:00—17:00），于社区居委会办公室，LY很热情，当天下午事情不多，还是聊了不少内容。

一位居住在小区的年轻妈妈（ZJ，女，28 岁）很忧心地说："你不知道，我们不会让孩子和这些'对面'（S 社区北村）租房子人的孩子来往的，那些孩子不讲文明，乱吐痰，欺负别的小孩，我们怕自己的孩子和他们玩被带坏了！"（访谈材料 87）①

从这件小事中能够看出，城市人对于农村人一直以来是有刻板印象的。他们认为城郊的这些失地农民没有文化素质，说话粗鲁，做事粗俗。尽管这部分农民有钱，但从心底里还是有些看不起的。不久前，笔者去打的，和一位姓纪的司机（JSJ，男，35 岁）聊了一些看法，他说：

我们开出租车这行，有几个同事是城郊失地农民，他们有了钱后，也没有什么本事和能力，找不到什么工作，就买辆出租车来开开，最近几年，买的人还是挺多的，他们有钱嘛，但是我们和他们相处，我感觉不是很好相处，他们总觉得自己很有钱，老是摆出一副做老大的样子，"跩"气得不得了（看不起人，不可一世），他们选择开出租车也是闲着没事情干，找点事情做做，他们不会像我们这样为了养家糊口天天辛苦开车，大多数人就是心情好的时候多开会儿，不想开的时候就闲着，回去打打麻将，一点也不在乎挣多少钱。他们虽然有钱，但我是看不起他们的。他们的观念很狭窄，目光很短浅，只是看到眼前的一点点利益。与其说他们看不起我们，倒不如说我们看不起他们，他们就是一群典型的"暴发户"。（访谈材料 88）②

在多数城市居民眼中，城郊的失地农民就是一群"暴发户"的代名词，缺少相应的文化素养，又"自以为是"，让人很难从心理上去认同他们，因此相互之间的隔阂和摩擦自然不可避免。更进一步说，这实际上也是城市人社会排斥的一种倾向——社会交往的排斥，交往排斥"意味着社会网络的有限或薄弱，这导致了隔离，与他人联系的程度会变得很

---

① 访谈资料来源：2012 年 1 月 29 日下午（14:00—16:00），于网络上与该对象进行交谈。
② 访谈资料来源：2010 年 11 月 20 日下午（14:00—17:00），于出租车上，司机很乐观也很随和，还很健谈。

低"①。失地农民虽然身处于城市，但他们本身交往的内倾性和同质性，以及缺乏相关一些文明素质的行为，总是让城市人"反感"，久而久之，就变得有些不受欢迎了。但是费孝通也说过："陌生人所组成的现代化社会是无法用乡土社会的习俗来应付的。"② 在大城市以市场经济为主导的社会化场域中，农民要适应当前的情景，就必须学着去适应城市人的那一套礼俗，以此融入当前的社会场景中去。

3. 与外地人的交往策略——依存与排斥

失地农民群体，是一个很矛盾的群体，一方面，他们被城市人看不起，觉得他们土气，是暴发户的代名词，在某些方面和城市人是有隔阂的；但另一方面，他们在和外地人交往，尤其是省外人或者昆明市以外的地州人群交往的时候，又表现出自大、不可一世的样子。城市化的发展，带动了人口的流动，外地人在失地农民居住的环境经商、做生意的、租房子的自然多起来，本地村民和他们打交道的机会也就变得更加频繁，但是出于自我保护和小农封闭意识的影响，他们不太愿意和外地人交往，甚至对之有很强的排斥性倾向，尤其在公共资源的利用上面，村上的人都会把之据为己有，对于外来人拒绝给予使用权。在村民看来，外地人就是不速之客，影响了村里的治安，扰乱了环境，如果不是因为外地人来租住他们的房子，他们是不愿意接受这些人的，因此，就想出多种办法加以限制。

> 朱大姐是四川人（ZYN，女，45岁），一家人来昆明市做生意，在S社区的项村租房子住，她说："这里的人还是好打交道的。说话和我们很接近，吃饭的口味也很接近，不好处就是我们在这里租房子住，想节省点水电费，想到村里的小河里洗点衣服、洗点菜什么的，他们村的人都不愿让我们用，说我们没有权利用，凭什么啊？"
>
> 朱大姐在村里租了间小铺子，卖点小日用品，时间长了，她觉得"城中村"的这部分人观念和意识还很传统和保守："虽然我和他们相处还是算好的，但他们的保护意识还是很强的，很不像我们城镇人这种开放，他们还是很在意本村的人，除了本村以外的人就很不愿意

---

① ［英］安东尼·吉登斯：《社会学》，赵旭东等译，北京大学出版社2003年版，第410页。

② 费孝通：《乡土中国 生育制度》，北京大学出版社1998年版，第11页。

接受，比如村里面搞个停车场，他们对于本村的人就不收钱，外面的人就收钱，有很强烈的本地保护意识，其实如果开放点的地方，就不会这样，他们会把外面的人和本地的人一视同仁，那么他们应该会得到更多的利益。他们的开放意识还不够强，他们的包容心也不强，就是因为他们不经常走出去看看世界，他们的优越感强，不需要接触人，因为他们不愁吃不愁穿的，而城市人必须走出去才能生存，要去打工，和周围的人相处好，如果我经常和别人吵架我就干不下去，只能走人了。这些道理对于这些'城中村'的顽固分子是不容易接受的。像我以前在酒店里面工作，也有外面的一些人来这里打工，包括边远山区的人，他们一来的时候卫生条件不是很好，但是在酒店里面，都需要良好的卫生习惯，后来他们就慢慢地改了，慢慢地就融入了。包括旅游，出去他们也是有强烈的优势感，并不是怀着欣赏的心态去看山水，看外面的经济发展，他们不会去看这些，他们拿着钱出去显摆，只是觉得他们有钱，他们是出来享受的。回来后就会和别人说我到过哪里哪里，我坐过飞机，我买过名牌……"（访谈材料89）[1]

很显然，失地农民群体的眼见和意识都远远跟不上发展的需要。一方面，他们眼界狭窄，常常觉得自己"有钱"，又是"本地人"，处处以优越感自居，总向别人显示自己的富有和与众不同的经历。但另一方面，他们也想发展，却害怕外人进入他们自己的生活圈子，他们不愿意自己长期经营和熟悉的关系网络被外人打破。

> 小卖铺的朱大姐继续说："他们还是有点看不起我们这些小本买卖讨生活的人，平日里不会表现出来，只是在言谈举止中我还是深有体会的。比如我们家就住在这个村的对面——政府的廉租房里（幸福家园小区），这个小区的人普遍经济收入比较低，有一些是属于残障人，还有一部分是社会的闲杂人员，如吸毒的、犯罪的这类的也有，他们说话都是经常讲，以前我们村如何如何，蛮有安全感的，自从这个廉租房小区搬来以后偷煤气罐的来了偷米的也来了，口气上对

---

[1] 访谈资料来源：2013年1月15日下午（16:00—18:00），于S社区兴村。

这部分人很不满,他们只要看到一些人穿别人穿过的旧衣服和淘汰掉的衣服,有点精神病的,他们就说是'幸福家园'的。我也是'幸福家园'的,是下岗工人,为了生活才来这里做小生意的,也是为这里的人做点服务,你说你听到这些话是不是心里面不舒服啊?"(访谈材料90)①

对于外地人来本村发展的,村民并没有觉得会因此给他们带来多大的好处,只是觉得外来人的"入侵"打破了他们村子的宁静与和谐,村里有个做杂货生意的浙江人,他认为村子的人做事情很保守,和沿海一带人相比,至少相差20年,并且很气愤于村里人总是给他们这样那样的限制。

他说(JHJ,男,35岁):"我是很想不通,我们来这里做生意,带动他们经济的发展,他们还很看不上我们这些外省人,是不是想着可能混不起来才会来这里?真是'土老帽'。不过我是真有点想走了,不是我混不起来,是我要被他们气走了。你看村里弄上这个停车场后要收钱,费用太高,300元一个月,谁能接受啊?后来改成120元,勉勉强强,因为我在这里做生意,外面的车进来也要收钱,他们如果下货装货都要收钱,那我真是不敢在这里做生意了。你看,弄这个停车场了还是应该定个便宜的价格,起码大家都能接受的,能吸引更多的外面的人来这里做投资,带动这里的经济。从他们做事情的风格上面来我觉得他们都是'猪脑子'!为什么?他为什么设那么长的杆子?(过车)设个一半就可以了,有摩托啊,小车可以通过啊,这么长的杆子,什么车都收费,谁受得了啊?真是目光短浅!而且他们有很明显的界限,甚至想方设法地把我们这些外地人赶出去,赶出去后谁来租你的房子呢?来这里做生意,没有生意,谁来带动你的经济?这些问题他们是没有去想的。"(访谈材料91)②

不能说这些"城中村"的农民没有发展意识,在市场经济的推动下,他们也知道利用自己的优势赚钱,要赚钱就必须和不同的人打交道,但他

---

① 访谈资料来源:2013年1月15日下午(16:00—18:00),于S社区兴村。
② 访谈资料来源:2013年1月15日下午(16:00—18:00),于S社区兴村小超市。

们又不愿外来人进入他们自己的"领地",占用他们过多的资源,在这点上他们又和原来的初衷是矛盾的,这充分暴露了他们与生俱来的"小农意识",害怕变迁,有严重排外思想。这也是不利于他们自身和整个村落的发展的。因此,应该打破原来生活的惯习行为,接受新的事物和观念,不断和自身关系圈子网络以外的人交流和合作,取长补短,才能在发展中立足。

通过对于失地农民内部之间以及他们和外部之间的关系网络的调查,研究发现在他们身上还是有传统乡村网络的印迹,并且很深地打上了血缘和地缘为网络基础的烙印,这种关系网络和城市人的以业缘为基础的关系网络相比是不一样的,体现出的特点是同质互动性、狭窄性、封闭性和孤立性。也就是说比起城市人的社会关系网络,有其脆弱和不利的一面:他们对于内部和熟知人群过于团结、亲密,但对于外来人他们又有强烈的排斥感,尽管在城市市民化程度的推动下,失地农民生存的环境空间已经发生了很大的变化,但社区人员的社会关系网络并没有因此而扩大。失地农民之所以在新环境的变迁中选择"情感的回归"方式,一方面是出于对亲情、人情的归属,给以他们一种踏实感和安全感;另一方面,农民在城市化发展的过程中,面对不适应的环境,必然会恐慌、焦虑而不知所措,这样的圈子成为他们逃避现实的一个有力屏障,是有其存在的价值和意义的。

事实上,社会关系网络和布迪厄认为的社会资本是"一种关系网络"有相似之处,总的来说,布迪厄在谈到社会网络的时候指出,"社会网络不是自然赋予的,必须通过投资于群体关系这种制度化的战略来建构,并且是其他收益的可靠来源"[1]。他认为社会资本是有必要进行投资的,这样的投资有助于更多资源的获得,并能转化为经济资本和文化资本。他把这种行为看作是对社会关系的投资,进一步获得自身或需求的更多的利益和资源。这也正是有必要经营社会关系网络的重要之处。布迪厄笔下的社会资本特征,即能够从社会关系中直接或者是间接地获得潜在的资源,这些资源可以是原先自身固有的关系网络如以"血缘和业缘"为基础的初

---

[1] Bourdieu, Pierre 1986, "The Forms of Social Capital." in *Handbook of Theory and Research for the Sociology of Education*, (ed.) by John G. Richardson, Westport, CT.: Greenwood Press 1986, p. 248.

级关系纽带,也有后来通过"业缘"关系进一步延伸和扩展的网络关系。而要获得更多的关系资源,失地农民应该更加自为地扩展更大的圈子和网络关系。这就需要失地农民在以后的发展中摈弃原先固有的思维和模式,打破原先"同质性"的交往,扩展"异质性"的空间,为自身累积更多的社会网络和关系,有利于获得更多的社会资本。学者卜长莉在其所著的《社会资本与社会和谐》一书中[1],对于社会资本在中国社会的不同发展时期,分别提出了农业社会、工业社会和信息社会发展的不同的三个阶段,即传统血缘依附型社会资本、现代公民型社会资本、当代型社会资本。传统血缘依附型社会资本主要是以土地为媒介,人与土地相对应的关系,这种关系是典型的以血缘为基础的关系,这种关系需要通过人力的增加和群聚才能得以发展,个人必须依附于以血缘为纽带的家庭而获得最原始的社会资本,而这种血缘关系具有狭小性和封闭性。现代公民型社会资本的人际联系是以资本为媒介,以业缘关系为主要形式,以契约和法律为人际调节的手段,社会资本呈现出普遍性的开放状态。那么,失地农民离开土地,在现代化的推动下进入工业社会和信息社会,他们既不是传统意义上的农民,也不是真正意义上的居民,他们的社会资本只有从传统的社会关系网络转向现代意义的社会关系网络,才能适应当前网络关系的改变,才能真正成为现代性的市民。尽管失地农民的这种网络在发展过程中出现了从高到低、再从低到高起起伏伏的过程,但是这种初级网络关系还是会多多少少地存在,并在不同时期体现出其意义所在。

(三)关系网络的扩展与构建

以失地农民内部之间及和外部之间的关系网络的调查为例,发现多数边疆民族地区的失地农民生活往往主动选择回归到自身的初级关系网络当中,这种关系网络有很明显的传统乡村网络的印迹,具有同质互动性、狭窄性、封闭性和孤立性。因此,需要从各个方面来不断打破和扩展进一步的社会关系网络,并构建一种异质性、多样性的次级关系网,这样才能有利于失地农民今后的发展和更好地融入城市生活中,而从某种意义上说,失地农民的城市融入就是他们自身社会关系网络的不断发展和再生。社会支持网络就是借助政府、社区、社会组织多方面的推动、帮助和解决失地

---

[1] 卜长莉:《社会资本与社会和谐》,中国社会科学出版社2005年版,第5—6页。

农民当前发展的困境。因此，需要不断完善和构建次级关系网络，不断提升自身的文化素质，不断破除传统的价值观念，更换新的意识和理念，跟上社会发展的步伐，从而构建一个有利于失地农民长远生存和发展的社会关系网络。

二 失地农民社区参与中的选择

居民的社区参与是城市生活融入的一个重要的体现。迈克尔·沃尔泽（Michael Walzaer）指出："对公共事务的关注和对公共事业的投入是公民美德的关键标志。"社区参与主要是指社区居民和组织以各种方式或手段直接或间接介入社区治理或社区发展的行为和过程。[①] 社区参与能够培养居民对社区公共生活的兴趣、热情，促进居民之间的交流和沟通，为社区创造生机和活力。同时也能建立起牢固的社区关系网络，使居民的生活更紧密、更团结、更融洽，进而为社区成员提供互利互惠的关系网，有利于社区情感的进一步生成，并获得更多的利益。

社区参与是一个涉及政治、经济、文化和社会参与的广泛的内涵，但相对而言，社区居民对于文化和社会参与更多一些，因此本书主要论述的是政治、文化和社区生活的参与。失地农民社区参与确实存在着和城市居民不一样的特征。

（一）社区参与的矛盾性

昆明周边的失地农民由于特殊的关系网络，使得他们自身的社区参与也存在着一些和城市居民不一样的地方，据笔者观察，这个不一样的地方主要体现在社区参与的一种矛盾性上即对圈内人的认可与积极参与，而对圈外人的排斥，不愿意共融到社区中积极参与社区发展，而形成两种鲜明的对比的态度。

失地农民一般都会比较积极参与本村熟人组织的各种活动，包括由传统而来的红白喜事、礼尚往来，大家乐于在血缘和亲情中找到共同的文化和归属。

S社区的项村，谁家有红白喜事都会在村里的食堂内摆宴席，一吃就

[①] 夏建中：《中国城市社区治理结构研究》，中国人民大学出版社2012年版，第170页。

是好几天，村民们往往相互邀约，主动去帮忙弄菜弄饭，整个场面热闹非凡。原村长说：

> 我们这里并没有因为成为城市社区，村民之间参与的事情会减少，请客吃饭是家家都去，谁有事情都会去帮忙。都是彼此熟悉的人啊，好做事情，参与的积极性也很高的。不仅如此，大家还会相约着出去旅游、爬山，到广场上去跳跳舞。我们队上几个秧歌队的大妈最积极了。但是要参加点什么社区的活动大家就没有那么积极，可能是不熟悉吧，他们总觉得那是城市里人干的事情，和自己没有关系。社区通知个什么事情，必须要经过我们告知大家，感觉村民和社区之间挺有隔阂的，自然社区参与的积极性和主动性就不强。（访谈材料92）①

从调查的三个社区来看，都有这样的现象，自己村里熟悉的人和事，大家积极参与支持，而遇到社区上的事情，大家又都不太愿意接触了。据社区的相关负责人反映这样的现象较普遍，相比城市居民的参与以及"村改居"以前的参与是低了很多。

> W社区几个村民小组的失地农民社区参与不是很积极，社区书记LY（女，45岁）说："现在社区要组织个什么活动，找个挑头的人也找不到，除非是社区去找人来安排。你说我们社区哪有这么多的资源啊？从他们中间产生，问问这个也不愿意，问问那个也不愿意。这种不愿意参与的原因主要是人员分散，居住分散，很多是户在人不在，以前队上有个老年协会，有个活动的地方，大家还会经常聚在一起，有些气氛。但现在社区提供的场所范围有限，不能满足他们的需求。政府虽然一直抓社区建设，我们觉得首先应该把基础设施和群众的活动地点落实下来。现在社区参与不积极的原因还有就是村民获取信息的渠道比较多，看电视、上网，我们做什么工作也没有必要都家家上门去通知。现在居民现实得很，要让他们来得发点小礼品，感觉

---

① 访谈资料来源：2011年9月20日上午（8:30—10:00），于S社区项村村民小组办公室。原村长和生产队队长都在，大家都不忙，因此有时间聊了许多。

是求着他们来的。

另外啊，这些村里的人比起城市小区的居民参与的积极性更差。城市小区里面的人会经常自发组织早上出来锻炼身体，在我们这几个村，你要说早上出来一块做做操、跳跳舞锻炼下身体，他们没有那样的意识。"（访谈材料93）①

失地农民不太愿意参与社区活动，从社区书记说的话中能看出有几个方面的原因，一是长期不受约束自由散漫的思维观念；二是居住空间的被打散，使得把村民集中组织起来成为一个问题。还有关键的一个问题就是农民对于社区组织部门的认知还是模糊不清的，在心理上他们习惯于村上、队上熟人的安排和组织，现在换成社区管理，人员庞杂，他不熟悉，更不要说参与其中了，积极性更是无从体现。进一步说，农民土地被征用，被纳入社区管理后，作为基层政权的村级组织的作用已经渐渐弱化，原来的村社组织已经无权或是无力管理村民，村民直接面对着乡镇街道办事处等基层政权，面对一个陌生而有距离的管理组织，习惯了村社管理的农民自然对它生疏，社区参与的积极性也不会有所提高。

事实上，几个社区都有这样的状况。有些人就连社区居委会在什么地方都不知道。Z社区的居民甚至还向笔者问起他们所在社区居委会在哪里，村民说他们办事只知道找队上的人，队上的人怎么和他们沟通、管理，他们都不清楚。Z社区的村民开玩笑地说现在是自己管自己了，社区上的活动从来没有参与过，也没有人通知他们，他们也不感兴趣。

从老百姓自身角度上来讲，他们与社区沟通的信息渠道不畅通，也是导致社区参与性不高的一个原因。村民还不愿意参与社区活动的另一个主要原因就是不太愿意和城市里的人打交道，在他们心里面总觉得社区是为城市里边的人办事的，而城市人又不愿意接近他们的感觉。

W社区是一个混合社区，社区书记介绍该社区有单位小区、有商品房小区，也有这些村改居后的住户，但各个小区之间的市民不怎么来往，更不要说参与到社区当中，社区主任在处理各种关系时也很为难，叫得动东家，叫不动西家，她觉得最让人头痛的是城中村的这些失地农民不太愿

---

① 访谈资料来源：2012年7月20日下午（14:00—17:00），于社区居委会办公室，LY很热情，当天下午事情不多，还是聊了不少内容。

意主动配合社区工作做事情。

> 他们有自己的圈子，你说我们组织大家跳舞吧，他们自己跑去爬山；我们组织社区义务工作、志愿活动什么的，他们都不太会来，反而自己跑到哪个农村小学去"献爱心"。不是说他们没有积极性，而是缺少点组织性和纪律性，不把社区管理放在眼里啊，自由散漫惯了。（访谈材料94）①

（二）社区参与的功利心

出于利益的算计及功利心的驱使，以及对现实取舍的考虑，失地农民在城市融入的过程中会有选择地进行社区参与。Z社区的主任（MYH，女，38岁）对这样的状况很为难：

> 现在要组织他们参与什么活动，如健康咨询讲座啊，再就业培训啊，其实好多活动是为他们好的，但在他们看来，这些活动对于他们来说没有多少实际的收益，他们觉得"跟我的关系不大，我为什么要去参与"，村民的功利心很强，他宁愿多花点时间在打麻将上，也不愿意参与这些所谓的"无聊"活动。除非我们说来参与可以有点实际的好处，能发钱啊，去吃饭啊，他们才会来。（访谈材料95）②

在调查的社区中只有S社区的兴村社区参与性是最好的，这也是一个很特殊的例子，该村的村书记很有钱（在外面做房地产生意），书记时常会慷慨解囊支持社区的事业，并以自己的方式来调动村民的积极性，兴村书记（LWR，男，45岁）是这样说自己村的社区参与：

> 现在老百姓离了钱都不会来积极地参与，开个会不发钱他就不来了，这也是社会普遍的现象。为什么我们这边的党建搞得好，党员的

---

① 访谈资料来源：2012年7月20日下午（14:00—17:00），于社区居委会办公室，LY很热情，当天下午事情不多，还是聊了不少内容。

② 访谈资料来源：2012年4月20日上午（11:00—12:00），于Z社区居委会，社区主任总是会谈到一些有趣的事情。

会议能开得起来,最早的时候开个党员会来的人都没有,自从我当到村长的时候我就感觉到太老火了(事情很棘手),于是我就自己拿出钱来,喊上这些老党员出去考察考察,比如到外面旅游一趟,吃吃玩玩,参观一下先进的社区,提升他们的意识,又来带动整个村的发展。用多种形式做引导并慢慢地改善。虽然现在他们都是党员了,但是他们的意识还是不行,你要是说光是开个会,他们是不会来的,你要说开会后有活动,他就来了。我们村每个月都会给老干部发放额外的生活费,这些老干部辛辛苦苦操劳一辈子,退下来,什么也没有,你要说靠政府给这些保障,人太多了,政府也管不过来。所以只有我们这些在位的人来做点事情表达下党对这些老干部的关爱了。现在我们这边每个月给他们500元,再加上老年保障金,有个300元钱,而且每年我们都会给老年人发放过节费,1000元左右不等。另外我们村的企业家多,也还会额外给他们一些,算下来每个月他们能拿到2000多元,他们每年的收入就算白白给他们的,也有2万—3万元,这些老人,尝到了村里给他们带来的实惠,自然感觉到政策好,真心拥护组织的建设,组织关心他了,他也就很全力地支持我们的工作,然后带动老百姓都支持我们的工作,这就是为什么我们村社区参与开展得好,年年被评为优秀的原因。(访谈材料96)①

事实上,利益的驱动,还是社区参与的最重要的原因。村民考虑问题很实际,如果有利益可图,就很乐意参与进去。但当前多数的城市社区参与都是以奉献为主的,社区本身也没有什么资金来源,要组织大众参与就非常的困难。在以前,S、W、Z社区队上有集体经济,每年有分红,多出来的钱自己留着,组织村民做一些事情,但是现在随着被征地和被拆迁,村上的集体经济随着改制,能拿得出来用的钱已经不多了,村民来参与社区活动的积极性自然也就变得不高;而社区没有资金,开展一些事情非常的被动。碰上上级政府要组织做些什么,社区往往走个过场,把活动看作是形式上的应付。而相对来说,社区的一些老年人唱歌跳舞的队伍还是能够组织得起来的,因为老年人上了岁数以后没有事情可做,闲在家

---

① 访谈资料来源:2012年11月25日上午(10:00—11:30),于S社区兴村居委会,LWR本人很有钱,但对人很客气,还主动把相关的书籍借阅给我们,让我们省了不少力气。

里,唱唱歌、跳跳舞,反而能锻炼身体,陶冶情操,因此,会经常看见老年人自发组织起来参与到其中。

S社区的北村有个"圆梦之声歌舞队",当天在村委会调查时,正好队里的几位大姐正在做民族服装,为了能赶上劳动节节目的彩排,她们可是下了不少的功夫,买了布料自己做演出服装,请来了专业的老师给大家示范着做,大家一直从早上忙到中午,连午饭都顾不上吃。歌舞队的队长(QL,女,45岁)大致介绍了一下他们歌舞队的状况:

> 我们没有什么荣誉,就是自己锻炼身体,社区上也不支持我们。我们队是2007年6月1日成立的,至今已经有5年了。总共有队员45人,大致的年龄段就是40—60岁的女性,最大的大概70岁,最小的32岁,平均的年龄有个37岁或38岁。我们早上7:30到9:00一个半钟头,晚上7:00到8:30都活动,在小区的小广场的地方。我们请老师来教。我们跳多种舞蹈,只要脚手伸直就可以了。大家参与的积极性很高的,基本上小广场站都站不下。后天劳动节参加的活动,我们会站在金马碧鸡坊(昆明市中心)那里跳,想到能去表演,她们按捺不住内心的激动。我们出去表演代表的是我们"圆梦之声",并不代表社区,社区不支持我们,这是加乐华公司组织我们去比赛的,相当于政府主办、公司协办的活动。我们之所以叫"圆梦歌舞队"这个名字是因为年轻时候不得玩么,到了老了来圆一下自己的梦。我们就是哪里需要我们表演我们就去哪里!我们这个团队最团结了,除了平常时候吃饭睡觉不在一起,别的时候都在一起。大家有事有情都会互相帮忙。(访谈材料97)[①]

Z社区的大姐这么积极参与活动,一方面是出于锻炼身体,另一方面是出于"圆自己的一个梦"。现在的失地农民普遍生活好了,忆苦思甜,总是希望以前没有实现的梦想能得以实现,现在有了时间和精力,自然愿意实现自己的这种登台表演唱歌跳舞的梦能。这也算是弥补了过去的一些遗憾。但由此也看得出社区组织和居民参与之间是脱节的,社区管理不能够有针对性地做一些实际符合大众需求的活动,充分调动大家参与的热

---

① 访谈资料来源:2012年4月23日午饭时间,于社区居委会。

情；而村民社区参与也总是自娱自乐，相互之间不能统一起来。因此，这样的社区参与活动是比较少的，而大多数居民都是出于"理性"选择，站在利益面前考虑参与社区的活动对于自身有些什么直接的好处，对于自身来说有些什么实际的利益。如果纯粹去凑个人数，听听热闹，还不如在家做饭、带小孩，免得也耽误自己打牌娱乐的时间。久而久之，社区的参与便只是形式，不能起到多少的作用和社会意义

学者姜振华认为[1]社区参与的积极性不高是由于社会资本的缺失，并认为社会资本存量中有传统的社会资本成分和现代的社会资本成分因素。其中，传统的社会资本是镶嵌在以传统、血缘关系、地缘关系、宗法宗族制度为原则编织而成的各种社会关系网络中；现代性的社会资本是在新的生产关系和社会结构之上生长出现的现代社会资本因素，如法人组织、社会中介民间组织等。[2] 在中国社会的转型时期，恰巧是处于"乡族式"社会资本过剩、"社团式"社会资本尚未建立建构的时期。[3] 更进一步，失地农民在转型期间，身上更具有"乡族性"的特征。首先，他们是刚刚脱离了土地的约束，身上保留了传统的血缘关系特征，但是这种特征正逐渐被打散；其次，他们的市民化可以说正在起步，现代性的社会资本还没有建构起来。从总体上看失地农民社区的社会资本呈现出它自身脆弱性的特征，这就导致了失地农民的社会关系网络、社会规范和社区参与的层度是很低的。

（三）社区参与中的性别角色

两性的社区参与主要是在社区政策、经济、选举、各项社会事务管理层面的参与。在当前城乡社区建设背景下，女性在社区参与中成为一支不可忽视的参与力量，失地女性在社区参与中正不断体现出其能力、社会参与意识，以及热爱生活的热情，在此过程中不断突破着传统价值观并对传统价值观提出新的挑战。

---

[1] 姜振华：《社区参与城市社区社会资本的培育》，中国人民大学博士学位论文，2007年，第94页。

[2] 吴先举：《社区建设——重建社会资本的理想路径选择》，《唯实》2003年第11期。

[3] 姜振华：《社区参与城市社区社会资本的培育》，中国人民大学博士学位论文，2007年，第95页。

1. 社区正式活动参与

近几年来，随着社区女性的政治意识、法律意识、民主意识的加强，有越来越多的女性参与社区活动，W 社区书记 LY 就是位女性，40 来岁，做起事情很干练，也很能协调各个方面的关系，下面的人都很服她，去采访的时候她打开话匣子谈起了她的人生经历：

> 我是失地农民出身，以前在队上的集体经济上班，也负责管理队上的一些事务，队上合并到社区以后，我又被调到社区上工作，负责妇女工作及计划生育这一块，慢慢地也就适应了各项工作。我现在是社区书记，但大事小情都得管，事情烦琐，又苦又累，上面发下来的工资也很少，大家把我选出来，也就只得硬着干了。（访谈材料98）①

社区书记很实干，她能当社区书记也是大家对她的信任和能力的认可。确实在社区的女性当中，她是较少的有这种魄力和能力的人，并且任劳任怨。Z 社区服务站负责管理社区社会组织的 FS（女，45 岁），是个热心肠的大姐，她很乐于参与社区的事务。

> 她说："我们是失地农民，有房子，有经济收入，也不缺什么，在社区工作服务社区上的人，并能学到许多东西，找到成就感，自己做点事情不至于困在家里，闲着难受。不然像别人一样天天打麻将，没有多少意思啊。"（访谈材料99）②

另外，本文在前面介绍过的在 W 社区工作的计生主任 LSR、公益性岗位的 ZL，在社区中无论是做管理还是参与打杂，社区事务参与能让她们找到一些生活的乐趣，让她们觉得生活更有价值和意义。虽然社区的工资和补贴不高，但她们都很珍惜这个来之不易的参与社区管理的就业机会。这也能够从一个侧面自然反映出在跨越家庭门槛之后的角色变化，以

---

① 访谈资料来源：2012 年 7 月 20 日下午（14:00—17:00），于社区居委会办公室，LY 很热情，当天下午事情不多，还是聊了不少内容。

② 2012 年 10 月 26 日下午（15:00—18:00），于社区居委会。

及她们在公共领域的生活轨迹。但是，在调查研究中也发现，在社区中做管理的女性毕竟是少数，尤其是拥有重要权力的还是男性占多数，除去W社区以外，从调查的Z、S社区，包括社区书记、副书记、主任、村小组的负责人都是男性。从这一点上也能看出，即使是最基层的社会管理单位也不可避免地受传统性别意识的影响，男性依然是社会话语权的主流，而女性参与社区管理更是凤毛麟角。由此可见在基层政治管理参与中女性依然是弱势。

相对男性来说，女性管理能力和执行能力并不是很高，且参政意识相对城市社区女性要弱一些，具体体现在对于工作的认识只是求职位，并非求发展。带有了强烈"女子无才便是德"的农村传统观念，一下子从土地中挣脱到城市的社区管理领域中，多少有些沾沾自喜的心理是可以理解的。

> W社区的WXY（40岁），喜欢在社区工作，她的职责就是负责处理一些日常的琐事，拿拿报纸，打扫卫生，进行日常的安排。她很满足于这样的状态，没有什么心眼儿，整天乐悠悠的。
> S社区的FXX（35岁），在社区里负责妇女工作事宜，她总是很有耐心和热心为每一位来办事的居民服务，居民会将家里的大小事说给她听，请她帮忙出主意，久而久之她便成了居民们信任的讲知心话的大姐了。
> Z社区的LYR（42岁），在社区里做社会保障的事宜，工作不忙，闲着的时候喜欢上"淘宝"、打扮、做菜，是一个很懂生活情趣的人，于是社区里有不少女性向她"取经"。

正如学者孔海娥认为的[①]，虽然妇女参与社区的初衷并非为了挑战女性的传统性别角色，但经由小区参与使她们无形中挑战了妇女在家庭与小区内的传统性别角色分工，而成功地同时横跨私领域及公领域。这一点，她们正在改变着。

2. 社区非正式活动参与

失地农民女性除了在社区政治、管理、事务等方面的活动以外，在非

---

① 孔海娥：《生命历程视角下的女性社区参与》，《云南民族大学学报》（哲学社会科学版）2009年第26卷第6期。

正式的参与中也存在一些社区互动。学者杨善华认为,对普通妇女日常生活的研究同样具有非常重要的意义,而女性的这种非正式的社区参与不仅对于女性自身,同样对于整个社区的生活也很重要。① 因此,对社区中非正式活动的参与,能体现出多数女性的生活轨迹。女性和男性在社区参与方面有一些不同,男性会关注一些实在的正式的社区活动,如经济、政治、选举、社区管理方面的内容。女性不太关注这些,但不代表不参与进来,她们会在一些非正式的场合参与,例如社区歌舞文化建设、社区志愿者服务、当社区协调员,做一些积极的工作,这些可能是和女性与生俱来的爱心、耐心、细腻的心思分不开,并且这些工作一般都做得很好。

S社区的项村歌舞队的组织者和参与者都是些热心的女性,从二十多岁到六十多岁的都有,她们热衷运动,也很愿意向外面的人展示和分享,不管刮风下雪每天晚上7点准时在广场上跳舞,她们跳的舞蹈时尚、健康、有活力,吸引了不少外来社区的人和她们一起跳。项村歌舞队队长QWL说:

> 刚开始的时候也不好意思在大庭广众之下跳舞,挺害羞的,但受到社区主任的鼓励,以及社区人员的积极响应,我们就大着胆子在广场上跳起来了。这样确实吸引了不少社区的女性参与其中,而且久而久之大家都很熟悉,成为无话不说的朋友。社区里哪里做活动我们都会去表演,当然我们不计较什么报酬,锻炼一下身体,向公众展示一下,挺好的。这样一来,我们这个群体的女性反而成为社区活动的积极参与者了。(访谈材料100)②

S社区项村的WY因为有了孩子,反而和社区人员的互动越来越多。WY刚嫁来夫家,但总觉得和这里的人格格不入,问及她一些生活的事情,她总是说不习惯,不喜欢。但自从生了孩子以后,她便常常带着孩子和社区里一堆的小孩玩耍,她说:

---

① 杨善华:《理解普通妇女——兼谈女性研究的方法论问题》,《妇女研究论丛》2005年第5期。

② 访谈资料来源:2012年10月26日中午12:00),于社区居委会。

刚来这里不习惯，老公在外面打工，我常常一个人独来独往的，有了孩子以后让我的改变很大，也是为了孩子，我愿意主动和社区的人交往，向她们学习育儿经验，并让孩子在伙伴中生活，不会孤独。我们几个年轻的妈妈也常常带着孩子出去旅游、逛街，讨论育儿与服饰之类的话题，不知怎么，有了孩子我和社区里的人关系更近了，而且越来越喜欢和大家相处。（访谈材料101）①

从中能看出，一些女性的社区参与会随着她们的生命历程改变而有所改变，正如这个年轻妈妈，在没有孩子的时候有自己的追求和想法，一旦有了孩子以后，慢慢会把情感回归到孩子和家庭身上，自然有关周围和孩子身边的事务都会关注，于是社区参与便变得活跃起来；再到孩子成长以后，自己又会在周围的圈子当中寻找适合自己的圈子，不让自己的老年生活孤独。因此我们在看社区参与活动的时候多数会看到老头老太太婆婆妈妈的家长里短呢？很大一部分是因为他们有更多的时间和精力，在社区里做些志愿者的事情，打发时间，充实生活。电视剧《闲人马大姐》中的女主角，似乎整天闲不住，在社区里管这管那的，实际上也是为了在社区生活的参与中找到一些生活的乐趣。Z社区的几个上了岁数的老大娘几乎天天出来到小区河边晒太阳唠嗑，说说东家长西家短的，边说边做着手工，几个老爷爷在旁边谈些社会政治、新闻方面的内容。由于性别差异，大家做的事情和谈论的话题虽然不一样，却总是吸引不少过路的村民，停下来和熟悉不熟悉的人聊一下。这里自然成为社区失地农民情感联系和信息发布的重要场所。

因此，与男性社区参与不一样的是，失地女性随着经济地位和社会地位的提升而逐渐参与到各项社区工作事务中来，虽然会受到一些传统思维和观念的约束，女性的社区参与不如男性有更好的效果和更强的能力，但女性特有的细心、耐心、爱心使得她们在参与公共事务以及非正式事务中体现出特有的能力，这是男性所不能及的，而且女性多数会随着自身的生命历程的变迁而有所改变②，从年轻到老年，慢慢扩散到从关注自我，到

---

① 访谈资料来源：2012年11月2日下午（16:00—18:00），于社区活动广场。
② 孔海娥：《生命历程视角下的女性社区参与》，《云南民族大学学报》（哲学社会科学版）2009年第26卷第6期。

关注周围的人和事，社区参与也渐渐变得频繁。随着两性关系构建平等的机制的到来，女性的社区参与将会越来越多，并能在社会参与中发挥越来越重要的作用。

三 失地农民社会资本的缺失与培育

由此可以看出，社会资本的培育对于增强社区参与的积极性，扩展社会关系网络，获得更多资源有着重要的作用，因此，需要加强社会资本的建设。在此，我们更认同普特南指出的"社会资本"。该概念认为社会组织所具有的某种特征，如信任、规范、网络，它们会通过产生合作行动从而增进社会的公共利益，他认为，拥有较高社会资本的社会富有大量经济、政治和社会利益，社会组织的特征，例如信任、规范和网络，有助于协调和合作以达到互惠的目的（普特南：《独自打保龄球》，1995：65—78）。由此，我们更强调与社会资本在公众社区中的公共产品性质以及集体性质，具体包括社会规范、社会信任、社会网络、社会认同。

（一）社区传统的社会资本

1. 行为规范中的社会资本

在一定社会关系基础上产生的文化规范，能够调节人际互动的行为。正如马克思所说："人们按照自己的物质生产力建立相应的社会关系，正是这些人又按照自己的社会关系创造了相应的原理、观念和范畴。"[①] 照这样的观念、范畴指导下的行为规范包括信任、互惠和合作三个比较重要的文化规范。福山在《信任》一书中强调互惠、公共责任、道德义务是一个社会获得稳定和成功的关键，同时，也是一个繁荣的市民社会应该具有的东西。[②]

失地农民之间的信任体现在个人与个人之间、家庭之间、邻里之间、村与村之间，都相互尊重和信任，这也反映了相互之间深厚的感情和凝聚力，信任正是一种必要的黏合剂，能将彼此之间的关系联系在一起。相对

[①] 马克思、恩格斯：《马克思恩格斯选集》第1卷，人民出版社1995年版，第142页。

[②] 弗兰西斯·福山：《信任——社会道德与繁荣的创造》，李宛容译，远方出版社1999年版，第35页。

于城市居民，村民之间是以血缘为纽带，彼此之间相互熟悉，加上一些频繁的交往，自然而然彼此信任。信任主要表现为家庭成员之间在共同的劳动和生活中和睦相处、相互关心和相互支持；在群体之中表现为邻里之间、家族之间的互助合作。S 社区的城中村、Z 社区的回迁社区都存在这样的状况，这是乡土情感在现代转型社会的一种延续。相比城市社区要强烈一些。

互惠和合作也是调适人际关系的另一项重要的文化行为规范，它经过世俗社会生活的逐渐积累和提炼而形成，并充分体现出"人情"的积极作用，这样既是一种有利于自己又有利于他人的行为和意向。这是几个社区普遍表现出的一个特征，在没有建立起城市生活强大的生活网络圈子的时候，他们在自身生活环境中还依然要相互合作、联系，才能在这种强烈变迁的社会中生存。

而相比 W 社区的几个村，由于房屋拆迁，涉及的集体经济利益的冲突，从而导致社区内部村民之间、村民与管理层之间的矛盾层出不穷，导致彼此之间的信任减弱，而一旦出现和外部人利益纠纷的时候又相互联合起来，结成牢固的同盟一致对外。从中能看出经济理性在所有的信任规范中处于主导地位，信任与否的关键还是从自身的利益出发的。

在这个过程中取代了原有淳朴的信任规范，现代化的发展又带来现代理性价值观的改变，失地农民中朴实的价值观有可能会随之改变，社会资本也在这一过程中发生着变化。

2. 社会资本中的道德规范

规范，在社会资本中是一项重要的内容，奥斯特洛姆认为社会资本主要是指共享的规范、共同的知识以及正在使用的规则，而且被强调为一种解决集体行动的方式。[1] 也就是说他定义的规范是具体规定了什么样的行动是需要的和禁止的，或许被允许和被授权制裁的。

当前社会转型，社会规范缺失，导致社区行为缺乏评价监督系统，社区成员难以形成有效的规范，而转型社区中的一些村规民约对村民的行为规范还是能产生一些积极的作用。在调查 S 社区兴村的时候，村主任特意将他们的《村规民约》拿出来给笔者看，并且很自豪地认为：

---

[1] 曹荣湘主编：《走出囚徒困境：社会资本与制度分析》，上海三联书店 2003 年版，第 23—50 页。

> 我们村的人总体上还是比较规矩的,《村规民约》上的一些东西,对于大家还是有一定的约束力的,比如大家尊老爱幼的传统,节省的美德也倒是没有丢,现在都是年轻人被社会的习气带坏了,但我们这里的年轻人还好,踏实本分,做事情还是会做好的。我们这里谁家不孝顺父母、谁有困难我们都会去管管看看,老祖宗传下来的规范基本上还是遵守的。你看我们村还会对60岁以上的老人有单独的补贴,这是从我们村几个人腰包里拿出钱来给大家的,这就是我们村传统美德的延续,"喝水不忘挖井人",我们现在日子好了都知道知恩图报的。(访谈材料102)①

乡规民约是一种很好的约束力和管理制度,在农村很长一段时间内对于村民之间的约束、行为、道德起到一定的作用,久而久之便成为村民之间的相互监督,多年来不曾改变。但城市化的变迁的带动不仅在于环境的改变,人在这个过程中也正在向着市民的观念改变着。

S社区的几个村都有村志,村长小心翼翼地拿出来,厚厚的几本,记录着该村发展的历史、人物以及一些老旧的照片。曾经的房屋、农田现在都已经看不到了,记录中的有些人都已经过世,村里多数人都保有这些村志,生怕以后自己再也记不起来自己曾经是农民的经历了,老年人经常拿出来给孙子们看,似乎在让他们不要忘记过去,传承为数不多的一些历史的记忆。

3. 传统社会关系网络:亲情邻里之间的传统美德观

社会关系网络是镶嵌于社会结构中人与人、人与群体之间的关系,在这种关系网络之中不仅能提供相互之间物质和情感上的支持,还能起到相互合作、交流信息、促进文化、价值观的认同的作用。在所调查的三个社区中,村民之间的关系网络就是一个充满人情相互守望、互助并尊重自然的农村社区网络。

例如S、W、Z三区都有老协组织,大家都非常支持老年人的日常事宜,平日里哪家孤寡老人有什么事情,大家都会去帮忙,而且常常组织老年人节日活动、文艺表演,给老年人带来很大的温暖,同时,在所调查的

---

① 访谈资料来源:2012年11月25日上午(10:00—11:30),于S社区兴村居委会,LWR对人很客气,还主动把相关的书籍借阅给我们,省了不少麻烦。

几个社区中，老年人生活幸福感是很强的。S 社区的兴村几年来都被评为先进社区，该社区最大的亮点就是尽社区所能，给社区的老人发补贴，得到了老年人的称赞也得到了社区居民的肯定。W 社区双龙村，尽管队上的集体经济不景气，但再怎么样困难，也会给未成年孩子生活补贴，以保证孩子基本的生活和学习的费用。双龙村的书记 ZJJ（男，50 岁）说：

> 小明（化名）父母离婚了，都不管他，孩子的爷爷奶奶也去世了，我们队上经过讨论，同意一直供他读书，并且每个月给予他队上一定的分红和生活补贴。只要他没有找到工作之前，我们队上都是无条件给予他帮助。（访谈材料 103）①

双龙村给予小孩无私的帮助，确实能从中看出该村村民之间相互关心帮助的传统美德，这样的美德在对比当前以功利心为目标的社会价值观而显得异常珍贵。虽然失地农民的社会资本受现代文化意识的影响而逐渐改变了传统型的社会资本模式，正在逐渐向现代性价值观为基础的社会资本模式转型。但是，在失地农民的适应过程中，传统型的社会资本仍然占主导地位，对于整合村民之间的互利互惠、相互帮助、促进社区有序发展起到了重要的作用。

（二）社区社会资本的转变

随着现代社会的转型、城市化进程的不断推进、市场经济的影响，失地农民之间传统的社会资本受到了不小的冲击和挑战。原有传统的一些道德、伦理及价值观正随着时代的发展正在蜕变或出现了一些新的变迁。

1. 经济理性行为成为村民获得社会资本的动力

当前，尤其是改革开放带来了农村经济的巨大变迁，也改变了失地追逐经济利益的意识，建立在道德、认同感、价值观之上的传统社会资本正在变为为追逐经济利益理性选择基础上的社会资本。科尔曼认为："对于行动者而言，不同的行动有不同的'效益'，而行动者的行动原则可以表

---

① 访谈资料来源：2012 年 3 月 12 日上午（9:30—11:30），于村民小组集体经济所在的商场里。

述为最大限度地获得效益。"① 而社会资本在这最大限度获得利益的驱动下也渐渐失去了原来的一些味道，例如为了经济利益默许企业在该社区旁边建厂（具有污染）；经常为了土地的争夺问题邻里之间打架；村民淳朴的信任中加入了利益的元素，村子里出现了不同程度的矛盾事件，也是社会资本在资源分配中发挥作用的明显体现。例如有些明明不贫困的人家能拿得到低保，而真正贫困的人家拿不到低保，拿得到低保的人往往是那些和制度决策人关系走得很近的人。

另外，在市场经济的推动下，扶贫项目的启动和打工、经商的发展，让许多人认识到拥有社会资本所带来的好处，而用以扩大社会资本获得更多的财富变成了最终的目的，利益成了主要的动力。

2. 传统民俗文化的缺失及断裂

现代化是一把双刃剑，在带来民族地区经济生活改善的同时，也带来了对民俗文化的破坏。例如，S社区特色的一些民族服饰很少在该村看见有人穿着；另外，在接受外来文化的时候，也会受一些不良风气的影响，如抽烟、喝酒、赌博的一些恶习在年轻人人群中蔓延，随着电视、电脑、网络、手机微信的普及，年轻人对于文化的传承和爱护不是那么积极，当问到一些本村的风俗习惯时往往答不上来，而对一些历史传统更是知之甚少的。

（三）社会资本的构建

经济市场化、农业工业化、农村城镇化、农民市民化，这样的选择是不可逆转的潮流。而在这个过程中，社会资本的培育与构建，对于促进社会发展、有效治理好社区具有重要的作用。

1. 农村基层管理部门注重提升社区的公民参与及规范的整合

有效培育社会资本离不开村民的社区参与，村民的社区参与是建立和谐社区的根本，农村基层管理部门在促进社区参与过程中包括几个方面：村民在政治领域中积极参与选举，民主参与和监督社区中的各项事务；在经济领域为本村经济发展出谋划策，积极贡献力量，例如居民中的互利互惠等关系大家发展的事业上；在文化领域中积极参与各类文化活动，为本

---

① Coleman, J. S., *Foundation of Social Theory*, Cambridge: Belknap Press of Harvard University Press, 1990, p. 15.

民族的文化传承和保护发挥应有的贡献；在日常生活中，多参与社区组织的各种活动，有效协助基层部门开展工作。除此之外，社区管理部门应协调各方面的力量，不只是政府管理部门，包括社区自治组织、企业事业单位参与到社区的管理中，通过"自下而上"的管理模式，寻找出一条更有效更能服务于农民大众的路径。

有效培育社会资本离不开对各项规章制度的规范，不仅要按照政策的层面来管理，而且要结合本地地域性、民族性的特征、村规民约的规范来综合考虑，同时，也要注意通过宣传、教育等手段不断规范村民的意识形态、道德观念，以优秀的道德传统文化教育人，以先进的事迹及人物教育人，并不断提升民族的自信心和自豪感。

2. 农村优秀民族文化的传承与保护

针对民族文化的缺失与断裂，需要对民族传统的优秀文化进行保护和传承。因为民族文化是民族之魂，也是积累社会资本，积淀民族传统、价值观、道德伦理的体现，社会资本的积累需要文化的这个"魂"在里面。新时期在受到现代化影响的同时，需要找出一条既能促发展，又能促保护的路子。

3. 发挥社区精英的作用

社区精英包括在政治、经济、社会等各方面的优秀人才，政治精英指能够在乡镇领导岗位上有一定的管理和领导能力的人才，让他们能够有效运用权力，管理好村民的各项事务；经济精英，主要是指在经济方面有能力带领大家发家致富，为地区经济发展做出贡献的人才；社会精英主要是在日常生活中德高望重，受人敬仰的企业家、老师、老人等。通过这些精英，能够通过非行政化的路线有效将群众组织起来。由于社区社会组织管理能力较弱，不容易调动社区成员的积极性，而社会精英就能够分别充当国家代理人、社区守望者、村民代理人以及家庭代表等角色。[①]

4. 转变观念，为村民提供交往的平台

政府应该在改变失地农民愚昧、封闭、保守的观念上下功夫。具体而言，首先，可以通过多种信息和网络等交流平台为失地农民提供大量的信息，通过电视、网站、社区广播、黑板报等形式。另外，建立有效的信息

---

① 谢治菊：《社会资本视角下西部少数民族农村社区治理模式创新》，《农村经济》2008年第9期。

来源渠道，建立新型的社会关系网络。其次，通过各种宣传，可以为失地农民搭建更广阔的交流平台，使之积极参与合作与交流。农村社区自治的生命力在于社区村民对社区的认同感和对社区事务的积极参与，[①]应积极推动各项农村社区发展的具体活动，增加社区居民互动的机会，调动大家参与社区事务的积极性。

总之，在城市化的推进及社会主义新农村建设的背景之下，应该积极在传统民族规范、价值观、生活习俗的基础上培育社区村民之间的信任、合作、良好关系网络的社会资本，从而促进市民化进程有效的推进。

综上所述，三个社区失地农民在社会融入过程中社会关系网络关系、社区参与以及其所拥有的社会资本都会发生改变，而如何构建和加强社会资本的相关内涵，这对于失地农民扩展社会网络关系、增进社区参与以及促进农民市民化的发展都具有重要的意义。

第一，通过对三个社区的失地农民内部之间以及和外部之间的关系网络的调查，发现多数社区中的失地农民往往主动选择回归到自身的初级关系网络当中，这种关系网络有很明显的传统乡村网络的印迹，具有同质互动性、狭窄性、封闭性和孤立性，这和传统中国"小农意识"中的"礼俗社会"是分不开的；另外，失地农民从自身实际利益需求出发，对初级关系网络具有一定的依赖性，一方面是出于对亲情、人情的归属，给予他们一种踏实感和安全感；另一方面，在他们城市生活的初期，这种初级关系网络能够为他们的发展带来一定的便利，如找工作、信息的沟通等。

第二，失地农民社区参与包括失地农民在社区生活中对政治、文化和社区生活的参与。在这个参与的过程中体现出一种矛盾性，一方面在参与自身村里日常的事务中，熟悉的环境往往让他们表现得很积极，容易办成各种事。而上升到社区日常活动，出于对环境的生疏，以及人员之间的不信任，他们又表现出一些消极的特征，多数时候是出于自身实际的得失来考虑是否参加社区活动的，具有很强的"金钱至上的理性意识"，很大程度上是受到市场经济、现代性意识的冲击和影响。另一方面，从社会性别视角下探讨了社区参与的状况，也能从中发现一些有趣的现象。当前，随着社会性别意识的提升，女性日益参与到社区活动当中，虽然在正式的社

---

① 谢治菊：《社会资本视角下西部少数民族农村社区治理模式创新》，《农村经济》2008年第9期。

区参与中力量微弱，但在非正式的参与中以其特有的细心、耐心、爱心而发挥其重要的作用。

  但不论社会关系网络的扩展还是社区参与的积极性，都离不开本社区社会资本的建立和培育。传统社会资本对于规范社区居民的行为，传承优秀文化传统，建立相互之间的信任、规范以及关系网络有着重要的意义和作用。而当前社区的社会资本正处于构建当中，相应的信任、规范、网络还没有完善起来，要从真正意义上实现"社团性"的社区参与还需要慢慢转变。只有不断提升村民的参与及规范的整合，传承好民族优秀的传统，发挥好社区精英的作用，在传统固有思维上积极转变，才能培育和构建好社会资本体系，为促进失地农民更好地融入城市生活发挥积极的作用。

第五章

失地农民心理融入的轨迹

失地农民社会心理融入，主要是从主体心理对于市民身份的认可度、内心归属感、身份的认同感、社会生活满意度及其社会适应性方面来体现的。

一 失地农民的身份认同

曼纽尔·卡斯特认为，认同是人们获得其生活意义和经验的来源，它是个人对自我身份、地位、利益和归属的一致性体验。① 类似于托马斯（W. Thomas）的"情境定义"与库利（C. Cooley）的"镜中我"。身份认同既是身份职业在一种体系制度中，人与人之间、人与群体之间情感和文化的一种共鸣，又体现在对于自身的一种认可和身份的归属。

（一）失地农民的心理归属

社会归属感是指一个个体或集体对一件事物或现象的认同程度。② 本书的归属感强调的是主体被认可的一种感受，同时，在美国心理学家马斯诺"需要层次理论"的表述中，归属感也是人的一种重要的心理需要。社会归属感和生活的环境有很大的关系，学者潘允康（1996年）认为，构成物质生活、文化生活、环境、教育、能源等因素的状况及其变化深刻影响着人们的归属感，生活条件越好、生活满意度越高，都能体现社会归属感。社会归属感还体现在社会生活的适应性，个体适应能力越强，越能在关系网络中找到归属，因此，本书认为社会归属感主要从主观个体对社

---

① ［美］曼纽尔·卡斯特：《认同的力量》，社会科学文献出版社2003年版，第69页。
② 百度搜索：关于归属感的界定：http://baike.baidu.com/view/390954.htm。

会环境的认同度，以及在其中的满意度和适应性来体现。

失地农民的社会归属感首先表现为对社区生活的空间归属感不强。当前城市化的进程中，失地农民生活的空间被打散，有的是村落被建立新楼房所肢解，有的是退缩到城中村一个个"小岛"中，有的已经被请"上了楼"。总之，生活空间发生了很大的改变。空间的变迁、环境的改变使得失地农民在这样的空间格局中很不适应。因此他们往往表现出归属感不强的特征。S社区项村的村民总是对村里的安全表示担忧，一位60来岁的老大爷（WXM）很担忧地说：

> 村里（城中村）现在治安很不好啊，自从我们房屋租给外地人以后，这里经常发生偷窃、打闹的事件，整个村子被他们弄得乌烟瘴气，环境脏死了，要不是为了收房租，我们才不愿意外地人待在这里的，越来越觉得这里不是我们的家了。想当初我们的村子青山绿水的，空气好，水质好，我们住着可舒心了。（访谈材料104）[①]

从大爷的话中能感觉到老人们对以前生活环境的留念，生活空间的变迁让他们的心理归属感越来越淡，这让这些"老村民"很不适应。W社区的南村和中村的村民由于新建回迁房，大部分人分散地在外租房子，社区主任说他们已经很少能聚在一起了，平常都见不到面，有事情都是打电话，因此村民之间已经很少找到有"归属感"的感觉。社区一位大哥（ZYB，男，45）说：

> 只有回迁后才有家的感觉，现在的我们就像逃荒一样的，亲戚朋友都不在跟前，没有个说话的地方，生活越来越觉得孤独了，于是我经常跑回老社区去看看，看着房屋一天天盖起来，心理才踏实些，毕竟那是我们从小成长的家啊。（访谈材料105）[②]

W社区南村和中村的村民期盼着赶快回迁，这样他们的生活和心理能再次回归过来。虽然现在人们的交往被钢筋混凝土的"笼子"所圈住，

[①] 访谈资料来源：2011年10月10日上午（10:00—12:00），于项村的娱乐场。
[②] 访谈资料来源：2013年3月10日上午（10:00—12:00），于社区中村居民小组。

大家都关上门不管另一家的事情,但上了年纪的人,尤其是先前以血缘为特征的村落,这样的孤立的城市生活格局终是让他们不习惯,生活的归属感也就越来越弱。Z 社区终于回迁了,但崭新的高楼、陌生的邻里之间总是让这些村民摸不着头绪,这还是我们的圈子么?小区现代化的"高、大、上"生活,反而让这部分群体感受到一种文化的冲击,在这样的冲击后面,表现出来的又是另一种对生活的担忧和震惊,小区的老李(男,63 岁)说:

> 我们是不怕回迁,回迁后生活条件各方面改善了,但生活成本增加,我们也不习惯和城里人相处,虽然大家都回迁过来了,但怎么觉得不是以前熟悉的圈子,全变了,都是陌生的世界,高楼、电梯、高端的物管,进门随时给你敬礼,我们可接受不起啊。在这样的空间中我们找不到原来生活归属的感觉。(访谈材料 106)①

Z 社区失地农民已经回迁,但已经不再是从前的那种感觉,心中的不踏实感、困惑、矛盾随着空间的改变油然而生。总之,不同空间的转变对于失地农民都不仅是生活空间意义上的转变,而是一种新的生活方式的适应,也是一种"心"的转变。其中适应感、归属感自然就越来越不强烈,而在当前转型社区还没有真正有效地开展社区治理的状况下,这种归属感的不适应将会长期存在。

另外,失地农民归属感表现为社会心理归属感不强。在调查的几个社区中都发现多数失地农民都表现出这样的问题,除了生活环境地缘关系网络改变以外,心理的归属感也在其中发生着变化。主要表现为社区生活中大家并不觉得有亲切、熟悉的生活气息,社区管理让他们觉得有些冷漠,尤其在一个混杂着多种城市和农村居民之间的社区,管理人员都不是熟悉的人,自然感觉很生疏,有一定的被排斥感,且不能够被平等地接纳;同时,村民之间由于工具理性经济的影响,理性多于情感,利益驱使下使得彼此之间朴实和谐的关系有所减弱,而相互之间的信任度也便随之淡化。

(二)失地农民的心理认同

斯特克瑞认为,为了能够以一种有序的、内部一致的方式行动,一个

---

① 访谈资料来源:2012 年 11 月 10 日下午 (15:00—18:00),于社区花园内。

人必须定义环境，即谁是环境中的他人，谁是环境中的自己。失地农民的身份很复杂，在身份上他们已经是城市居民了，但是在一些享受的权益和保障上，还是和城市居民有一定距离，他们不认为自己是城市居民；但是他们已经没有了土地，生活和生产方式发生了改变，他们也不是农民。而在情感上他们依然有着乡土农民的情结，并没有觉得身份的改变生活就像城市人那样。正如秦晖笔下所描述的那样"农民首先是一种卑贱的社会地位，一种不易摆脱的低下身份，即使一个农民改变了其经营形式，改变了他在经济行为中的角色，乃至改变了职业，只要他没有改变那种低下的身份等级，他就仍然是一个 peasant，就仍然会听到社会向他说：'喂，你是乡下人！'"①。

环境的变迁，失地农民身份户籍转化，按照道理来说失地农民应该朝着城市居民的方式去选择。而据所调查的3个社区的实际状况来看，失地农民却更愿意承认自己农民的身份。S社区多数中老年村民反映：

> 身份？我们是非农业户口，却不能像城市人一样获得社会保障，如果是农民，我们没有土地。这样我们到底是什么群体啊？社会的闲散人群？可是我们骨子里是很愿意当回农民的。你看，我们从出生起就一直是农民，即使现在成为城市居民，我们也觉得就是"城市里的农民"，我们已经习惯衣袖裤管卷起来在田里插秧，你说住小区楼房、朝九晚五上班，受人管制，低三下四看老板的脸色，这不是我们想要的城市生活方式；而且现在到处地沟油、有激素的猪肉、洒了农药的蔬菜，我们也不敢买啊，以前我们自己种田自给自足，怎么会想到做城市人会这么"艰难"呢？（访谈材料107）②

失地农民老大哥说的话是有道理，他们已经不适应城市里生活和生产方式，而城市里紧张的生活状态、各种日常用品的安全隐患也成为他们担忧的理由。Z社区和W社区下面几个村小组的居民，更是觉得有更加充分的理由认同自己是农民。Z社区北村的村民（SPP，女，45岁）认为：

---

① 秦晖、苏文：《田园诗与狂想曲——关中模式与前近代社会的再认识》，中央编译出版社1996年版，第23页。
② 访谈资料来源：2012年9月15日下午（15:00—17:00），于社区居委会。

> 我们从来没有觉得自己是城市人，我们才不会像城市人般小气、狡猾，我们村里的人都是有什么就说什么，直来直去的，大家相处很融洽，为什么城市里的人老是看我们不顺眼呢？有一次去小区附近一家超市买东西，店主人说他店里少了一瓶化妆品，当着在场的所有顾客在质问，我是里面唯一一个像农民打扮的人，他们就都直盯盯（怀疑）地看着我，似乎所有的人都在怀疑是我偷的，我气不过了，把包包、衣服、裤子口袋全翻给他们看，他们这回才相信不是我干的。我太气了，凭什么啊？大家都是一样的顾客，哦，就因为别的几个人是城里小区居民就不去追究吗？就因为我穿着土气是村里人，就欺负我吗？这些城里人真是可恨啊。你说和城里人一同住在一个小区，为什么得到的待遇都不一样呢？反正我就是农村人，我也不会去模仿学习城里的哪个人的。（访谈材料108）①

在这位大婶看来，在与城市人相处中，常常因为彼此之间排斥、不信任、性情不合而不能融洽相处，这反而更加深了村民对自身身份的认可，与城市人的界限划得更清。

W社区的居民因为城市化得比较早，同化得也较早，与城市的生活、文化、排斥感也不大，但是他们觉得他们就是低人一等的"城市人"，为什么呢？W社区双村的张大爷（ZZX，男，65岁）解释说：

> 是的，我们也并不觉得自己是农民，我们生活各个方面和城市人是一样的，但最基本的社会保障问题不给我们真正落实，我们始终就是农民。为什么那些下岗职工或是没有收入的城市人有最低生活保障，我们就没有？为什么同样是60岁，享受的养老金就不一样？为什么城市人可以上大医院住院，我们只能在村上和社区上的医院住院？不合理啊！同样是城市人，待遇不一样啊。我们就是被哄骗的人，一点也不觉得是城市人。这样和城市人一比，我们越觉得有"被排斥"的感觉。（访谈材料109）②

---

① 访谈资料来源：2011年12月13日上午（9:00—11:00），于社区居委会。
② 访谈资料来源：2011年12月30日上午（9:30—11:00），于ZZX家。

W社区的居民因为觉得在城市里受各种限制，不能一样享有城市人应有的权力，而放弃对城市人身份的认同。在他们的眼中，社会保障的落实就是划分城乡人的标准，而并不只是身份上更换个名称。而社会保障的某些权益不能落实，也是一种制度行为的不公平体现。阿玛蒂亚·森认为，排斥出社会关系亦会导致其他剥夺，由此会进一步限制人们的生活机会，被排斥在社会网络和文化团体之外的人，将会在社会、心理、政治、经济上处于不利地位，这将使人变得贫困或长期不能摆脱贫困。[①] 失地农民在社会保障、就业方面受排斥的状况进一步影响了他们在城市生活中的发展，这些实质的物质保障不解决，是难以让他们有自身身份认可的。

总之，由于生活方式、价值观以及在城市享有的权益不同，使得昆明市的三个社区的多数失地农民不认同自己是城市人。在与城市群体相处过程中，愈加暴露了二者之间的矛盾，导致了失地农民更愿意"回归"到农民的群体当中，找到自身身份的认同。当然这也是选择自身社会关系网络的一种方式：回归到自己的"圈子"中，才会有更多的安全感、满足感。在这里，本书也将失地农民的这种情感策略的选择叫做"回归策略"，即回到生活的起始，而不愿意选择前进。可以这样理解：失地农民在城市生活的融入过程中，并非一直如人所愿，一直向前发展的，这其中会经历着曲曲折折的过程，不选择前进的方式——融入，而是选择后退的方式——"回归"，也是基于自身的实际状况、利益的多少来权衡的。[②]但"回归"不代表不融入城市生活，而是在后退回原来的圈子和身份中更好地调整自己，以期更进一步地融入城市生活中。

二 失地农民思想意识的转变

失地农民在市民化生活环境转变中，心理及意识方面也随着环境的改变而改变，主要体现在以下几个方面。

（一）心理的依赖性

几个社区的失地农民在土地征用以及房屋拆迁后，给生活带来的改观

[①] 阿马蒂亚·森：《以自由看待发展》，中国人民大学出版社2001年版，第132页。
[②] 有些失地农民觉得做农民享受的福利和优惠政策会更多，为了能占有这些利益，他们往往不承认自己是城市人的身份。

并不大，甚至在以后的社会保障以及没有稳妥的就业环境之下，他们的依赖心理还依然很强，表现为总是希望政府通过行政手段来提高征地补偿标准、安置就业、解决医疗、养老保险等问题。而且创业冲动微弱，风险承受能力低，不能抵御较大困难和挫折，不愿冒险，不愿意通过自己的努力改变生活。

1. 等、靠、要的思维

被动市民化也不自觉地让农民在转型过程中出现被动性的心理。在政府征地过程中，希望政府出台政策，提高征地的补偿和足额的安置费用；在失地后的就业优惠制度中，希望国家与政府能够特殊对待这类人群，给予更多的优惠扶持政策以及更多的岗位；在以后的生活中，希望政府能多多考虑他们的基本生活保障，甚至能与城市居民一样平等对待。现在 S 社区的村民希望国家给予的回迁过渡费再高一些，这样他们就能应对日益增长的物价；W 社区的村民希望国家在回迁政策上能够再有些政策倾斜，这样他们可以少支付回迁新房的费用；Z 社区的村民一直期待着国家给他们安排就业，这样不至于多数人无所事事，而在这些相关政策没有落实的时候，他们永远都是在期盼、等待，因为在他们的意识中"国家会给他们安排好的"。他们对政府有强烈的期盼和信任，尽管一些政策对他们不利，却总是能从他们口中听到："国家的政策是好的，就是我们这些小基层的管理者没有做好，整个事情以后肯定能得到解决。"从中我们能看出他们对于生活和决策有很乐观的看法，并满怀着期待。

2. 抵御风险的意识弱

被动意识下的失地农民，在还没有确立新的城市生活意识形态之前，他们的各种风险意识是极弱的。在我们的调查中多数社区的失地农民不太愿意独立去做一些事情，例如自主创业、投资理财，或者也不愿意去冒险，用自身行动去改变些什么。Z 社区的"太阳族"，经常在小区对面的河边晒太阳，他们多数人是 35—65 岁的年龄段，除了文化低点以外，他们有的是时间、精力和体力，但多数人宁愿闲着也不愿去做些什么，一位大叔 ZQH（45 岁）常常感慨没有工作，虽然他分析了很多客观的事实：学历低、年纪大、吃不了苦，但他们又缺乏一种冒险精神和意识，不愿意吃苦，得过且过，安稳，保守，相比旁边摆地摊的小商贩，确实觉得吃苦精神有些"弱"，不过 ZQH 大叔也说：

我是佩服那些敢拼敢干的外省人呢，我们这些人缺少点勇气，而且你说日子比以前种田要好多了，人到中年，为什么和自己过不去呢？我们现在大家都是这个想法，比上不足，比起那些下岗工人我们是知足了，过一天算一天吧。（访谈材料110）①

ZQH 大叔的话中能体现出他们这些年龄层次人的一种困惑和尴尬，安稳保守是多数人的想法，而这就决定了他们在以后的生活环境中承担风险的能力将会日益下降，没有过多的经济来源，靠吃老本（土地和房屋的补偿）势必会影响其进一步的发展，"生于忧患，死于安乐"，久而久之，他们抵御风险的能力将会减弱，这样的状况不利于其长远的发展。

（二）心理的不平衡性

1. 不满的情绪

失地农民的不满情绪首先是因为相关政策补偿过低，不能满足今后生活需要，从而产生对政府及相关部门的不满。其次是因为部分地区土地征用，缺少民主程序和透明度，一般农户对征地工作的不清楚，如 S 社区北村的群体性事件就是因为该问题引起的，从而导致了村民对于基层管理部门及队上领导的不满；在土地买卖中，失地农民对政府介入土地买卖反应强烈，土地"低征高卖"，而失地农民没有分享土地出让后的增值，对于这样的侵占行为，自然非常不满；同时，有关部门在征地过程中对诸如土地补偿款、安置工作、养老、解决就业、医疗等有所许诺，但又在后续工作中因种种原因无法兑现，这些都极易引起农民的抱怨、上访，甚至导致农民采取过激行为对抗征地或阻挠正常施工等。（前面第二章有相关论述）

2. 不平衡的社会保障

失地农民不平衡的心理很大一部分是因为不能与城市居民有同等社会保障的待遇，例如多数失地农民抱怨看病不能到大点的医院，这样就不能报销；另外养老保险每个月给的费用很低，相比城市拿退休工资的老人，确实相差悬殊。在 W 社区做调查的时候，老人们普遍反映：

---

① 访谈资料来源：2011 年 11 月 20 日下午（14:00—18:00），于小河边，几位聊天的人很乐意接受访谈。

> 按照"新农保"的规定，我们的养老金比过去有所提高，但总的来说还是杯水车薪。比起城里的老人我们不知要羡慕多少，他们有退休工资，还可以领最低生活保障，但我们是不行的，还是要依靠家里人来接济我的，嗨！一大把年纪转成城市户口后也享受不了多少好处，甚至状况还不如以前，以前自己种菜种粮食，自给自足，节省点，没有什么生活压力，但现在不一样了，政府给的养老金哪里够生活啊！（访谈材料111）①

不止老年人反映养老的问题，中年人反映的社会医疗报销问题，年轻人反映的关系网络基础上找工作问题都体现出了这部分人群对于社会政策、保障、医疗制度不能和城里人平等享受的不满情绪。中国人有句古话"不患寡而患不均"，当失地农民群体日益意识到在一些方面不平等的"对待"时，自然"不平衡"的心理会越来越重，久而久之势必产生强烈的不满，并采取过激行为，这对于保障社会稳定和有效促进失地农民市民化进程是极为不利的。

3. 不平衡的社会地位

本文所调查的三个社区的失地农民普遍的生活状况，甚至包括整个昆明市失地农民的生活状况总的来说是不错的，如果要对这部分人群进行分层的话，应该是属于社会的中层或者更高一些。一方面，失地后生活能得到保障，靠各种土地和房屋的收益获得经济生活的保障，生活轻松自在，这相对城市的工薪阶层及平民阶层，他们有自身的优越感。另一方面，他们对于不能从失去土地中获得收益，自然还是有些不满，尤其对于社会的"权贵"部门显得有些不满，但又向往。Z社区的村民是这样说自己的处境的：

> 我们自己吃吃老本，做做一辈子的老农民就行了，成为城市居民我们也不稀罕，就是希望孩子们以后能考公务员或者是事业单位什么的，这样我们也就不遗憾什么了。（访谈材料112）②

---

① 访谈资料来源：2013年3月3日上午（10:00—11:30），于社区居民家里。
② 访谈资料来源：2011年11月2日上午（10:00—11:00），于社区居委会。

从村民的话中不难听出,他们对于居民户籍身份的改变并不是很关注,甚至觉得职业上的改变才是身份改变的体现,往往从他们对于后辈的期待中归结出这样的想法。他们所处的社会阶层决定了他们处境的一种尴尬状态,有机会赶上城市化的步伐使他们脱离了农村,享受现代化的成果,但没有机会进一步发展,各种生活的矛盾接踵而来,几年以前还是农民,几年以后将会是怎样?何去何从?可能多数人还是很困惑。

三 社会生活的满意度

生活满意度是指对自己生活质量的主观体验,它是衡量一个人生活质量的综合性心理指标。当前对生活满意度的研究主要有三个领域:心理健康研究、生活质量研究以及老年学的研究。[1] 本书的生活满意度主要是指对失地农民生活质量的研究调查。对于生活满意度的测量主要是从心理上对几个不同差距的信息的总结,是目前与他们所期望之间的差距。这些差距取决于六个因素:有关他人具有的;过去拥有过的;现在希望得到的;其将来得到的;值得得到的;认为自己需要的。[2] 因此,在研究失地农民生活差距的时候主要是分为以下的一些差距指标而进行论述。第一,当前生活和以前生活的差距;第二,和城市人生活的差距;第三,对于未来生活的期待。

(一) 生活的幸福感

1. 和以前生活的比较——物质生活的上升与精神生活的下降

自2010年以来,昆明市的城市化进程驶入了快车道,城市化带动城郊农民生活有了很大的改善,家庭收入提高得很快、居住条件也是大为改善。三个社区的失地农民生活和以前相比,物质条件是有了很大的改善,生活水平也比以前有所提高。总的来说,三个社区不论怎么样的发展,生活环境的改善是不容置疑的。

---

[1] Andrews, F. M. & Robinson, J. P., "主观幸福感的测量",后华杰译, In: Robinson, J. P., Shaver, L. S. & Wrightsman, L. S.,《性格与社会心理测量总览》上册,台北:远流出版公司1997年版,第91—151页。

[2] 陈世平、乐国安:《城市居民生活满意度及其影响因素研究》,《心理科学》2001年第6期。

S 社区北村的村民（WBQ，男，45 岁）说："现在我们的生活都好了，有车子、房子，想吃些什么都能吃得上，我们的地被征后，农民自然有了心理的优越感，幸福感也能大大地增强。"（访谈材料113）①

Z 社区的一位老奶奶（LRL，女，75 岁）说起现在的生活总是忆苦思甜："过去我们苦伤掉了，个个都是焦头滴水（很辛苦）的，又挑粪、又挑草的，回来吃吃饭后，又出去干活，努粪草，努好掉么又倒着回来。还浇地浇菜的。现在生活改善了，不用像以前那样苦了，我们也不种地了，就是领孩子，接送孩子。吃的也样样有，物质条件挺丰富的，但我们牙齿不好使了，也只能随便吃吃了。呵呵。"（访谈材料114）②

在所调查的几个社区当中多数人都认同生活是比以前好多了，而且有些地方还超过了城市人，W 社区的张大爷（ZZY，男，74 岁）说：

现在区别不大了，过去城乡差别还是大的，农民是农民，城市人是城市人。只是现在觉得公务员和我们的区别比较大。我们感觉我们的房子还比城里人的多，甚至比他们更有优越感。他们每家只有一小套房子，为了这小套房子还省吃俭用当房奴，你看我随便出点钱就能有两套房子（很自豪），内心比起他们要实在点的。（访谈材料115）③

从老年人说的话中，我们能看出村民的物质生活水平有很大的改善和提高。在 S 社区开小卖铺的大姐（LYZ，女，40 岁）是他们生活水平提高的见证人。

LYZ 说："你要说他们原有农民的自卑感是根本就不可能有的，他们现在有穿有吃的，怎么会有这种感觉呢？以前说老农民就是看不起的意思，叫你工人老大哥是看得上你。现在不一样了，房子和车子

---

① 访谈资料来源：2013 年 5 月 2 日下午（15:20—17:00），于社区居委会。
② 访谈资料来源：2013 年 1 月 2 日下午（14:20—17:00），于社区居委会。
③ 访谈资料来源：2011 年 12 月 30 日上午（9:30—11:00），于 ZZY 家。

都能买得起。生活条件改善了一大步，不仅如此，他们敢买的东西，城市里的人不一定能买得起。村子里买得起名车的不在少数，这部分人还是很有优越感的，他敢消费的，你不一定能消费，他敢买的，你要攒够几年，未必能和他们比。他们自身也不会有危机感，他们的钱这辈子都吃不完，有的人家一家能分个200万—300万元，至于他们出去外面买别墅和豪宅，他们也不太会去，因为他们自己是有钱，但还是没有达到这样的能力，而且他们自己有房子，也不愿意出去折腾了。能买别墅的毕竟是少数，多数人能过上衣食无忧的生活是肯定的了。"（访谈材料116）[①]

有房屋、有资产，这对于多数失地农民来说是一笔可观的财产，他们与城市里面的工薪阶层比较，自然有一种优越感，但这种优越感不断膨胀，就不由得形成一种攀比和炫富的不良风气了。

W社区双村守大门的一位老大爷站在旁观者的角度（ZZX，男，65岁）说："虽然现在他们的户口已经转到城里面了，其实他们的这些生活习惯行为方式早已经很城市化，甚至比城市人还要强，城里面的人拿工资，每个月都还要省着点，每个月也不敢多花，但他们不是，你买50元，我就要买100元（攀比），你看你抽'红河烟'，我就要抽'印象烟'，开车子也是，你开20万元的车我就要开30万元的车。总之，一定要在势头上压过城里人才舒服"。（访谈材料117）[②]

从旁观者话语中我们也能感受最近一些年来农民生活的巨变，不只是生活满足，多数人生活富裕都是能看得出来的。但这优越感的背后，也体现出失地农民生活的一种空虚，虽然物质生活优越，但精神生活未必就快乐，对于那些一辈子辛苦的农民来说，反而觉得没有事情可做，不自在了。

S社区的项村联防队大叔，曾经当过兵，转业后就回到队上，当了一名联防队员（L，男，55岁），他说："望着我们村子还是漂亮

[①] 访谈资料来源：2013年3月2日下午（14:00—16:00），于社区居委会。
[②] 访谈资料来源：2013年1月10日上午（10:00—13:00），于W社区双村小区。

的，可是内心还是很'空虚'的。现在的日子好过，生活也悠闲多了，种土地的那个时候都是多忙多苦的，现在好，现在市场经济，公平竞争，有点本事么少苦点，没有本事的就是多苦点。但总的来说心里还是怀念以前干着苦力的日子，辛苦也辛苦么，饭也多吃点，连做梦都梦见自己是农民，在打着谷子、植秧苗。"（访谈材料118）①

当农民有当农民的快乐，忙碌而充实，而离开土地又空虚无聊，这便是当前曾经种过地的他们的生活写照。离开土地，精神也跟着落寞了。精神生活下降的另一种体现就是失地农民文化生活的缺失，没有了土地，农民闲下来了，他们没有工作，自然会参与到赌博的行列中，其中，"搓麻"（打麻雀）是非常常见的现象，不少村民以此为乐趣，早上做完事情以后，下午便作为工作一样的形式摆开阵势来，以这样的方式消耗时光和金钱，并麻痹着神经和思维。本研究访问过几位Z社区打麻将的人，他们都说：

习惯了，以前就是闲下来打发一下时间，这样的休闲，不需要什么大体力，就是几个人在一起娱乐一下。时间一长，就像上瘾一样离不开了，一天不打就浑身不舒服了，输赢也有，进出也不多。有些打得大些的，不过瘾，就出去外面赌，一晚上几万元输掉的也有，越赌眼越红，越输，最后输得倾家荡产的人家也见过的。但还主要是那些年轻人，钱来得容易，失去也容易，可惜啊！在这点上我们老年人还是有意识的，打麻雀也是小打，补偿来的那些钱是我们的养老钱，真是折腾不起的啊。（访谈材料119）②

没有麻将的生活，村民就如同不能过下去一样，麻将成了他们精神娱乐的中心，有些人将失地农民的娱乐总结出很简单的一句话：1个人看电视节目，2个人一边聊天一边看电视，3个人离开电视喊1个朋友打麻将。③就这样，大家都已经习以为常了，环境的改变并没有使这些人

---

① 访谈资料来源：2010年11月20日下午（14:00—17:00），于S社区项村联防队，L很随和，也很健谈。

② 访谈资料来源：2012年9月2日下午（14:00—16:00），于小区活动室。

③ 陈林、林凤英：《失地农民市民化：文化价值观的变迁》，《福建农林大学学报》（哲学社会科学版）2009年第12期。

生活方式有所变化，一个人已经习惯的消遣，碰上几个人又出现一个消遣，他们的想法也从一些习惯性的行为中变成了很顺其自然的事情，在他们日复一日的平淡生活中找寻更富有意义的闲暇生活似乎都不太可能了。

S社区的项村有一位年轻妈妈（SPY，女，29岁）说：

> 感觉城里面的人很忙。我们很得闲，我们打麻将的多些。他们天天坐公交，早出晚归，好累啊。虽然有钱有房子，但有些时候感觉很无聊，真感觉和社会脱节了。你看孩子他爸爸还可以上上班，我们一天无所事事。我们想去上班，工作也找不到啊。现在我们没有什么高的文凭，没有什么特长，给你时间从早熬到晚的，对于我们来说也不太适合。但闲着又无聊。我就只是知道在家里带孩子，我不怎么会上网，看新闻，外面发生了什么都不知道，只是晕晕地过，我真是深刻地觉得我自己落伍了，但是我真是有点不甘心啊，年纪轻轻的怎么就觉得一无是处了啊？（访谈材料120）[①]

这位年轻妈妈对于自己的处境很困惑，却又无奈于现实的状况，她们代表着年轻人一代，向往城市人积极、进取、充实的的生活，但又苦于自己没有这种能力以及勇气去接受生活的挑战。在Z社区遇到一位年轻的小伙子（ZJS，男，27岁），他还没结婚，他时常跟着社区里面的"太阳族"一块混，没事的时候打打牌、聊聊天、晒晒太阳。问起他为什么这么年轻不去工作时，他回答：

> ZJS说："我学历低，也没有什么技能，去了能做些什么呢？拿的工资又少。我还是想做点事情的，但考虑来考虑去，觉得投资有风险，还是放弃了。闲着就闲着吧，出来和村里的人打打牌，聊聊天，日子也过得快得很。我的生活就是早上就睡到11、12点起，吃吃饭后，上网或者是出来和村里人聊天，到晚上再去酒吧里面泡吧。现在昆明市乃至地州上好玩的，我们都是很清楚的。不知怎么玩多了，久而久之就没有上班的热情了，等以后呢看看有合适的工作再说吧，先玩两年。我们村像我这样学校毕业、宅在家里的人不在少数。至于找

[①] 访谈资料来源：2012年11月12日下午（14:00—16:00），于网络QQ上的交流。

对象的事情，还不想考虑，我要找对象不急的，现在像我们这样的拆迁户多少人是找着找着来的（很愿意找他们这种条件的人），我要找一个像我这样能玩、漂亮、会花钱的女孩。"（访谈材料121）①

不敢苟同这些年轻人的生活态度，他们生活条件好了，"好逸恶劳"的心理越来越使得他们对生活的选择有些不切实际，不仅自身没有意识到生存的危机感，反而优越感十足，越是这样，就越不能认清自己，真是泡在蜜罐里的一代人啊！美国社会学家奥格本曾经提出"文化堕落"理论②，该理论认为社会变迁中文化集丛中的一部分落后于其他部分而呈现呆滞的现象，并以此来描述物质文化和与之适应的精神文化在变迁速度上所发生的时差。一般而言，物质技术的变化先于非物质适应性文化的变化，因为非物质文化一旦形成便具有相对的独立性和稳定性。失地农民外在的生活物质水平提高了，但这远远快于他们心理调适的速度，于是出现了不适应的状况，出现文化的滞后以及堕落。"好逸恶劳""不求上进""自甘堕落"在某种程度上就是失地农民群体中体现出来的"文化堕落"。事实上，农民本身也意识到自身内在存在的一些问题，但真正要行动去改变，那又是一件很艰难的事情，这也就是长期惯习行为的结果，并且这些习性已经扩展到整个群体的认知（例如打麻将明明是不好的，但大家都这么做，就促成了该事件的合理性），并进一步上升到"村落文化"当中，而变得根深蒂固了。

城市生活固然美好，但是失地农民都未必喜欢和接受，在他们被强迫接受又不能适应的时候，不免会出现抵触的心态。这种反市民化的价值观主要体现在：对征地、拆迁补偿不合理而产生抵触的情绪；相关社会部门就业和社会保障没有妥善处理，从而产生对政府怨恨的情绪，对政府采取靠、等、赖的态度；有了钱后把资金用于吃喝玩乐，参与赌博和吸毒等不良嗜好中，导致了好逸恶劳的情绪等，这些都是阻碍市民价值观培育的主要因素，应该得到有力的制止和处理。因此，要改变村落当中"固有的不良习惯"是需要有很大的勇气和很大的毅力去完成的。

---

① 访谈资料来源：2011年11月20日下午（14:00—18:00），于小河边，几位聊天的人很乐意接受访谈。

② 费孝通：《费孝通文集》，群言出版社2002年版，第191页。

2. 和城市人的比较——受排斥及自信心不强

应该说 W 社区、S 社区和 Z 社区的失地农民从失去土地的那个时刻起，就已经被纳入城市人户籍的管理当中，按照户籍管理的相应规定，应该和城市市民平等地享有社会的相应保障，但在我们调查的社区看来，这些保障并不能和城市人一样的享受。2008 年 3 月，昆明市发布了《昆明市被征地人员基本养老保险办法》，推行在全市建立被征地人员的基本养老保障，但是其他各项社会保障还没有作为实质性的文件得以落实，也就是说社会保障还是不能做到真正的公平，失地农民的生活也便存在着一些不踏实的成分，由此带来的生活危机感和被社会边缘化感也油然而生。

另外，生活危机感体现在农民的就业压力和生活成本增加的压力上。首先，就业是他们以后生存的出路，但是失地农民就业难是一个很普遍的问题，并不是靠政府和社会能马上解决的，加上长期以来失地农民"坐享其成"了许多经济收入，一下子失去这些经济来源，单靠着自力更生去打拼，是很不容易适应的。因此，对于他们来说就业的危机感是时常存在的；生活成本的上升也成为失地农民生活危机感的一种体现，物业、水电、公摊这些对于他们来说都是些"新名词"，而相应的这些费用是以前有土地的时代所不会产生的，随着城市生活的进一步发展，各种费用接踵而来，这让农民越来越吃不消，花出去的钱越来越多，自然也时常感觉到因生活经济压力带来的危机感。

正如失地农民自身形容的："你看以前，队上还有点土地，租给的企业到年底的时候，要分点红给你，相当于自己不用出钱，口袋里还经常有钱装着。现在就不一样了，什么也没有了，很有危机感，袋子里面的钱不见进来了，还要不断地用出去。以前口袋里有 1 元，现在只有 8 角钱，一样经济来源也没有了，心里还是很慌的。"

社会保障不能纳入城市人的统筹规划中，就业无门，生活成本上升，抵不过收入的来源，都是造成失地农民生活危机感的原因，同时在心理上被城市人歧视和排斥，也很容易有"被边缘化"的感觉，这样的一种状态和心态是不利于失地农民融入城市化的生活中。

失地农民对自身没有足够的自信心，而且缺乏自主意识和自觉能力，缺乏"自助者天助"的开拓精神，也是造成他们生活危机感的一个原因。长期以来他们已经习惯于依赖政府，什么都是"等、靠、要"，自然丧失了进取心，吃惯、闲惯的日子，已经丧失了对自身足够的自信心，一遇上点问题就"担惊受怕",不敢接受困难的挑战,或者一旦没有达到要求,要么就怨天尤人,把自身的事务归咎于他人和社会,要么就自轻自贱,哀叹命运多舛,这些都是因为没有从思想上摆正态度表现出的极强的"脆弱性"。①

这些思维观念上、传统的观念和思维模式依然成为发展的阻碍。从这些方面上看,失地农民和相应的城市人比较,他们依然和城市生活存在着一定的距离。

(二)生活的危机感

在对未来的生活和规划上,持有悲观或者是乐观的看法,能够直接反映出个体人对于生活的情感和满意度。调查访谈了三个社区几位朴实的村民,他们谈了对未来的规划及一些想法,S社区的北村开小卖铺罗大哥(LYB,男,45岁)说:

> 现在没有什么担心的,以后规划就是让孩子好读书,尽量在孩子的教育上多投入点,等以后她能自食其力,少让我们操心,能多学点知识文化,加上我们扶持点,将来有份好点的工作,我们也安心些。我们以后的生活也不需要他们管,我们的土地规划还能分到点钱,这样我们可以把钱存起来给孩子以后用,因为如果你以后要做个体企业就需要资金,我们现在不做什么的话也就给孩子攒着钱,给他以后用,我孩子现在读高中,明年考大学了,如果考不上的话,退一步回来带着她做做小生意。最关键是不能学坏。(访谈材料122)②

S社区的项村的联防队大叔的想法就是:

> 我们就期望着城中村改造,我的房子有700—800平方米,城中村改造后给我分钱啊,到时候给孩子买辆30万以上的车,然后把拿来的那百八十万的,存在银行里,吃利息,这样的话我想到我孙子那

---

① 陈传锋等:《被征地农民的社会心理与市民化研究》,中国农业出版社2005年版,第134页。

② 访谈资料来源:2011年10月20日下午(14:30—16:00),罗大哥的小卖铺里。

代是应该也够用了。(访谈材料123)①

S社区的项村,三十来岁的妈妈对未来关心的事情是:

> 未来我们这里肯定会城中村改造,我们是很欢迎的,这样我们的生活是比以前更好的,但是我们又很担心回迁房的事情,你说不要回迁房吧,要点钱,给点钱根本也不划算,现在一栋房子,最多赔偿给你100多万,你拿去买2套房子也买不着。如果有回迁房,一般都迁得比较远,在很远很偏僻的地方,生活很不方便,多数人也不愿意去。我们是很向往城市的市民生活的,只要能解决我们的回迁房,附近的生活方便些,就业、社会保障问题也能解决,那我们是非常乐意当市民的。(访谈材料124)②

W社区中村和南村的村民,最大的愿望就是尽快回迁:

> 我们现在的最大愿望就是尽快回迁,现在建房子已经拖延好几年了,在外面租房子的日子真不好过,寄人篱下的,没有资金来源,有了自己的房子才算是有自己真正的资产和归属!(访谈材料125)③

W社区双村的村民,最大的期盼就是集体经济的问题能尽快解决好:

> 虽然现在我们也知道所在的集体企业不景气,我们没有多少的工资可以发放,但是我们还是很期待着能很好地发展,毕竟这是我们父辈就已经在里面工作过了,寄托了我们村太多的期盼与情感了。就算是以后发展不了了,也要把资产合理地分配给我们,不能让那些"贪官"侵吞了集体的资产。(访谈材料126)④

---

① 访谈资料来源:2010年11月20日下午(14:00—17:00),于S社区项村联防队,L很随和,也很健谈。
② 访谈资料来源:2011年1月10日下午(13:00—15:00),于网络QQ的交流上。
③ 访谈资料来源:2012年12月2日上午(9:30—11:20),于社区居委会。
④ 访谈资料来源:2011年3月12日上午(9:30—11:20),于社区居委会。

Z社区的村民最期待的就是找份好点的工作,并且2期的房子能尽早建起来:"自从搬进新小区,我们也习惯城市化的生活了,只是我们觉得要是能有个固定的饭碗就好了,这样我们真能像城市人般体面的生活。但是现在下岗工人那么多,我们比起他们有点老本也有房子算是好了,比上不足比下有余吧!所以现在最迫切的期望就是2期的房子快点建好,这样我们可以出租一部分房屋,有些经济来源,至于找工作就看以后的机遇吧。"(访谈材料127)①

可见,失地农民对于未来的生活和规划主要集中于以下几个方面。第一,对于子女的教育及成长问题。因为生活条件好了,安居乐业了,自然希望孩子比自己有出息,同时也弥补一下先前受教育少的遗憾。第二,对于城中村改造的问题。这个问题S社区的就比较明显,他们有的人非常期待能改造,这样能拿到很大一笔补偿款,也期望得到城市人一样的待遇。第三,就是集体经济的改造和发展,如W社区的双村,集体经济发展得好坏与否,直接和村上甚至每一位成员的经济收入有着很大的关系,这也自然成为大家一直持续关注的焦点。第四,对于就业的渴望,如Z社区住进了体面的城市小区楼房,有了体面的生活,他们就更希望有一份体面的工作进而实现他们经济愿望及对身份和地位的需求,可以说算是城市融入中的一大进步。

总的来说,失地农民从身份认同、生活满意度以及社会适应性几个方面体现了社会归属感的现实情况。首先,他们更认同于农民的身份,由于在城市融入过程中的受挫感和被排斥感,他们更愿意选择回归原先的身份,并乐意于重回原来的"乡土圈子"当中,这样才能有一种内心的安全感和满足感。其次,通过失地农民社会生活满意度及适应性的对比能看出,这类群体生活比以前有很大的改善,但精神生活却跟不上物质生活的脚步,并出现了下降的趋势;在与城市人的对比中发现,不能拥有平等一致的社会保障,就业难,以及生活成本提升等问题依然是阻碍这部分群体发展的"瓶颈"。因此产生的不安全感、受排斥感、挫败感会时有发生。

因此,失地农民的社会心理融入主要体现在以下一些方面。

第一,社会归属感不强,生活空间的变迁,带来了环境的改变,包括

---

① 访谈资料来源:2012年8月20日上午(10:30—11:40),于社区村民小组。

生活空间的打散，城中村物质环境的脏乱差、治安环境的不良状况，新环境的生疏，邻里的陌生感都有可能导致失地农民社会归属感的下降。另外，社区生活亲切、熟悉的气氛正在减弱，社区管理在一定程度上不能立即让村民有融入其中的感觉，村民自然有一定的被排斥感，且不能够被平等地接纳。并且村民之间由于工具理性经济的影响，初级网络中的人际关系正在减弱。

第二，表现在对于自身农民身份回归性的认同，这样才能满足他们实际生活中的情感和生活利益的需求。从所调查的三个社区的实际状况上看，生活方式、价值观以及城市享有的权益不同，使得昆明市的三个社区的多数失地农民不认同自己是城市人。在与城市群体相处过程中，愈加暴露了二者之间的矛盾，导致了失地农民更愿意"回归"到农民的群体当中，找到自身身份的认同。

第三，思想意识的变迁。环境的改变也让失地农民思维意识在逐渐发生着改变。体现为依赖性心理强，抵御风险的能力差；尤其在征地补偿方面、社会保障的相关制度方面以及社会地位方面容易形成不平衡的社会心理。

第四，社会生活的满意度和适应性。三个社区的失地农民普遍的物质生活水平都有所提高，但精神生活水平反而下降，老年人对于土地的失落感与年轻人的迷茫和困惑并存，而现实的生活又无法说安稳，他们没有城市人稳定的工作、强大的社会保障，在这一点上他们有被"边缘化"的倾向，幸福感与危机感共存。

总的来说，失地农民的社会心理融入并非想象中顺利进行，而是以一种"逆势"方向发展。即他们的心理并没有认同到城市人的生活中，受排斥感、危机感、精神失落感仍然存在，显现出一种消极的心理态势，本书将这种心理态势称为"逆向的心理发展"，这和城市人积极、乐观、向上的心理态势成为对比。而失地农民这样的心理态势和他们采取的行为策略相关，笔者将之称为"回归策略"，即并非积极前进，而是选择回归。在心理融入过程中主要体现在将自身与城市人群隔离，并退回到原先的关系网络中，更进一步承认自身的农民身份。虽然心理融入出现逆向的发展，但失地农民都是从自身的具体情况出发，理性权衡做出了选择，有一定的现实意义。

第六章

城市化进程中失地农民城市融入的策略

一 研究发现及基本结论

农村场域的变迁，势必要影响农民生活的方方面面，如果说乡土社会原来的场域是封闭式的，农民在自己的土地上耕作，自给自足，这种生活状态延续的是传统生活模式的话，那么失地后，他们以土地为纽带的生活方式也势必要进行调整，以适应城市生活的需要。

（一）失地农民与城市融入

失地农民的城市融入归纳起来主要包括融入的阶段、融入的状况、融入与实践密切联系的行动。

1. 失地农民城市融入的三个阶段

从三个社区的情况来看，失地农民从失地到融入城市生活并不是一蹴而就的，不是今天拆了你家的房子，征用了你家的土地，给你一个市民身份，你就是完完全全成为城市人了。在这个过程中，需要不断调整和适应。

S社区刚刚经历了征地，村民自建了房屋，以连租带住的形式维持生计，并享受着集体经济带来的成果，生活满足而自得其乐。这可以说是失地农民发展过程中的第一阶段。这一阶段的特征有如下三点。第一，日子最好过的时候。刚刚失去土地，并发挥了土地的最大化效益，利用土地带来的最大化的资源，获得自己最大的利益，如现成地出租房子，坐享收益。当然这也是祖祖辈辈辛苦积累下来的财富，传到这一辈农民的最大利益享受。从某种程度上讲，几代的农民也许在这个时候才在世人面前挺起腰杆，说话理直气壮起来。第二，该社区的失地农民身份介于农民和市民之间。在这所谓的"城中村"社区中，不能一概而论把他们的现状定义为农民群体或者是城市群体。从他们的生产方式来看，他们已经没有土地作为收入来源，并要从另外的农民群体中获得生产生活的必需品；从他们的生活方式上看，还是停留在农民的状态中，如"城中村"房子的脏、乱、差。他们的交往范围依然处于同质性的阶段，对于自身所处环境有熟悉感及优越感，而对于"村"以外的人相对排斥，社会资本网络依然是以"熟人"关系为基础。因此，从生产方式上看是市民状态，而从生活方式上看是农民状态，介于农民和市民之间的群体。第三，从城市融入的阶段上看，可以定义为是刚失去土地的最初阶段，这个阶段有农民传统的一些特征，也可以看做是最初的发展阶段。这个阶段对于刚刚成为失地农民的"他们"来说是日子很舒服的阶段，也是多数失地农民的理想状态——不用劳动，有收入，在自己的"圈子"里"坐享其成"。他们可以在这个所谓的"过渡"时期"钻空子"（不断建盖自己的楼房）获得土地和房屋的收益，从而得到更大的价值利益，而一旦城市规划按照相关部门和法规有条不紊地推进后，失地农民的权益自然就有所约束和下降，而这一时期才是他们真正考虑生活去向的时期。

但这样的阶段对于城市现代化的发展是不利的，正如城市中的一个"脓疮"，如脏、乱、差和治安严重，不文明的现象，迟早要被清理和整顿。目前，相关部门把该类社区列入整顿的范围，不久的将来"城中村"的环境将会有所改变。而从长远来看，这是适应城市现代化发展的必然。因此我们只能说S社区"城中村"的发展是失地农民城市融入过程中的最初阶段也是一个过渡的阶段。

W社区的发展可以看做是失地农民发展的一个中间阶段，这个阶段的发展有以下特征。第一，各种从农村到城市转变的利益不断地交织着，矛盾和问题比较突出。虽然W社区算是昆明市失地农民较早出现的社区，但是他们的发展相对来说比较缓慢。20世纪90年代以来，昆明市的南市区开始拆迁扩建火车站，他们就依靠在附近建房开旅社、出租房屋、开商城而得以发展，直至2008年城市开始大范围拆迁改造以来，这里的村民才发生一些变化。因此在拆迁过程中，集体经济的处置不当引起的矛盾便全方位爆发。村民为此一直纠结，并不断发生组织上访、维权等群体性事件；另外，2008年房屋被拆迁，村民的生活再次被打散，回迁和住房的问题成为大家关注的主要问题。第二，村民城市化生活有所提高。W社区所代表的发展阶段可以看作是原有生活被打乱，失地农民才开始思索如何在城市中生存的阶段,首先,他们以血缘为关系纽带的网络再次被打散,如果说20世纪90年代的失地是"脱离"农民身份变迁的话,那么现在这一阶段便是如何融入城市生活的变迁,这个时候的转变带来的意义将更加深远。在其中我们也能看到众多村民的态度:有的人害怕变迁,怀念过去的美好生活,总觉得这样的变迁是村上几个"不怀好意"的领导做的勾当,把村民以后的好处全分了,以此他们不断地责难他人,觉得日子不如从前完全是他人的责任,因此不断上访、打官司争取自己的利益;而有的人能经受住变迁,不断调整着自己以适应环境的改变。总的来说,大家都在努力适应新的生活。第三,从失地农民的发展阶段来看,该社区是处于发展过程中的社区,这一时期,外界环境变迁比较大,内部矛盾比较突出。这一时期是失地农民矛盾比较大的时期,但如果他们一直以一种"坐享其成"被动者的心态来对待,那么他们将不能适应当前的生活,并失去将来一些发展的机会。

Z社区的发展可以算是失地农民发展的后期,他们的生活正在和城市生活接轨,并不断地磨合和适应。这一时期表现出来的特点有四方面。第一,生活水平已经和城市化接轨。Z社区由于搬迁进了回迁房,和城市居民共同居住于同一生活环境,生活质量像城市人一般,提升得很快,城市社区的相关设施也已经配备,如自来水、电、煤气、太阳能等,如城市人一般享受着现代化带来的方便和舒服。第二,农民的生活方式正向城市人靠拢。外界环境对于人的内在转变具有重大的作用,城市文明的环境自然催生出人们文明的行为和思维。Z社区里一些不文明的行为如随地吐痰、乱扔垃圾的比以前有所减少,热爱干净、整洁的家装也成为多数人的追求,年轻人爱好时尚的也不在少数。在年轻人看来,自己就是城市人的一分子,有的更是觉得比起城市人,更有优越感;只是年老的人,在思想和观念方面还难以转变,但是新环境的改变让他们也在不断调整着自己。第三,生产生活方式改变得依然缓慢。这里要说的是,Z社区居民的外在变迁所不能改变的一些根深蒂固的问题,那就是他们与生俱来的农民特征比不上城市人,如文化程度低、传统的价值观没有打破以及社会关系网络狭小等问题。以此,他们只能延续着传统的有效的生产方式,如"出租房屋"或倒卖房屋的方式,或者是随便做点小工,补贴家用;传统价值观没有打破,对于家族的依靠,对于现代化的一种排斥感,并且他们的开放性和进取心还不强,城市人的理性、效率思维模式他们还学不会,这样势必会阻碍他们的发展；而对他们来说重要的社会关系网络也许现在才开始去经营和开展，这样便增加了他们在找工作、社会利益的获得等方面的困难。第四，从发展阶段来看，Z社区代表了失地农民发展的成熟阶段，也是农民发展的必然，这为农民走向"市民化"作了铺垫。S和W社区也将会走向这一阶段的特点，其结果就是失地农民最终会成为城市人，未来他们将是城市人的一分子，而生活也将更加美好。

因此可以说，失地农民的城市融入是一个渐进的过程，S社区是发展的起步阶段，我们可以概括为"城中村"阶段，这一阶段的特点是失地农民获利最大，他们自认为是生活幸福感最强的阶段，但这只是一个过渡的阶段。W社区的发展可以说是变迁最大、矛盾最多的阶段，我们可以把这一阶段概括为"发展阶段"，这属于失地农民发展的中期阶段，也是失地农民问题与矛盾比较多的时期，这个阶段是整个失地农民问题处理的关键，若能处理得好，将会理顺以后的工作，为后面的城市融入工作打下基础。Z社区的阶段是安置失地农民的最终阶段，我们可以把这一阶段看做是"归属阶段"，意为失地农民最终的安家和发展的阶段，这是农民发展过程中的最后阶段，进入这一阶段后，农民的生活将会容易处理，也将走入城市生活的正轨。

2. 失地农民城市融入的状况

从融入的维度上看，融入过程是一个包括经济、文化、社会心理不断推进、相互影响、相互并存的过程，只有完全达到三者的统一，才能算是真正的融入。从三个社区的实际情况来看，每个社区都存在着某一方面的不足，并且发展的状况不一样：S社区表面上看经济发展不错，但经济收入依靠房租和亲友介绍的低技能工作，具有单一性，一旦"城中村"改造拆迁，村民将难以维系经济收入，因此也具有脆弱性。随着城市产业化经济的普及，他们这种以低技能、低文化获得工作的方式将不能适应城市化的发展，因此，可以说S社区的经济融入是不成熟的；在文化和心理融入方面，他们依然受到一些传统惯习的阻碍，融入城市生活还有一定的差距。W社区因为拆迁改造，社区的失地农民在经济、文化和心理上的融入正处于转变过程当中。Z社区生活环境更接近于城市市民，首先，他们积极主动寻找就业出路，经济状况呈现多样化的发展；其次，他们有意识地去改变自身的惯习，接受新的思维、意识、观念，不断向着市民化靠近；在心理融入方面，尽管有不适应的地方，但正在尝试着去参与进来，不断淡化自身曾经是农民的称呼。因此，可以说 Z 社区融入的状况相比两个社区较好，是更进一步的融入，但与市民化的生活相比还是有一定的差距，也并不能算真正完全的融入。

从融入的结果上看，融入的最终状态不同。首先，在经济融入方面，三个社区的失地农民以土地、房屋为代价换得了利益的补偿，但是和相关的利益集团比较，他们获得的补偿是不公平的，也是相对弱势的，但不管怎么说他们都是城市化过程中征地拆迁的得利者。他们的物质财富较以前增长了很多，从这种意义上说，失地农民的经济融入是成功的，发展得较好的。其次，在文化融入的过程中，失地农民不断调整生活方式和文化价值观，积极主动地适应城市文化场域的变迁，以争取更多的文化资源。再次，失地农民在社会融入和心理融入的过程中，又出现了种种不适应的状况，如社会支持网络狭窄封闭、社区参与的积极性不高、社会归属感不强等。从而使他们在社会支持网络及心理上还是存在着不适应城市生活的特征和倾向。由此可见，失地农民在整个城市融入过程中是递进发展的，即经济先行、文化跟上、社会适应，最后的心理融入完成后，失地农民的城市融入才能算真正完成。

从融入的意愿性看，失地农民都表达出了对失地及融入城市的意愿。

长期以来，在城乡二元体制下，农民享受的资源、社会保障以及权益等都不能和城市人相提并论。农民不只是一个称谓、一种职业，更是"一种等级、身份、生存状态和文化模式"。从所调查的三个社区的失地农民来看，由于城市化，他们失去了土地，变身为城市人，从而面临场域的变迁。虽然城市化不能从根本上消除城乡二元分割的局面，但也让他们摆脱了二元体制下的农村，拥有了城镇户籍，具备了享受城市社会保障的基本条件。另外还可以住进城市居民小区，拥有真正的房屋产权，享受丰厚的实物和经济补偿。虽然融入城市的过程漫长且不容易，但作为"理性人"，权衡利弊后，他们都表现出了对失地和融入城市的强烈意愿。当然，征地拆迁过程中也出现了一些不愉快的事件，但这并不是因为农民没有失地的意愿，而是几个利益主体的博弈没有达到均衡的结果。

从融入的地域性来看，以昆明市为代表的边疆城市失地农民融入的发展呈现出一种滞后性的特征。本书所选择的调查点昆明市是地处西南边疆的一个省会城市，该城市城市化进程起步得晚，发展速度慢，但与内地发达城市失地农民状况相比，多数情况是一致的，例如失地农民发展的阶段性，以及表现出来的特征；失地农民的行动策略多数是基于"理性选择"的原则，并呈现出惯习的滞后性，等等。但是边疆城市的失地农民还表现出一些不同的地方。第一，边疆城市农民失地后，外出打工的人较少，即使有也只是选择就近的地方，很少选择跨省打工。"离土不离乡"的状况比较多见，这也可以看出失地农民在思想观念上和其他地区农民的差异性。第二，边疆地区失地农民的就业率不高，闲散的人占大多数。由于昆明市并不是一个工业化发达城市，对于就业人员的吸纳能力相对比较弱，所以昆明市普遍表现为就业率比较低的状况。第三，边疆城市的失地农民长期以来封闭、保守，他们的观念与意识也就相对落后，缺乏对自身未来发展的规划。这是一个很让人担忧的问题。

（二）失地农民城市融入的实践理论

在实践社会学中，布迪厄提出了"惯习""场域"和"资本"等概念。惯习、场域与资本是相辅相成的，三者之间关系紧密、不可分割。失地农民的城市融入问题，实际上可以理解为在场域的变迁中，行动者（农民）个体为了获得更多利益和资本而不断调适自身惯习，从而做出适应场域的行动策略的过程。

首先，失地农民在变迁的场域中做出的行动是围绕着对资本的获取而展开的，拥有不同资本的行动者构成不同位置之间客观的空间关系，而资本也只有不断地进行反复交换和竞争才能维持。"各种力量的交织，势必要为自己争取更多的利益，以确立发挥各种资本垄断的作用。"[①] 所调查三个社区的失地农民，他们融入的三个领域也包含着经济资本、文化资本和社会资本的相互关系及其转化，并且不断和各方利益群体进行着争夺。同时，惯习也不断根据场域变化进行着调适。失地农民在被动地适应城市生活的过程中，也存在着传统惯习的不适应带来的困惑，这表现为行为方式上的两种极端，一是举止的粗鲁和不文明，抑或炫富摆酷的"暴发户"；二是思维模式上的保守、传统和固化。虽然在新场域中不断地调整自身，但是要彻底摆脱原有"小农思维"的惯习模式还需要长时间的磨合和适应。

---

① [法]皮埃尔·布迪厄、[美]华康德：《实践与反思——反思社会学导引》，李猛、李康译，邓正来校，中央编译出版社1998年版，第189页。

其次，失地农民传统的惯习（思维和行为方式的表现）要适应场域的变迁就需要对环境的改变作出策略的互动和调整，这就要改变一些根深蒂固的传统思维和生活习惯，不断朝着与城市生活相适应的生活方式和价值观念进行调整。本书也提出这样观点：失地农民多数时候的行动策略是以"经济理性小农思维"的原则而展开的。但是有些时候，常规意义上的"理性"行为未必就能如此奏效，于是"非理性选择"也有其存在的意义，如失地农民的过激性群体行为，最终也是为了达到他们利益诉求的目的。不论进行何种选择，这都和失地农民的惯习生成及其现实需求有很大的关系，都有其现实的考虑。在经济融入方面，失地农民群体在土地征用及房屋拆迁经济利益较大的矛盾中和各个利益集体之间存在着利益冲突和博弈，多数情况下他们会进行"理性选择"，出于利益最大化的考虑，他们会选择避开一些风险。但当他们的利益受到威胁和侵害的时候，他们也会采取过激的对抗方式回应；在就业选择方面，村民选择就业还是待业，都有其现实的出发点，考虑对自己最有利的一面。

在文化融入方面，为了获得更多的文化资本，村民无一例外地重视对下一代的培养，为获得更多的文化资本，多渠道多方面参与到制度文化资本的争夺中来。而内在文化价值观的变迁中，农村传统"惯习"暴露出了其不适应性和不足，而他们也在不断地改变着自身，调整着惯习的适应性，并积极地融入城市生活中；在心理融入方面，失地农民面对城市的排斥、情感的挫折，从而做出"回归性"策略的选择，进而重新回到他们原先的次级社会关系的生活圈子中。

总而言之，失地农民的城市融入并不是简单地给予一个"市民"的身份，也不能补偿安置完成后就对他们不管不顾。恰恰相反，这只是一个开始，他们需要经历经济、文化和心理等方面的融入，是一个长期的过程。同时，在失地农民融入城市的过程中，无论是在经济、文化还是社会心理方面，都是有场域、惯习以及资本的内涵在其中。这就需要实践者不断调整阻碍其发展的旧"惯习"，获取更多的"资本"，并适应新的"场域"变迁的需要。

二 失地农民城市融入的措施

失地农民对城市生活的适应就是失地农民群体或个体如何在惯习和场

域、个体及周围的社会环境相互之间的互动过程。而这种互动又是在一种理性行为的驱动下进行的，在这个过程中，失地农民试图争取各种更多的社会资本。

（一）失地农民城市融入的建构

在三个社区失地农民融入城市的过程中，经历了一系列的改变，如住宅环境的改变——住进了新的城市住宅小区、工作环境的改变——离开了土地进入城市工业化的工作领域、被管理方式的改变——由原来的村委会管理转变为城市社区的管理等，这实质上是和失地农民生活相关的场域发生了改变，他们在这个被缔造的社会关系网络中不断地适应和穿梭"追逐社会资本以满足自己的利益需要"。[1] 失地农民身上体现出来的惯习，包括经济、文化、政治等方面的内容，例如在城市小区生活中体现出来的勤俭节约的经济惯习、文明素质不高的文化惯习、社区参与不积极的政治惯习。这些惯习也是他们长此以往生活习惯、行为方式、价值观的体现。"惯习在实践展开过程中，它是以一种独特的、创造性的方式，再生和重建以及改造着各个场域，从而改变着社会结构。"[2] 而作为行动者的主体，失地农民在城市生活的融入过程中，在不同的场域中和相关的人群，包括城市人、政府、房地产开发商、物业、社区工作人员等相关利益群体进行着资本的交换和协调，甚至斗争；在此过程中，惯习的变化和调整是按照利益的原则来进行的，并根据利益的取舍来调整自身的惯习。最终达到利益的最大化和各方场域的一种平衡。

（二）制度的创新与安排

需要不断完善各种相关的政策和制度，以保障失地农民以后的生活所需。

第一，健全社会保障。相关部门应该妥善处理失地农民安置问题，在合理补偿失地农民利益的前提下，做好失地农民的后续生活的规划。逐渐将失地农民社会保障纳入整个城市社会保障的范围之内，列入政府社会职

---

[1] 赵晓荣：《农民组织的行动逻辑：以布迪厄实践观对山西柳村农民协会发展的分析》，《中国农业大学学报》（社会科学版）第26卷第1期。

[2] 同上。

能服务当中,逐步打破城乡二元分割体系,让失地农民和城市居民同等享受待遇,包括养老保险、医疗保险、失业保险、最低生活保障以及就业的扶植政策和优惠政策,真正实现失地农民社会保障和非农就业的社会化。

第二,多渠道促进就业。可引导失地农民从农耕生产方式向工商业生产方式转变,可以从事除农业以外的其他产业如服务业、商业、经营管理等行业,使得失地农民在融入城市的各种行业中找到新的就业渠道。首先,相关政府一方面要建立公平统一的城乡就业政策,消除农民就业的一些障碍,使得这些"农转非"人员享有公平的社会就业机会;其次,利用各种资源和信息,通过各类培训机构、培训基地的平台,开展积极有益、内容丰富、形式多样的培训,使农民掌握多项技能并获得多种证书,有效就业;最后,整合当前职业培训力量,能在寻找就业岗位中获得更多的机会。

第三,加强户籍制度的完善与改革。由于当前失地农民与市民之间的户籍政策还存在着一些障碍,需要对户籍政策进行调整。让失地农民和市民之间享有同等的社会保障、社会就业及子女上学等权利,逐步取消户籍上的种种限制,充分将"利益要素与户口剥离"[①],充分让农民享受户口上的各种利益。让失地农民有平等发展的机会和一致的社会身份和社会、经济、文化等方面的权利。

(三) 失地农民综合素质的提升

第一,积极提升文化素质。一是通过职业教育等途径,提升失地农民的文化教育水平和职业素养,为将来的发展搭建一个更好的平台;二是更新观念,打破他们固有的小农意识,确立他们的职业、竞争、效率的职业意识和"市民"思想,破除"等、靠、要"、保守、固化的乡土农民习气,积极参与到城市的竞争发展中来;三是提升自身的文化修养和文明礼貌。破除自由散漫、封闭固守的思想,树立法制观念,积极宣传城市文明意识,如市场意识、卫生意识、生态意识等,以及树立城市的文明行为和文化气息。

第二,通过加强社区文化建设,不断提升失地农民的各类素质,包括

---

① 杜红梅:《城市化进程中城郊农民融入城市社会问题研究》,《社会科学》2004 年第 7 期。

文化素质、情趣修养、道德观念等。可以通过积极向上的社区文化陶冶居民的情操，促进社区的凝聚力、提升居民的素质，如可以设立一些积极、健康的文娱活动室、图书室、文化广场等，宣传一些积极向上便于农民接受的文化氛围，让他们融入其中；并通过宣传栏、黑板报、发放手册等形式，让农民了解市民道德及行为规范，使他们的思想和行为意识不断融入到城市市民化过程中来。

因此，失地农民的后续发展问题关系到整个城市化的发展以及社会的安全和稳定，应该给予重视，并应得到更多相关政策的支持和保障。以使这部分群体能克服困难，积极参与进"市民化"的转变，最终实现城市生活的融入。党的十八大报告已将城镇化提升至"全面建设小康社会的载体"和"实现经济发展方式转变的重点"的重要地位。但城镇化绝不能只着眼于经济增长，绝不是把农村人口转变为城市人口这么简单。更重要的是农民的市民化以及如何适应以后生活的问题，否则城镇化率的提高也只能意味着农民失去土地，意味着他们失去重要的收入来源和失去重要的生活保障，因此将关系着城乡发展一体化发展及社会稳定。

（四）失地农民关系网络的扩展

通过三个社区的失地农民内部之间以及和外部之间的关系网络的调查，发现多数失地农民的生活往往主动选择回归到自身的初级关系网络当中，这种关系网络有很明显的传统乡村网络的印迹，具有同质互动性、狭窄性、封闭性和孤立性。因此，需要从各个方面来不断打破和扩展进一步的社会关系网络，并构建一种异质性、多样性的次级关系网，这样才能有利于失地农民今后的发展和更好地融入城市生活中，而从某种意义上说，失地农民的城市融入就是他们自身社会关系网络的不断发展和再生，因此，本书从社会关系网络视角上对失地农民城市融入进行进一步的思考。

1. 社会支持网络的完善

社会支持网络就是通过借助政府、社区、社会组织多方面的推动，帮助和解决失地农民当前发展的困境，不断完善和构建次级关系网络，主要从几个方面来进行。

第一，不断提升村民的文化素质。文化素质的高低决定了个人所处"圈子"的范围，并获得更多的文化资本，事实上，文化素质高低也决定了个人的社会地位和社会资源，自然而然有利于个体的发展。因此，让失地农民接受进一步教育是提升文化素质的一个有效途径。可以通过对失地农民职业化教育和社会化教育实现,以及对其子女进行文化水平的提升,鼓励和支持进一步的学历深造,以此和城市市民化教育接轨。

第二,政府多渠道为失地农民提供就业机会。职业网络是城市社会中生成次级关系网络的重要渠道。很难想象失地农民没有工作整天待在亲戚朋友圈子里,无所事事会有怎样的前途。因此,政府和相关部门的当务之急是应该多渠道、多方位地为失地农民创造就业机会,不仅从就业的环境中给他们解决经济收入问题,而且应该从就业中学习到更广泛的东西,开阔思维,发挥潜力,在业缘的环境中扩展关系网络,找到人生的价值。

第三,多方位的社区参与。失地农民成为城市居民,并纳入社区的管辖范围内,社区的管理和服务对他们来说有着重要的意义。可以通过社区的平台,不断培育失地农民对社区参与的积极性。社区参与可以采用多种形式、以喜闻乐见的活动吸引村民积极参与,充分发挥他们的主动性和创造性,共建村民与市民共荣、和谐相处的局面。

2. 失地农民社会资本的建立

现代公民型社会资本的人际联系是以资本为媒介,以业缘关系为主要形式,以契约和法律为人际调节的手段,社会资本呈现出普遍性的开放状态。[1] 那么,失地农民离开土地,在现代化的推动下进入工业社会和信息社会,他们的社会资本只有从传统的社会关系网络转向现代意义的社会关系网络,才能适应当前社会网络关系,才能真正成为现代性的市民。

因此,可以从微观、中观和宏观的社会资本中构建失地农民的关系网络。[2] 从微观上,个体人即自身的目的行动者不断与他人结成一种可以互动的联系,这种联系既有情感性,也有工具性;在中观上,群体和所处的社会组织居于不同的位置,并获得资源,拥有这些资源更有利于组织和个人的发展;宏观的社会资本就是生活在一个既定的体制环境、地域空间和文化传统中。具体来说,从宏观上,政府应该不断制定相关的政策和制度,不断完善有关失地农民的土地安置和社会保障政策,为他们创造一个发展的公正、公平、积极的环境;从中观上,建立和规范各类组织,如用工组织、社区组织、权益组织、协会,发挥它们的作用,为失地农民做好

---

[1] 卜长莉:《社会资本与社会和谐》,中国社会科学出版社2005年版,第5—6页。
[2] 季文:《社会资本视角的农民工城市融合研究》,经济科学出版社2009年版,第62页。

服务，进而形成更广泛的社会网络，并从制度上、组织上增加失地农民的社会资本；从微观上，不断引导和培育社区居民个体与村民个体彼此之间的信任和关心，不断培育村民的文明素质和文化素养，建立起邻里之间、村民与市民之间、村民与外来人之间的和谐、团结、友善的局面。

3. 主动接受新的价值观和生活方式

失地农民现在已经是市民的身份，那么就应该积极主动地学习城市人的价值观和理念。因此，应该改变传统的习惯、行为和价值观，建立起城市社会的行为方式、生活方式以及价值观，这样才能打破原先"同质性"的交往，扩展"异质性"的空间，为自身累积更多的社会网络和关系，更好地融入城市生活中，扩大自身的社会关系网络。

总而言之，通过调查，昆明市三个社区的失地农民由于受本身"小农思维"的影响，其社会关系网络具有同质互动性、狭窄性、封闭性和孤立性，不利于该群体接受城市化的生活方式和价值观，因此，需要构建有利于失地农民发展的社会关系网络，从社会支持体系、社会资本以及主体意识方面进行强化，从而构建一个有利于失地农民长远生存和发展的社会关系网络。

三　失地农民城市融入的前景

十八大报告指出"要有序推进农业转移人口市民化"，这体现出国家对城乡一体化发展及转户口进城农民的高度重视，妥善解决这一问题已经成为当前一个急迫的工作重点。

（一）社区融入基层视角的行动

在失地农民市民化的城市融入过程中，社区作为失地农民日常生活和交往的场所，是联结失地农民和城市社会的互动平台，发挥着引导失地农民融入城市生活的功能；同时，社区是市民化路径得以实现和推动的载体，社区治理则以善治为基础，能充分发挥基层社区治理的作用，更好地实现农民市民化发展。

基于社区基层视角的失地农民城市融入可以通过社区管理的平台，整合各类组织及多种资源，以自治、合作、参与的形式，通过失地农民在社区参与、社会服务、社区网络支持、社会资本培育、社工介入等多种方式，提升农民市民化的进程，实现经济、文化、社会、心理的市民化。具体来说可以包括以下几个方面：社区经济建设、社区服务管理建设、社区文化建设、社区生活环境建设和社区保障建设。

1. 社区经济建设层面上的失地农民城市融入

社区经济建设主要是指失地农民的收入来源、水平与宏观层面的社区经济运行。失地农民将会在不久的将来陆陆续续被纳入社区管理的范畴中，那么社区经济建设很大一部分功能就是要通过各种渠道和措施为失地农民提供就业的机会。按照社区相关政策规定：凡在劳动年龄段的原村民，均可进入城镇劳动力市场，享受就业培训、择业指导、职业介绍等，凡申领了"就业登记证"的村民，在接受职业培训、就业援助、自主创业等方面可以享受与城镇失业人员和就业困难人员同等待遇。例如社区中有些企业或者是社会组织，可以优先考虑本社区的失地人员，为社区的企业寻找劳动力，也能满足社区人员的就业需求；同时动用社区中的各种社会资源，并有计划有步骤地为失地农民提供就业培训，使得经过培训合格后的人员能够持证上岗，为用人单位输送人员，同时也能够在供需之间建立起中介的桥梁。

除了就业以外，社区会根据每年的集体资产收益，给村民发放一定数额的社区分红，如政府补助、税收分红、土地合作金、社区管理费用中的收益，在满足基本开支的情况下，给予社区中村民一定的补贴。同时，对达到退休年龄的老年失地农民，除了国家发放的养老金以外，每月发放部分社区养老金，从一定程度上关心和帮助生活中有困难的失地群体。

2. 社区服务管理层面上的失地农民城市融入

社区服务管理包括社区服务与社区管理两方面内容。社区服务是指在政府指导下，为满足居民需求，以社区组织为依托，开展福利性的服务活动。[①] 因此，可以依托社区的作用为失地农民的城市生活开展好相关的服务，例如，社区医疗服务，能为居民提供简单医疗卫生服务，并能定期免费办理医疗政策、卫生保健讲座，提高居民卫生文化知识；法律服务，为社区居民提供法律咨询；计生服务，为妇女生育提供便利，并为独生子女提供奖励金，甚至各个社区根据失地农民自身的情况，开展了不同的服务

---

① 王鑫：《社区建设视角下失地农民市民化研究》，南京师范大学硕士学位论文，2012年，第13页。

模式和活动。例如昆明市的江岸社区文化中心，专门为社区的老人、小孩提供了娱乐活动的场所和培训，经常请昆明市著名的专家进行专题讲座，得到了社会的赞扬和肯定；昆明市五华区的莲花社区专门组建了一个"爱心超市"，将社区捐赠的物品收集起来，为失地的贫困农民免费发放物资，给予生活的关心和帮助。

社区管理是指社区基层组织或社区机构，为维护社区整体利益、推动社区发展，而对社区事务进行有效组织和控制的过程。[①] 如社会事务办公室是专职为群众服务、为群众谋福利的事业，这样能够更科学更规范地为失地农民提供支持和帮助。社区工作作为一门专业，拥有一套专门的理论和方法体系，共同遵守的专业伦理和文化，社会认可的专业权威，由专业教育造就的专业工作者队伍等[②]。因此，社区管理工作者可以通过专业的理念和工作技术解决社区问题，满足社区需要，促进社区社会的和谐。如S社区专门设置了社区工作站，专门为社区居民常见的问题如社区保障、计划生育、户籍管理等开放了窗口，进行一对一的帮助和咨询，提供专业性的服务。社区还聘请了好几个社工和大学生加入其中，他们懂知识，会专业，办事效率高，受到社区居民的一致称赞。

3. 社区文化层面的失地农民城市融入

社区文化指社区居民在共同活动中形成的具有群体特征的生活方式、价值观念、行为规范、风俗习惯等文化现象的总和。优秀的社区文化能够带动社区居民的社区参与，融入城市居民的生活中。传统农村的社区文化，村民每天进行农业生产，甚至没有休息日，闲暇时间的活动一般是简单的电视、打麻将、和邻居聊天，几乎没有其他的文化娱乐。社区文化建设相比原先的农村社区更加多样、生动，进入城市社区以后，农民从农业生产中解放出来，有固定的闲暇时间能够参与进来，社区能够为居民提供活动场所，以及各类活动设施，并定期举办各种文体活动，从而能够提高居民参与文娱活动的积极性。

4. 社区生活环境层面上的失地农民城市融入

社区环境主要指生活的物质环境。良好的社区环境是一个城市生活的

[①] 王鑫：《社区建设视角下失地农民市民化研究》，南京师范大学硕士学位论文，2012年，第20页。

[②] 吴亦明：《现代社区工作·第1版》，上海人民出版社2003年版，第80页。

标志,不仅仅能处理好各种污染,也能维护好社会治安,保护生态环境的可持续性,建立人与自然和谐相处的空间。例如 Z 社区由于有物管公司的介入,小区生活的各项管理都很科学化和现代化,对来访人员的登记,各个岗位电子探头的监督,以及在单元门上装上电子防盗门等措施,使得小区偷盗案件明显减少,并且社区每年投入资金对社区绿化设施进行修剪和维护。

S 社区引进数字社区管理系统,将社区居民的信息及相关信息保存在社区数据库里,随时可以调出查询,并实现了社区管理数字化、信息化的管理。社区负责人介绍,他们都为本社区的孤寡老人设立了"数字养老网",通过网络信息的形式,及时了解老人的状况,和老人沟通,并有效为老人提供各种服务。

5. 社区保障建设层面上的失地农民城市融入

社区保障是社会保障的重要组成部分,它是指在政府的倡导下,以社区为依托,依法建立保障体系,保障社区成员的基本生活。这里主要包括几个方面。

第一,社区养老保障。对社区居住后的失地农民经过社区登记,纳入社会化管理服务,每月从国家领取固定的养老金,社区居委会根据自身经济运行情况,对达到退休年龄的村民每月补贴发放一定的补助,从而能从社区这个层面保障老年人的养老问题。

第二,社区医疗保障。社区可以将失地农民逐步纳入城镇居民医疗保障中,并不断推广农村互助医疗,以便从基层保证村民有效就医。

第三,开展及时的社区救护。针对社区中的弱势群体,开展帮助和救护活动。社区志愿者以及社区工作者在帮助对象上可以起到一定的作用,如社区矫正、心理疏导、情感陪护、对弱势人群开展帮助,并整合多种资源提供最有效最快捷的帮扶,社区工作者本身更具专业性、实践性,能够结合社区的实际情况,有效开展工作。目前社区工作已发展得越来越多,其对于有效促进社区管理、解决社区问题发挥着越来越重要的作用,这也是社区发展的一个趋势特征。

(二)"农二代"是城市融入的主流

在失地农民城市融入的过程中,"农二代"将会是融入的主流群体。"农一代"种过田,吃过苦,见证了生活的变迁,由于对土地的由来已久的情感，这部分人不太容易适应新的生活，思维理念和生活方式已经不容易改变，因此，城市生活对于多数"农一代"来说是不适应的。

年轻人（35岁以下的人）中的多数人都没有种过田，对于他们来说融入城市是他们生活的必然的选择。身份和生活习惯已经改变。多数年轻的"农二代"已经转为城市户口，很早就已经不种地，即使给予他们田地也不会种了。生产方式早已在"农二代"中改变了很多。年轻人都认为他们只能融入城市，不可能回到以前了，种田也不会种了，而且种地也赚不了多少钱，他们宁愿去打工，工资还会高一些。愿意种地的人太少了。

这是多数年轻"农二代"的真实写照，对于他们来说家里种田的历史是遥远的过去，他们现在有文化有知识，愿意接受新的东西，城市人的生活他们早已适应，甚至觉得比起城里那些赚钱养家、当"房奴"的工薪阶层有他们自身的优越感，至少这些他们早早地就有了，也不用担心，担心的问题只是能找份稳定的工作，如果这些问题能解决，那么他们本身就是一个不折不扣的现代人。年轻小伙（ZXK，男，30岁），很直接地说：

> 你说我们穿衣吃住和城里人有什么区别么？没有区别了，他们穿名牌我们也穿，甚至穿得更贵；他们去外面旅游，我们也去，甚至还跑到国外去。要说知识文化，我们现在也不差啊，年轻人都上大学了，毕业找工作我们也愿意回家的，找工作不难，随便做点也行，关键队上每年都会给你分红和补贴的。我们这里的女孩都不外嫁的，多数是上门。日子好谁又愿意出去呢？（访谈材料128）[①]

确实，现在的"农二代"赶上了时机，失地让他们走进了城市，也让相当一部分人衣食无忧。所以他们非常适应城市的生活，在"农一代"逐渐退出历史的时候，这部分人将是以后城市生活融入的主力军，对于未来的生活他们充满了期待和向往。

[①] 访谈资料来源：2013年4月2日中午（12:00），于小区内。

(三) 失地农民的社会分层

失地农民在以后的失地生活中，将会因为发展水平的不同而出现差异。[①] 一部分失地农民失地后谋求到新的发展机会，收入稳定，生活水平较以前有上升，我们把这部分人叫发展型的失地农民；而另一部分人，因失去土地，陷入生活困难的境地，成为贫困人群，我们把这部分人叫贫困型失地农民；还有一部分人群，失地后家庭和生活没有发生多大的变迁，我们将这部分人群叫做平稳型失地农民。

1. 发展型失地农民

发展型失地农民属于生活富裕起来的人群，他们家庭收入稳定，子女上城里的学校，生活接近普通市民甚至高于普通市民。这类人群能够发展起来主要有以下一些因素。

第一，从职业上看，该类群体生产方式的转型较快，基本上可以完全依靠非农收入，且收入多元化，除了房屋出租、队上分红等来源外，多数人还在外面打工，并有自己的一份事业。所调查三个社区中多数人也是这样的状况，所以三个社区的居民能够在较短的时间内转型，通过非农业生产方式获得额外的就业，或多或少还是有点收入的。

第二，从所处的区域上看，失地农民主要集中在城市的周边地区，城市空间的扩展也带来了周边地价的升值，相应的土地补偿及房屋的回迁费用也较高，所以这部分群体往往会成为获益较大的群体，利用补偿费用能够顺利实现生活水平的上升，并且能够很好地分享城市化带来的收益

第三，从个人自身素质上看，个人的知识、预见性、胆识以及理财观都是一些重要的影响因素。市场经济将这部分原先故步自封的人群卷了进去，有准备的人便能较好地把握住机会。S社区北村的YC（男，50岁）、YH（男，48岁）两兄弟在15年以前失去土地，两人便去建筑工地打工，学到手艺后自己出来干。回到家，用土地补偿的费用自己开了一家房地产公司，十几年后公司已经初具规模，成为昆明市北市区影响最大的一家公司，资产已经上亿元。

像这样靠自身创业的失地农民毕竟是少数，但两兄弟有些共同的特征就是能吃苦，头脑灵活，善于理财，把握市场，从而把握住了发展的机

---

① 刘海云：《边缘化与分异：失地农民问题研究》，中国农业出版社2007年版，第107页。

会。发展型的失地农民占总失地农民总数的比例不高，因为面对新市民化的转型，多数人还很迷茫的时候，他们能看清自身的方向，朝着目标前进，他们本身也是失地农民中的精英和带动大家致富的领头人。

2. 贫困型失地农民

贫困型失地农民与发展型农民不同，他们主要指土地征用后家庭收入和生活水平下降的农民，这类群体以前以农业收入为主，土地征用后家庭没有了稳定的收入来源，因而带来了生活水平的下降。这类人群也存在，并且具有以下一些特征。

第一，政策补偿不合理。土地价格的补偿不符合市场的要求，价格偏低，剥夺了农民对土地的永久使用权，以及土地带来的收益，暂时的补偿款不能满足长久的使用，于是生活水平下降。

第二，就业岗位缺乏。虽然农民有补偿，但不能找到工作，就意味着不能有稳定的收入，当补偿款一旦用尽后，便成为返贫的一族，生活远比以前没有土地时更加艰难。

第三，权益排斥在城市化之外。一些地方用掠夺式的手段将失地农民变成了市民，但一些政策又是将之排斥在外的，如医保、社保、养老保险制度，不能从根本上解决农民的后顾之忧，一旦有个大病或者家庭不能养老，往往会让这部分人群出现因病返贫、因老致贫的现象。

第四，各种消极的心理。有些失地农民补偿很高，但好逸恶劳的心理严重，甚至染上一些吸毒、赌博的恶习，一夜之间倾家荡产的人数也不在少数。

3. 平稳型失地农民

平稳型失地农民每年的经济收入不高，基本够用，和土地征用前相比基本持平，也就是说土地的征用并没有给家庭收入增加带来多少实质性的影响，而且这类人群在失地农民群体中占多数，这类人群有以下一些特征。

第一，家庭收入平稳。主要由于非农收入有一部分稳定的来源，但抵御风险的能力要弱一些。所以这类家庭相对来说保守一些，家庭的收入主要是依靠出租房屋或者将钱存起来吃固定的利息，出于对未来保守的考虑，他们宁愿选择稳妥的方式也不愿意冒风险，这类人在失地农民中占多数。因此，失地对于他们来说生活方式改变了，但相比以前的收入也不会好多少。

第二，多数小农思维的写照。小农思维最典型的特征就是保守、安稳，在农民意识还未能转型的时候，多数失地农民不能克服"土地依赖性"的特征，在土地被转化为补偿房屋时，自然而然又取代了另外一种"依赖"的情感，进而依赖政府或者是外人的帮助，自始至终不能独立去面对一种生活方式的改变。

总的来说，城市化是一把双刃剑，失地农民在城市生活的适应过程中会随着环境的变迁出现不同的发展轨迹，有些人成为发展型的代表，有些人追求平稳型的过渡，也有些人出现因为多种原因致贫的现象。社会有分层，在不久的将来失地农民的这种分层也将会越来越明显，因此在城市化的浪潮中如何成为不被社会抛弃的人群，在市场中如何找到发展的道路？这都是值得每个失地农民深思的问题，再不能被别人所支配，也不能任由自身传统的理念去发展，时代在发展，人总是要选择进步，只有接受现实，努力开拓，才会有自己更美好的明天。

结　语

　　城市化的发展，已经成为不可逆转的潮流，在它的推动下，这些涉及的人群将何去何从呢？不能只看到城市化带来的光环，我们需要反思，因为这才是路的开始。

　　城市化的发展，带动了城郊接合部农村的发展，也给这里的农民带来了很好的发展机遇。他们改变了原来农民的身份，并且获得了丰厚的拆迁补偿，住进了舒适整洁的城市小区，物质生活水平有了很大的提升。应该说是城市化的发展为他们带来了难得的机会，而经历了这种物质繁华的惊喜之后，下一步该静下来思考一下以后该如何发展？如何走好这条已经为他们规划好的城市人生道路？是依然被眼前的繁华所迷惑，继续醉生梦死？还是抛开浮云，重做回农民，选择自由简单的生活方式？这些都不太实际，"既来之，则安之"。既然生活已经这样选择了，那么就朝着现实点的道路走下去吧。如何走下去呢？这是需要仔细思考的问题。别人已经授以鱼了，就不能一直坐享其成，而是要多考虑如何学习"渔"的技能，把这种技能学好了，才能有点实力，为以后多捞点"鱼"做准备。而另一方面，作为"授渔者"不应该老是想着如何授鱼，应该授之以多样化的捕鱼技能，为以后更进一步的发展打下基础。短暂的金钱禁不住无限的使用，只有自立自强才是永久的财富，城市生活虽然美好，但要真正成为其中的一分子还是要"自食其力"，明白了这些道理，那么离"城市人"也就不远了。

　　然而，"失地农民"终究是个历史的产物。"失地农民"这个称呼是随着城市化的发展而出现的新词语，他们是农民，但没有地，他们是市民，但没有和城市人一样的待遇保障，他们是城乡二元体制结合下的产物，也具有其非城非乡的特征。他们在这种夹缝中生存，以他们的各种策略应对着变迁的场域，有些人"游刃有余"，有的人又"步步惊心"。但是不管怎么说，既然城市选择了他们，就应该容许并帮助他们朝着这条路走下去。不管如何选择，被城市同化将是他们最终的归宿，既然这样，倒不如采取更加实际的、积极的策略融入其中。也许现实需要是行动的初衷，但不妨将眼光放长远一点，为了自己及子孙的未来考虑，认真地反省一下自身一些旧的观念和习气，主动积极地融入城市人的生活，那么不久的将来，"失地农民"这个词也将消失在历史的长河中。而这个词也曾经印证了一个城市的发展。

  昆明市属于西部边疆城市，城市化的发展要慢于沿海发达城市，因此，这里的失地农民在发展的过程中也体现出了自身的滞后性。而在不久的将来，这部分群体的规模将会越来越大，如何妥善解决好他们的城市融入问题，将是社会不能回避的现实问题。但是，我们不禁要问，为什么非得要城市化才能改变生活呢？不城市化就代表不发展吗？发展也可以选择更切合自己实际的途径，例如民族文化特色的小村、小镇，发挥本来优势不是更有意义吗？昆明市的发展虽然比不上其他发达城市，但它自身民族性、文化性的特征还是很浓厚的，因此，利用自身的优势和特色来发展不是更顺理成章吗？为何要千篇一律地盲目跟随？最后弄得既比不上现代化发达的城市，又没有自己的特点，那将是多大的悲哀啊！S社区的北村曾经是抗日时期不少名人的暂居地，Z社区曾经是昆明市最大的旧货市场，而W社区所在的区域也曾是东南亚最大的小商品批发基地。这些曾经的辉煌现在都随着城市化而烟消云散了，或变成了废墟，或成了冷冰冰的钢筋混凝土建筑，这多多少少还是让人觉得有些凄凉。

附 录 1

调查问卷1：村民调查

尊敬的村民：

您好！

我们是大学的调查员，为了了解昆明地区在城镇化过程中失地农民的情况，我们组织了这次调查。本次调查采用不记名的形式，所有答案只用于统计分析。您只需要在每个问题所给出的几个答案中选择一个合适的答案打钩，或者在____中填写实际数字即可。

衷心感谢您的支持和协助！祝您全家幸福！

调查员：_____   调查时间：_____年__月__日

基本情况调查

性别：_____A. 男 B. 女

年龄：_____A. 20岁以下；B. 21—30岁；C. 31—40岁；D. 41—50岁；E. 51—60岁；F. 60岁以上

教育程度：

A. 小学以下 B. 初中及以下 C. 高中或中专

D. 大专 E. 本科及以上

您的婚姻状况：A. 未婚 B. 已婚 C. 离婚 D. 丧偶

您在这里生活多久了？_____

您现在是城市户口还是农村户口？

您有几个孩子？年龄有多大？在哪里工作？

你们和孩子/老人一起住吗？

您认为自己的身体状况总体如何？A. 很好 B. 比较好 C. 不太好

D. 很不好 E. 说不清

一　土地安置

您家的土地是什么时候出让的？_____

您家原有土地_____亩，现已失去土地_____亩，剩余土地_____亩。

您当时愿意出让土地吗？

A. 非常愿意　B. 比较愿意　C. 愿意　D. 不太愿意　E. 很不愿意

您失去土地时是什么感觉？

A. 很失落，但也没办法　B. 没什么感觉，无所谓

C. 很高兴，以后不用种地了

您家的土地被征用时，政府是否发放了土地补偿费？

A. 发放了　　　　　B. 没有发放

征地补偿的形式是（可多选）：

A. 现金　B. 物质补偿　C. 就业安置　D. 其他补偿

征地补偿费的发放方式是：

A. 一次性发放　B. 分次发放

您认为，您获得的补偿合理吗？

A. 非常合理　B. 还算合理　C. 不太合理　D. 非常不合理

有了钱以后，您当时做了些什么事情？A. 买车　B. 买房　C. 建房

您们的自留地怎么处理？

A. 建房　B. 搞企业　C. 搞生产　D. 其他_____

你们现在住房是多少平方米？_____

您觉得现在住房和以前相比哪里好住？

A. 以前的好住　B. 现在的好住

（请说明原因）_____

失去土地后，您家里总的生活状况：

A. 比以前好了　B. 和以前差不多　C. 比以前差了

和同龄人相比，您目前的生活怎么样？

A. 非常好　B. 比较好　C. 差不多　D. 比较差　E. 很差

二　经济就业

家里面的收入主要靠什么？_____

您的月收入大概是多少元钱？＿＿＿＿＿＿您家的呢？＿＿＿＿＿

您家每个月的开销大概是多少元钱？＿＿＿＿＿＿＿＿＿＿＿＿

一大部分开销在哪里？＿＿＿＿＿＿＿＿＿＿＿＿＿＿＿＿＿

您买东西讲究品牌吗？＿＿＿（是/否）在哪些方面？（衣服、日用品、大件器具）（请说出原因）＿＿＿＿＿＿＿＿＿＿＿＿＿＿＿＿

除了种田外，您觉得自己还有其他劳动技能吗？　A. 有　B. 没有

您在哪里工作？能说说您及家人工作的具体情况吗？＿＿＿＿＿

＿＿＿＿＿＿＿＿＿＿＿＿＿＿＿＿＿＿＿＿＿＿＿＿＿＿＿＿＿

政府对你们就业采取的政策是什么？＿＿＿＿＿＿＿＿＿＿＿＿

您认为在城里找工作难吗？

A. 很容易　B. 比较容易　C. 一般　D. 比较难

E. 很难　　F. 说不清

您自己如何获得一份满意的工作？

A. 依靠政府为自己安排

B. 通过熟人或亲友介绍

C. 先自己找到可以干的工作，积累一定的工作经验后再去找更好的工作

D. 先参加各种职业技能培训，提高自身业务素质，再参加各种招聘会

您在就业过程中是否感觉受到歧视：

A. 有很大歧视　B. 有一些歧视　C. 没有歧视

您认为找工作难的原因是：

A. 不知道哪有招聘信息

B. 缺失熟人关系介绍

C. 对于一些脏、累、收入低、稳定性差的工作自己不想干

D. 自身的学历文凭比较低

E. 自身没有一技之长，缺乏职业技能

F. 其他（请填写）＿＿＿＿＿＿＿＿＿＿

三　社会保障

征地后您有没有参加医疗保险？

A. 参加了　B. 没有参加

您参加的是何种形式的医疗保障＿＿＿＿＿＿＿＿＿＿＿＿＿

A. 当地的合作医疗保障　B. 城镇职工的医疗保障体系

C. 政府专门为失地农民建立的医疗保障体系
D. 购买商业医疗保险
E. 其他方式（请填写）_____

您的住院费用是否能按照相关规定及时足额地报销？
A. 能　B. 不能

您对目前的医疗保障水平是否满意？
A. 满意　B. 不满意

请介绍一下您参保的情况：_____
_____

四　社会融入

（一）行为融入

1. 生活方式

您觉得您的衣着打扮和城市人有差别吗？
A. 有　B. 没有　C. 不清楚

您平常的爱好是什么？能说说您一天的生活安排吗？以前种地时候的生活安排是什么样的？_____
_____

有时间您们会出去旅游吗？
A. 会（接着做下题）　B. 不会

自己出去还是村上组织去？都去过哪些地方？_____

您家庭和睦吗？
A. 和睦　B. 不和睦（请填写）_____

您家是如何养老的？_____

如果政策允许的话您还会再生小孩吗？（为什么）_____

您认为农村一对夫妇没有男孩行吗？
A. 行　B. 不行

2. 社会交往

被征地后进入城镇生活，与失地前相比，您认为邻里关系发生了怎么样的变化：
A. 非常和谐　B. 偶有往来　C. 基本上互相不认识
D. 其他（请填写）_____

住进社区以后，你平时主要和哪些人交往？

A. 家人、亲戚　B. 原来（农村）的朋友　C. 周围的邻居　D. 单位的同事　E. 生意上的伙伴　F. 社区活动中认识的朋友　G. 其他（请填写）_____

目前您与居住地本地居民的交往情况如何？

A. 交往很多　B. 交往一般　C. 交往很少　D. 几乎没有交往

E. 没有住在一起

您目前的朋友多吗？

A. 很多　B. 较多　C. 不太多　D. 很少　E. 几乎没有

与征地前相比，有人认为社区里人与人之间的人情味淡了，你是否同意他的观点：

A. 完全赞同　　　B. 比较赞同　　　C. 一般

D. 不太赞同　　　E. 非常赞同

有的人认为和市里人不好打交道，你怎么认为？

A. 非常赞同　　　B. 比较赞同　　　C. 一般

D. 不太赞同　　　E. 非常不赞同

您与居住地社区组织（居委会等）相互联系的情况：

A. 经常联系　　　B. 有时联系　　　C. 很少联系

D. 几乎没有联系　E. 不知道有居委会

当您遇到困难时是否能得到邻里的帮助？

A. 经常获得帮助　B. 有时能获得帮助　C. 很少获得帮助

D. 没有获得过帮助

当您遇到困难时是否向居委会等社区组织求助？

A. 经常求助　B. 有时求助　C. 很少求助　D. 从来没有求助过

如果您向居委会等社区组织求救，得到帮助的情况如何？

A. 经常获得帮助　B. 有时能获得帮助　C. 很少获得帮助

D. 几乎没有获得过帮助

3. 社会参与

您参加过居住地社区组织的会议或其他活动吗（比如居民大会）？

A. 经常参加　B. 有时参加　C. 很少参加

D. 从来没有参加过　E. 不知道有此活动

过去的一年中，您参加过社区的活动有：

（请填写）_____

您对居委会及合作单位举办的社区活动的看法是：

A. 非常满意　B. 一般满意　C. 不满意　D 无所谓

4. 宗教信仰

您信仰宗教吗？

您为什么要信？（请说明）_____

_____

您信仰宗教一般做些什么？_____

（二）文化融入

请说一下您的子女上学校接受教育的情况：_____

您是如何看待孩子受教育问题的？_____

您现在参与什么职业培训吗？_____（什么专业、时间、频度、收费、效果）

你们这里还保留着原先的一些风俗习惯吗？

A. 有（接下题）　B. 没有

有哪些？（请说明一下）_____

这里有一些现象吗？

现象	A. 很多	B. 一般	C. 很少	D. 没有	E. 不清楚
乱搭建的现象					
随地吐痰乱扔垃圾					
自行车和家里经常被偷					
吵架打架现象					
地方脏乱不打扫					
乱晒衣服					

（三）心理融入

1. 归属感

您觉得您居住的社区安全吗？

A. 很不安全　B. 不太安全　C. 一般　D. 比较安全

E. 很安全　　F. 说不清

您觉得您所居住社区里的人们能让您信任吗？

A. 大多数人都可以信任　B. 有一些人可以信任

C. 少数人可以信任　　　D. 没人可以信任

在社区生活中，您感觉到：

A. 很平等被接纳　B. 较平等　C. 不平等被排斥　D. 无所谓

从总体上看，您是否喜欢目前居住的社区？

A. 很喜欢　　B. 比较喜欢　C. 一般　D. 不太喜欢

E. 很不喜欢　F. 说不清

请您填出　A. 满意　B. 不满意　C. 一般

项目	A	B	C
（1）经济收入			
（2）工作环境			
（3）生活条件			
（4）消费支出			
（5）居住状况			
（6）社会地位			
（7）家庭状况			
（8）子女问题			
（9）休闲方式			
（10）其他			

2. 角色转换

您觉得您现在有作为城市人的感觉吗？A. 有　B. 没有（请说出理由）

成了城市人，您觉得还有哪些生活习惯和城里人不一样，或者是不太适应的地方？（请填写）

您认为现在的城镇生活与农村生活相比哪个更好？

A. 城镇生活　B. 差不多　C. 农村生活

生活在城镇，您感到幸福吗？

A. 非常幸福　B. 比较幸福　C. 幸福　D. 不太幸福　E. 很不幸福

为什么？（承接上题）

没了土地，你最担心什么？
A. 生活问题　B. 子女上学问题　C. 家里主要劳动力的就业问题
D. 邻里关系　E. 其他，如＿＿＿＿＿＿＿＿＿＿＿＿＿＿＿＿
您对未来生活做过什么规划吗？（请填写）＿＿＿＿＿＿＿＿＿＿＿＿
＿＿＿＿＿＿＿＿＿＿＿＿＿＿＿＿＿＿＿＿＿＿＿＿＿＿＿＿＿＿
＿＿＿＿＿＿＿＿＿＿＿＿＿＿＿＿＿＿＿＿＿＿＿＿＿＿＿＿＿＿

3. 身份认同
如果您给自己社会分层，您会觉得自己属于哪个社会阶层？
A. 上层　B. 中上层　C. 中层　D. 中下层　E. 下层　F. 不好说
和打工的流动人口相比，您觉得您比他们层次：
A. 高　B. 低　C. 差不多
（请说明一下理由）＿＿＿＿＿＿＿＿＿＿＿＿＿＿＿＿＿＿＿
您对日后的生活抱什么样的态度？
＿＿＿＿＿＿＿＿＿＿＿＿＿＿＿＿＿＿＿＿＿＿＿＿＿＿＿＿＿＿
您感觉自己是城里人还是农村人，为什么？请说明原因：＿＿＿＿＿
＿＿＿＿＿＿＿＿＿＿＿＿＿＿＿＿＿＿＿＿＿＿＿＿＿＿＿＿＿＿

对社会身份的认知：
A. 我已经是城市人了
B. 从生活方式、考虑事情的习惯来看，我还是典型的农村人
C. 我已经适应城市生活了
对社会身份的接受程度：
A. 我非常愿意和城市人打交道
B. 如果有可能，我会尽力适应城市的生活
C. 我非常愿意成为一个城市人
若给你一块土地，你愿意回到过去还做农民吗？（说明一下原因）＿
＿＿＿＿＿＿＿＿＿＿＿＿＿＿＿＿＿＿＿＿＿＿＿＿＿＿＿＿＿
您觉得失地农民还有哪些需要关注和解决的问题？＿＿＿＿＿＿＿
＿＿＿＿＿＿＿＿＿＿＿＿＿＿＿＿＿＿＿＿＿＿＿＿＿＿＿＿＿＿

五　社会资本

您觉得现在和城里人有竞争吗？＿＿＿＿＿＿＿＿＿＿＿＿＿＿＿＿
政府有没有针对你们社区的发展采取一些措施和政策？（有/没有）

（如帮助就业、职业技能培训等）

  社区是如何建立相关的支持和互助网络的？_____

  调查结束，由衷感谢您的支持和配合！方便的话请您留下联系方式以便我们以后做回访。

附 录 2

调查问卷2：基层干部访谈

1. 您们这里的土地征用制度是什么？（核算？安置？房屋安置？补贴？）
2. 针对这类群体政府出台什么相关的措施？（就业？社保？）
3. 被征地后村民反映最多的问题有哪些？
4. 能谈谈您们社区（村改居）的发展状况吗？
5. 您们这里村改居的管理和城市社区的管理有什么区别？
6. 现在并入社区后在管理上和以前有什么区别？
7. 您觉得村民适应城市社区这样的身份和生活吗？（可以具体谈一下）
8. 能谈谈您们村/村民在发展中存在的问题和困难吗？
9. 您觉得政府应该在哪些方面对失地农民进行支持？如何建立相关的支持和互助网络？
10. 您觉得社区的失地农民以后如何发展？

这里有以下这些现象吗？

现象	A. 很多	B. 一般	C. 很少	D. 没有	E. 不清楚
乱搭建的现象					
随地吐痰乱扔垃圾					
自行车和家里经常被偷					
吵架打架现象					
地方脏乱不打扫					
乱晒衣服					

附 录 3

调查问卷3：群众访谈提纲

城里人

1. 您经常和这些失地的村民来往吗？
2. 您羡慕他们卖掉土地有一大笔收入吗？
3. 您如何看待生活在你们身边的这些城市村民的？
4. 您介意和他们生活在一起吗？您能接受这些村民的一些生活习惯吗？

外地人

1. 您觉得和失地农民容易相处吗？
2. 您是如何看待这部分人的？
3. 您觉得他们好，是好在哪些方面？不好，是不好在哪些方面？

未失地农民群体

1. 土地的面积及使用状况。
2. 愿意土地被征用吗？
3. 羡慕那些失地的农民吗？以及如何看待？
4. 如果土地被征用，您想过这个生活如何规划吗？
5. 若是把您归为城市人，您会觉得有哪些不适应的地方？

参考文献

一 著作

1. ［美］D. C. 诺斯：《经济史中的结构与变迁》，上海人民出版社1994年版。
2. ［印］阿马蒂亚·森：《以自由看待发展》，中国人民大学出版社2001年版。
3. ［秘鲁］阿尼瓦尔·基哈诺：《秘鲁的民主主义和资本主义》，上海人民出版社1972年版。
4. ［英］安东尼·吉登斯：《社会学》，赵旭东等译，北京大学出版社2003年版。
5. ［英］安东尼·吉登斯：《社会的构成：结构化理论大纲》，李康、李猛译，生活·读书·新知三联书店1998年版。
6. ［美］曼瑟尔·奥尔森：《集体行动的逻辑》，陈郁等译，上海三联书店、上海人民出版社2004年版。
7. ［美］艾尔·巴比：《社会研究方法》，邱泽奇译，华夏出版社2007年版。
8. ［美］布赖恩·特纳编：《社会理论指南》，李康译，上海人民出版社2003年版。
9. ［美］布劳：《社会生活中的交换与权力》，华夏出版社1989年版。
10. ［美］戴维·哈维著，周宪、许钧主编：《后现代的状况——对文化变迁之缘起研究》，商务印书馆2004年版。
11. ［美］克利福德·吉尔兹：《地方性知识——阐释人类学论文集》，中央编译出版社2000年版。
12. ［法］保尔·芒图：《十八世纪产业革命——英国近代大工业初期的概况》，商务印书馆1983年版。

13. ［美］戴维·波普诺：《社会学》，中国人民大学出版社 2004 年版。
14. ［英］弗兰克·艾利斯：《农民经济学——农业家庭农业和农业发展》，胡景北译，上海人民出版社 1986 年版。
15. ［美］加里·斯坦利·贝克尔：《家庭论》，商务印书馆 1998 年版。
16. ［美］亨廷顿·哈里森：《文化的重要作用：价值观如何影响人类进步》，新华出版社 2010 年版。
17. ［法］菲利普·柯尔库夫：《新社会学》，钱翰译，社会科学文献出版社 2000 年版。
18. ［美］孟德拉斯：《农民的终结》，李培林译，社会科学文献出版社 2002 年版。
19. ［美］曼纽尔·卡斯特：《认同的力量》，曹荣湘译，社会科学文献出版社 2004 年版。
20. ［美］马克斯·韦伯：《经济与社会》，林荣远译，商务印书馆 1997 年版。
21. ［法］米歇尔·克罗齐那、埃哈尔·费埃德伯格：《行动者与系统——集体行动的政治学》，张月等译，上海人民出版社 2007 年版。
22. ［美］乔纳森·特纳：《社会学理论的结构》，华夏出版社 2001 年版。
23. ［美］威廉·费尔丁·奥格本：《社会变迁：关于文化和先天的本质》，王晓毅等译，浙江人民出版社 1989 年版。
24. ［美］西奥多·W. 舒尔茨、贾湛：《人力资本》，施伟等译，华夏出版社 1990 年版。
25. ［法］皮埃尔·布迪厄、［美］华康德：《实践与反思——反思社会学导引》，李猛、李康译，邓正来校，中央编译出版社 1998 年版。
26. ［法］皮埃尔·布迪厄：《科学的社会用途——写给科学场的临床社会学》，南京大学出版社 2005 年版。
27. ［法］皮埃尔·布迪厄：《实践感》，蒋梓骅译，译林出版社 2003 年版。
28. 秦晖、苏文：《田园诗与狂想曲》，中央编译出版社 1996 年版。
29. ［美］伊曼纽尔·沃勒斯坦：《现代世界体系》第一卷，尤束寅等译，高等教育出版社 1998 年版。
30. ［美］詹姆斯·科尔曼：《社会理论的基础》，邓方译，社会科学文献出版社 1990 年版。

31. 包亚明：《文化资本与社会炼金术——布尔迪厄访谈录》，上海人民出版社1997年版。
32. 包亚明：《现代性与空间的产生》，上海教育出版社2003年版。
33. 陈映芳：《征地与郊区农村的城市化：上海市的调查》，文汇出版社2003年版。
34. 毕天云：《社会福利场域的惯习：福利文化民族性的实证研究》，中国社会科学出版社2004年版。
35. 陈传锋：《被征地农民的社会心理与市民化研究》，中国农业出版社2005年版。
36. 陈向明：《质的研究方法与社会科学研究》，教育科学出版社2000年版。
37. 费孝通：《乡土中国 生育制度》，北京大学出版社1998年版。
38. 何庆兰：《农村劳动力就业问题研究》，上海人民出版社2010年版。
39. 贺寨平：《社会网络与生存状态：农村老年社会支持网络研究》，中国社会科学出版社2004年版。
40. 黄宗智：《长江三角洲小农家庭与乡村发展》，中华书局2006年版。
41. 高宣扬：《布迪厄的社会理论》，同济大学出版社2004年版。
42. 季文：《社会资本视角的农民工城市融合研究》，经济科学出版社2009年版。
43. 孔祥智主编：《城镇化进程中失地农民的"受偿意愿"（WTA）》，中国经济出版社2008年版。
44. 谢志岿：《村落向尘世社区的转型》，中国社会科学出版社2005年版。
45. 杨善华：《当代西方社会学理论》，北京大学出版社2005年版。
46. 杨善华、谢立中主编：《西方社会学理论》，北京大学出版社2006年版。
47. 蓝宇蕴：《都市里的村庄：一个"新村共同体"的失地研究》，生活·读书·新知三联书店2005年版。
48. 乐平：《现代社会与我们的生活》，中国商务出版社2006年版。
49. 李培林：《村落的终结：羊城村的故事》，商务印书馆2010年版。
50. 林南：《社会资本：关于社会结构与行动的理论》，上海人民出版社2005年版。
51. 林毅夫：《制度、技术与中国农业发展》，上海三联书店、上海人民出版社 1992 年版。
52. 廖小军：《中国失地农民研究》，中国社会科学出版社 2005 年版。
53. 刘海云：《边缘化与分异：失地农民问题研究》，中国农业出版社 2007 年版。
54. 刘祖云：《从传统到现代——当代中国社会转型研究》，湖北人民出版社 2000 年版。
55. 路小昆：《徘徊在城市边缘》，四川人民出版社 2009 年版。
56. 陆益龙：《农民中国——后乡土社会与新农村建设研究》，中国人民大学出版社 2010 年版。
57. 马戎编著：《民族社会学——社会学的族群关系研究》，北京大学出版社 2004 年版。
58. 潘光辉：《失地农民社会保障和就业问题的研究》，暨南大学出版社 2009 年版。
59. 卜长莉：《社会资本与社会和谐》，中国社会科学出版社 2005 年版。
60. 普特南：《使民主运转起来》，王列、赖海榕译，江西出版社 2001 年版。
61. 沈崇麟、杨善华主编：《当代中国城市家庭研究》，中国社会科学出版社 1995 年版。
62. 沙莲香：《社会心理学》，中国人民大学出版社 2002 年版。
63. 孙立平：《断裂：20 世纪 90 年代以来的中国社会》，社会科学文献出版社 2003 年版。
64. 童星等：《交往、适应与融合——一项关于流动农民和失地农民的比较研究》，社会科学文献出版社 2010 年版。
65. 王慧博：《"失地农民"市民化研究》，上海社会科学院出版社 2010 年版。
66. 王沪宁：《中国村落家族文化》，上海人民出版社 1991 年版。
67. 汪萍：《空间重组与社区重建——一项苏州工业园失地农民聚居区的研究》，科学出版社 2012 年版。
68. 王道勇：《国家与农民关系的现代性变迁——以失地农民为例》，中国人民大学出版社 2008 年版。
69. 夏建中：《社会分层、白领群体及其生活方式的理论与研究》，中国人民大学出版社 2008 年版。

70. 夏建中：《美国社区的理论与实践研究》，中国社会出版社 2009 年版。
71. 夏建中：《中国城市社区治理结构研究》，中国人民大学出版社 2012 年版。
72. 项飚：《跨越边界的社区：北京"浙江村"的生活史》，生活·读书·新知三联书店 2000 年版。
73. 严新明：《失地农民就业和社会保障研究》，中国劳动社会保障出版社 2008 年版。
74. 叶继红：《生存与适应——南京城郊失地农民生活考察》，中国经济出版社 2008 年版。
75. 俞德鹏：《城乡社会：从隔离走向开放——中国户籍制度与户籍法研究》，山东人民出版社 2002 年版。
76. 张汝立：《农转工：失地农民的劳动与生活》，社会科学文献出版社 2006 年版。
77. 赵鼎新：《社会与政治运动讲义》，社会科学文献出版社 2012 年版。
78. 周其仁：《产权与制度变迁——中国改革的经验研究》，社会科学文献出版社 2002 年版。
79. 张鸿雁：《侵入与接替——城市社会结构变迁新论》，东南大学出版社 2000 年版。

二 论文

80. 鲍海君、吴次芳：《论失地农民社会保障体系建设》，载《管理世界》2002 年第 10 期。
81. 陈钊、陆铭：《从分割到融合：城乡经济增长与社会和谐的政治经济学》，载《经济研究》2008 年第 2 期。
82. 陈世平、乐国安：《城市居民生活满意度及其影响因素研究》，载《心理科学》2001 年第 24 卷。
83. 陈林、林凤英：《失地农民市民化：文化价值观的变迁》，载《福建农林大学学报》（哲学社会科学版）2009 年第 6 期。
84. 党国英：《关于征地制度的思考》，载《现代城市研究》2004 年第 3 期。
85. 雷寰：《北京郊区城市化进程中失地农民利益的研究》，北京农业大学博士论文，2005 年。

86. 姜作培：《农民市民化必须突破五大障碍》，载《中共杭州市委党校学报》2002 年第 6 期。
87. 姜振华：《社区参与与城市社区社会资本的培育》，中国人民大学博士论文，2007 年。
88. 江立华：《城市性与农民工的城市适应》，载《社会科学研究》2003 年第 5 期。
89. 李飞、钟涨宝：《城市化进程中失地农民的社会适应研究》，载《社会科学研究》2006 年第 1 期。
90. 雷寰：《北京市郊区城市化进程中失地农民利益问题研究》，中国农业大学博士学位论文，2005 年。
91. 李向军：《论失地农民的身份认同危机》，载《西北农林科技大学学报》（社会科学版）2007 年第 7 卷 3 期。
92. 李强：《社会学的"剥夺"理论与我国农民工问题》，载《学术界》2004 年第 107 期。
93. 李宾华：《城中村改造后城市边缘弱势群体社会保障路径研究——对昆明市失地农民社会保障现状分析》，载《云南大学学报》（法学版）2010 年 9 月，第 23 卷，第 5 期。
94. 李晓玲：《布迪厄的场域和惯习：一个消费的视角》，载《社会科学论坛》2008 年第 11 期。
95. 刘文烈、刘晨之：《试论城镇化进程中失地农民权益保护问题》，载《齐鲁学刊》2007 年第 3 期。
96. 刘辉武：《文化资本与农民工的城市融入》，载《农业经济》2007 年第 1 期。
97. 卢海元：《土地换保障：妥善安置失地农民的基本设想》，载《中国农村观察》2003 年第 6 期。
98. 路小昆：《资源剥夺与能力贫困》，载《理论与改革》2007 年第 6 期。
99. 马西恒：《敦睦他者：中国城市新移民社会融合形态的探索性研究——对上海市 Y 社区的个案考察》，载《学海》2008 年第 2 期。
100. 马晓燕：《望京"韩国城"韩国创业者的经济适应研究》，中国人民大学博士论文，2007 年。
101. 孟庆瑜：《论土地征用与失地农民的社会保障》，载《甘肃社会科学》2006 年第 3 期。

102. 潘绥铭：《主体建构：性社会学研究视角的革命及本土发展空间》，载《社会科学研究》2007 年。

103. 钱忠好、曲福田：《中国土地征用制度：反思与改革》，载《中国土地科学》2004 年第 10 期。

104. 任远、邬民乐：《城市流动人口的社会融合：文献评述》，载《人口研究》2006 年第 3 期。

105. 沈守愚：《集体土地产权制度改进的理论与实践的法律思考》，载《南京农业大学学报》2007 年第 1 期。

106. 孙俐：《从社会角色转换看农民市民化》，载《现代化研究》2004 年第 4 期。

107. 单菁菁：《社区情感研究》，中国社会科学院博士论文，2003 年。

108. 田凯：《关于农民工的城市适应性的调查分析与思考》，载《社会科学研究》1995 年第 5 期。

109. 孙立平：《社会转型：发展社会学的新议题》，《社会学研究》2005 年第 1 期。

110. 施国庆、严登才：《场域—惯习视角下的水电移民长期补偿安置方式》，《南京社会科学》2011 年第 11 期。

111. 徐琴：《农村土地的社会功能与失地农民的利益补偿》，载《江海学刊》2003 年第 6 期。

112. 徐成华：《苏州城市化进程中失地农民的角色转换研究》，苏州大学硕士论文，2004 年。

113. 汪晖：《城乡接合部的土地利用：征用权与征地补偿》，载《中国土地》2003 年第 1 期。

114. 吴爽：《城市化进程中失地农民身份认同研究进展》，载《安徽农业科学》，2008 年第 36 卷第 23 期。

115. 吴先举：《社区建设——重建社会资本的理想路径选择》，载《唯实》2003 年第 11 期。

116. 杨菊华：《从隔离、选择融入到融合：流动人口社会融入问题的理论思考》，载《人口研究》2009 年第 1 期。

117. 杨杰：《征地制度改革中社会保障制度建设的研究——以江苏省太仓市为例》，载《南京社会科学》2003 年第 7 期。

118. 严虹霞：《失地农民社会保障安置模式研究》，载《南京社会科学》

2007 年第 5 期。

119. 叶继红：《失地农民城市适应的困境与解决路径》，载《中国软科学》2008 年第 1 期。

120. 郑杭生：《农民市民化：当代中国社会学的重要研究主题》，载《甘肃社会科学》2005 年第 4 期。

121. 张文宏、雷开春：《城市新移民社会融合的结构、现状与影响因素分析》，载《社会学研究》2008 年第 5 期。

122. 张全景、王万芳：《我国土地征用制度的理论考察及改革思考》，载《经济地理》2003 年第 11 期。

123. 张海波、童星：《被动城市化群体城市适应性与现代性获得中的自我认同——基于南京市 561 位失地农民的实证研究》，载《社会学研究》2006 年第 2 期。

124. 张慧：《我国城市化进程中失地农民的研究综述》，载《理论界》2012 年第 12 期。

125. 张菊枝：《社区冲突的再生产：中国城市治理反思性研究》，中国人民大学博士学位论文。

126. 周大鸣、高崇：《城乡接合部社区的研究——广州南景村 50 年的变迁》，载《社会学研究》2001 年第 4 期。

127. 赵同春：《失地农民角色转换探究》，载《民族论坛》2007 年第 7 期。

128. 赵蓉：《我国城市化进程中失地农民工的角色转换问题研究》，载《甘肃政法学院》2006 年第 1 期。

129. 朱力：《论农民工阶层的城市适应》，《江海学刊》2002 年第 6 期。

130. 章友德：《我国失地农民问题十年研究回顾》，载《上海大学学报》（社会科学版）2010 年第 9 期。

131. 劳动部农民工和被征地农民社会保障综合调研组：《被征地农民社会保障综合调研报告》，劳动和社会保障部农村社会保险司编印资料，2006 年。

132. 欧洲联盟委员会：《社会融入联合报告》，布鲁塞尔，2004 年。

三 英文著作类

133. Alba, Richard, Victor Nee. *Remaking the American Mainstream: Assimi-*

lation and Contemporary Immigration. Boston: Harvard University Press. 2003.

134. Bourdieu: Pierre. *Outline of A Theory of Practice.* Cambridge University Press. 1977.

135. Bourdieu: "The Economy of Linguistic Exchanges." *Social Science Information*, 16, No. 6.

136. Bian, Yanjie, Bringing Strong Ties Back In: *Indirect Ties, Network Bridges, and Job Siarches in China, American Sociological Review*, Vol. 1, 621, 1997.

137. Bourdieu, Pierre, "The Forms of Social Capital." in *Handbook of Theory and Research for the Sociology of Education*, (ed.) by John G. Richardson, Westport, CT.: Greenwood Press 1986.

138. Cordon, M., *Assimilation in Ameriean Life.* New York: Oxford University Press. 1964.

139. Pierre Bourdieu, *Distinction: a Social Critiqu of the Judgment of Taste*, Cambridge, Mass: Harvard. University Press, 1984.

140. Coleman, J. S., *Foundation of Social Theory.* Cambridge: Belknap Press of Harvard University Press. 1990, p. 15.

141. Coleman, J., "A Rational Choice Perspective on Economic Sociology", in Smelser, N. and Swedberg, R. (eds), *The Handbook of Economic Sociology*, Princeton University Press. 1994.

142. Coleman, James S., "Social Capital in the Creation of Human Capital". *American Journal of Sociology*, 94: 95—120. 1988.

143. Bourdieu, Pierre, and Loic J. D. Wacquant, "For a socianalysis of intellectuals: On Homo Academicus". *BerkeLey Journal of sociology* 34, 1989.

144. Gordon, Milton M., *Assimilation in American life*, New York: Oxford University press, 1964.

145. Glazer & Moynihan, *Beyond the Melting Pot: The Negroes Puerto Ricans, Jews, Italians, and Irish of New York City.* Cambridge: M. I. T. Press, 1963.

146. Juergensmeyer, uJlianC. Farmland preservation: Avital agrieultural lawis-

sue forthe. 1980. 5. 21WASHBURNL. J, 1982.

147. Robert E. . Park, and w. burgess. *Introduction to the Science of Sociology*. University of Chicago Press, 1924: 735.

148. Robert E. Park, *Raceand Culture*, Glencoe, Illinois: The Free Pree, 1950, p. 150.

149. R. Park, Ernest W. BURGESS. *Introduction to the Science of Sociology*. University of Chicago Press, 1924.

150. R. Park. *The Immigrant Press and Its Control*. New York: Harper& Brother Publishers, 1922.

151. Todaro MP. *Internal migration in developing countries: a review of theory, evidence, methodology and research priorities*. Geneva: International Labor Office, 1976.

四 英文论文

152. Bourdieu, P., "the three forms of theoretical knowledge", *Social Science Information*, 12（1）.

153. Boyd, Monica. 2002. "Educational Attainments of immigrant Off spring Success or Segmented Assimilation", In *international Migration Review* 36（4）: 1037—1060（2、3）.

154. Core, C., "Introduction: Markerts, citizenshipandsocial exclusion", In G. Rodgers, C. Core & J. B. Figueiredo, *Social Exclusion: Rhetoric, Reality and Respnses*, International Labour Organization, 1995: 1—39.

155. Bean and Frisbie, 1978: 3; vanden Berghe, 1967; Goldscheider and Uhlenberg, 1969.

156. Barro, R., 1991, "Economic Growth in a Cross-Section of Countries", *Quarterly Journal of Economics*, 106（2）.

157. Mark Granovetter, "The Strength of Weak Ties." *American Journal of Sociology*, 78（May）.

158. Kallen, Horace, M. 1924. *Culture and Democracy in the United States*. New York: Boni and Liveright 124—125.

159. Robert Ezra Park, Human Migration and the Marginal Man, *American Journal of sociology*, Vol. 33, No. 6, 1928.

160. Perlman, Joel, and Roger Waldinger. "Second Generation Decline: Children of Immigration, Past and Present-a Reconsideration". *International Migration Review* 31 (4): 893—922. 1997.

161. Portes, A.. *Children of Immigrants: Segmented Assimilation and it s Determinants'*. In Portes. 1995.

162. Rogers Brubaker. "Rethinking Classical Theory: The Sociological Vision of Pierre Bourdieu." *Theory and Society Society*, 1985, 14 (6).

163. Stonequist Everett V. "The Problem of the Marginal Man". *The American Journal of Sociology*, 1935 (7).

164. Wolfgang Mommsen, *The Age of Burcaucracy: Perspectives on the Political Sociology of Max Weber*, Oxford, Blackwell, 1974.

165. R. Park and Herbert Miller. *Old World Traits Transplanted*. New York: Arno Press and the New York Times, 1969.

166. R. Park. *The City: Suggestion for Investigation of Human Behavior in the Urban Environment*. University of Chicago Press, 1915.

167. Urgen Habermas, *The Theory of communicative Action*, 2Vols, trans. thomas McCarty Beacon Press, Vol. one, 1984, Vol. Two, 1987. pp. 153—197.

其他资料

168. 张毅:《城镇化, 中国经济的火车头——访北京大学中国经济研究中心主任林毅夫》, 人民网, 2013 年 1 月 9 日, http://cpc.people.com.cn/n/2013/0109/c83083-20136967.html。

169. 《北村 87 幢房子"让道"道路改扩》, http://daily.clzg.cn/html/2012-02/29/content_260817.htm。

170. 百度百科: 英国圈地运动, http://baike.baidu.com/view/620815.htm。

171. 《八成农户愿意到城镇和新型农村社区居住》, 新华网, http://news.xinhuanet.com/2013-03/02/c_114861338.htm。

172. 百度: 关于归属感的界定, http://baike.baidu.com/view/390954.htm。

后　记

　　该书是在本人博士论文基础上整理完成的。当写完论文，画上最后一个句号的时候，内心便百感交集，顿时思绪涌上心头，曾经无数个因博士论文而惆怅的不眠之夜，曾经因有一点点灵感而奋笔疾书的情景，更是历历在目。又有谁能体会为了它而煎熬的日子，真是寄托了太多的痛苦、彷徨和梦想，同时也在这个过程中不断历练着自己，慢慢寻求着学术的真谛。真有"梦里寻他千百度，蓦然回首，那人却在灯火阑珊处"的感觉。

　　遥想几年前，当我接到人民大学的录取通知书时，兴奋之情难以言表，更励志要奋发图强，珍惜难得的读书时光。我常常感恩于有这样的机会接受悉心培养和学术熏陶，而无可置疑，这几年的荏苒时光，将为我的人生画卷添上浓墨重彩的一笔。因此，感激之情铭记于心，在此真挚地表达。

　　首先，感谢我的博士生导师夏建中教授，夏老师严谨的治学态度、博学多识的风范一直深深地影响着我，从论文的构思、调查、写作和修改的一系列过程，无不倾注了夏老师的心血，而他的每次点拨也总能让我拨云见日、柳暗花明。恩师平日为人谦和、平易近人，从容、乐观、豁达、以身立行的做人风格不仅使我明白了为人处世的道理，也深刻影响着我今后的工作和生活。在生活方面恩师和师母给予了我无微不至的关心和帮助，滴水之恩，定将铭记于心，借此机会向恩师及师母表示我最诚挚的谢意！

　　其次，我要感谢我硕士生时候的导师杨国才教授，在写作过程中他给予了很多指点和帮助，并在生活中给予很多的指点和关怀。杨老师积极进取、勇于拼搏的精神一直是我学习的榜样，而杨老师乐观、开朗的态度也教给我很多人生的哲理。

　　再次，要感谢中国人民大学社会与人口学院的潘绥铭教授、李路路教授、李迎生教授、于显洋教授，各位老师在我综合考试和开题报告中给予了宝贵的建议，使我受益匪浅。不仅如此，郑杭生教授、刘少杰教授、林克雷教授、郝大海教授、刘爽教授等老师在精彩的讲堂上传授的知识，使我在社会学求学道路上不断成长。因此，我在此特别感谢各位和蔼可亲的老师。

同时还要感谢我的同窗同学：方劲、张菊枝、赵晓荣、高萍、祖霞、李诚、张晗、高雅楠、孟亚楠、和柳、张楠、胡宇宇、秦广强、方舒等各位 2009 届社会学博士同学，有缘和他们一同学习、讨论、畅谈梦想、收获知识，难能可贵，倍感珍惜这份珍贵的友谊，也感激他们对我一直以来的关心和帮助；同时也感谢我的师弟、师妹：吴军、娄缤元，在论文答辩之前的许多准备工作都是他们帮我完成的，让我省去了不少的麻烦。感激之情溢于心底，也深深为各位同学祝福。

感谢云南农业大学经济管理学院为此书的出版提供的全部资助。学院重视学院博士的发展，积极支持和配合博士的科研工作，给予我们这些才毕业的博士很大的发展空间；感谢在论文写作过程中为我提供支持和帮助的各级相关部门的人员，他们为我论文相关资料的收集以及相应的调查提供了很大的帮助，给予出版本书的经费资助；也感谢调查社区居民的配合，他们幽默风趣的话语以及痛苦无奈的心情至今都久久让人难忘，他们的人生体验确实令人感慨，也激励着我们这些学社会学的人不断思考和行动，期以自身微薄的力量为社会发展尽一份力。同时，也特别感谢单位同事对我的理解和关心。

最后，还要感谢我的家人，感谢我的母亲，在我读博生子这段时间，义无反顾地承担起了照顾孩子和做家务的责任，让我有时间和精力投入论文的调查和写作过程中。也正是这个时候自己真正做了母亲，才深刻体会到母爱的伟大，感激母亲的无私付出，也在内心深深愧疚，"谁言寸草心，报得三春晖"，母亲是我的支柱也是我的榜样；感谢我的爱人，在物质和精神上给了我巨大的支持和帮助，他工作很忙，却也抽出时间帮我查资料、修改文章的措辞，论文的顺利完成和他的努力也是分不开的。此论文也献给我刚满两岁的儿子，可以说他的孕育和出生是伴随着论文一起走过来的，他是我物质的成果，博士论文是我精神的成果，虽是艰辛，但甚是欣慰。在此，由衷地想说："有你们，我才是幸福的人，我爱你们！"

特别感谢中国社会科学出版社的编辑，尤其是任明主任对编辑认真负责，为本书的编辑付出了辛勤的劳动，在此表示衷心的感谢。

张 慧

2014 年 10 月 20 日 星期三，于昆明